现代海洋食品产业科技创新战略研究

贾敬敦　朱蓓薇　张　辉　主编

科学出版社

北京

内 容 简 介

本书以创新驱动海洋食品产业发展为主线，以科技创新成果、科技创新形势态势与创新发展需求为重点，全面分析创新链与产业链发展的关系。通过专家研讨、实地调研、文献与专利检索等方式，系统阐述了我国海洋食品产业发展存在的问题与挑战，通过借鉴发达国家海洋食品产业发展的历史经验，结合我国国情提出了我国海洋食品产业的战略发展思路、发展目标、保障措施及政策建议，为提高我国海洋食品国际竞争力、讲好海洋食品的"中国故事"提供了有力的路径选择。

本书集科学性、实用性、操作性为一体，既可为国家有关部门、科研机构和相关企业提供决策依据，又可作为高等院校食品科学专业的教学参考，也为公众了解我国海洋食品产业科技创新状况提供了一份客观的报告。

图书在版编目 (CIP) 数据

现代海洋食品产业科技创新战略研究/贾敬敦，朱蓓薇，张辉主编. —北京：科学出版社，2020.4

ISBN 978-7-03-064537-1

Ⅰ. ①现⋯ Ⅱ.①贾⋯ ②朱⋯ ③张⋯ Ⅲ. ①海产品–水产食品–产业发展–研究–中国 Ⅳ.①F426.82

中国版本图书馆 CIP 数据核字（2020）第 033849 号

责任编辑：李秀伟 陈 倩 / 责任校对：郑金红
责任印制：赵 博 / 封面设计：无极书装

科 学 出 版 社 出版

北京东黄城根北街 16 号
邮政编码：100717
http://www.sciencep.com

固安县铭成印刷有限公司印刷

科学出版社发行 各地新华书店经销

*

2020 年 4 月第 一 版 开本：B5 (720×1000)
2025 年 1 月第二次印刷 印张：16 3/4
字数：338 000

定价：**148.00 元**
(如有印装质量问题，我社负责调换)

《现代海洋食品产业科技创新战略研究》
编委会

序

广阔的海域中蕴藏着极其丰富的海洋物产资源，可为人们提供充足的能源及食品原料。海洋食品具有安全、营养和健康的特点，其含有优质的蛋白、多不饱和脂肪酸及碳水化合物，符合人们对高蛋白、低脂、营养健康的膳食结构需求。21世纪以来，随着世界人口的不断增加，陆地资源日益匮乏，海洋已成为世界各国发展的重要战略资源基地。

我国高度重视海洋在经济发展、资源开发利用及国防建设中的战略作用。党的十九大报告明确指出了"坚持陆海统筹，加快建设海洋强国"的战略目标，以实现由海洋大国向海洋强国的历史跨越，而具有发展快、活力强、经济效益高等特点的海洋食品产业已成为海洋经济发展中不可或缺的一环。然而，在经济全球化的过程中，资源及市场竞争日益激烈，人们对优质海洋食品需求日益增加，因此加强科技创新，促进海洋食品产业顺应智能化、绿色化与现代工业化发展是提高我国海洋食品的国际竞争力，实现全面建成"健康中国"与"海洋经济强国"伟大战略目标的重要举措。

为贯彻落实"扩展蓝色经济空间""坚持海陆统筹""壮大海洋经济""建设海洋强国"等战略发展规划，促进我国海洋食品产业转型升级，提升海洋食品科技创新能力，为居民提供更多营养健康的海洋食品，科技部中国农村技术开发中心会同大连工业大学、中国海洋大学等多家国内科研单位与企业组成研究组，立足于我国海洋食品产业的发展现状，从营养功能性海洋食品科技创新、海洋食品保鲜与保活、海洋食品加工装备、动物源和植物源海洋食品产业、海洋食品加工装备、海洋食品质量安全与控制，以及海洋食品资源开发与利用等方面系统分析了我国海洋食品全产业链发展存在的不足，提出了符合我国基本国情的海洋食品产业发展措施和政策建议，并编写了《现代海洋食品产业科技创新战略研究》一书。该书以创新驱动海洋食品产业发展为主线，以科技创新成果、科技创新形势态势与创新发展需求为重点，全面分析创新链与产业链发展的关系，为提高我国海洋食品国际竞争力、讲好海洋食品的"中国故事"提供了有力的战略发展建议。

该书全面阐述了我国海洋食品产业发展存在的问题与挑战，通过借鉴发达国家海洋食品产业发展的历史经验，结合我国国情提出了我国海洋食品产业的战略发展思路、发展目标、保障措施及对策建议。衷心希望该书能够成为海洋食品产业科技创新发展领域的标志性成果,为全面提升我国海洋食品产业的发展提供决策依据,帮助指导提升我国海洋食品科技创新能力,为保障我国海洋食品有效供给、促进海洋食品营养健康产业等相关战略性新兴产业的发展做出贡献。

中国工程院院士

二〇一八年十二月二十五日

前　言

中国特色社会主义进入新时代，党的十九大开启了全面建设社会主义现代化国家的新征程，我国经济发展阶段由高速增长向高质量发展转变，党中央全面部署实施了乡村振兴战略、健康中国战略等一系列战略，明确提出"坚持陆海统筹，加快建设海洋强国"的要求。海洋占地球表面总面积的 71%，物产资源极其丰富，其生物量占地球生物总量的 87%，可供人类食用的食物储量是陆地食物资源的 1000 倍，是未来解决人口、资源、能源等全球性问题的重要战略资源基地，在我国经济社会发展、资源开发利用、国防建设中具有重要的战略作用。海洋食品是海洋经济新兴产业之一，为人类供应安全、营养和优质的蛋白，是人类所需营养健康食品的组成部分。

在"海洋农业""蓝色粮仓""蓝色蛋白"等战略布局与国家科技计划引领下，海洋食品产业发展日益受到产学研各界重视与关注。十九大多次强调创新是引领发展的第一动力，是建设现代化经济体系的战略支撑。新形势下，为推动海洋食品科技创新与产业发展，亟须瞄准世界科技前沿，强化海洋食品基础研究和应用基础研究，突破相关领域关键共性技术、前沿引领技术、现代工程技术、颠覆性技术创新，以应用示范带动产业转型升级，实现我国海洋食品产业科技创新能力持续提升，助力产业兴旺；结合食物与膳食结构调整变化，从陆海统筹视角拓宽居民营养素供应渠道，不断供给优质蛋白，满足居民营养健康需求，助力"健康中国"建设；坚持绿色发展理念，构建海洋食品循环经济发展模式，降低海洋食品资源开发与利用过程中的污染，实现海洋食品产业循环与绿色可持续发展。

为准确把握我国海洋食品领域的科技创新发展现状，梳理科技创新成果，分析借鉴世界海洋食品发达国家发展经验与启示，深入探讨未来发展趋势，进一步加强相关科技、产业政策的战略部署，2017 年以来，科技部中国农村技术开发中心与大连工业大学国家海洋食品工程技术研究中心共同牵头启动了这项战略研究工作，组织中国海洋大学、中国水产科学研究院、中国农业大学、上海海洋大学、广西大学、海南大学、河北农业大学、浙江工业大学、集美大学、浙江工商大学、广东海洋大学、大连海洋大学、海南热带海洋学院、渤海大学、浙江海洋大学、浙江省农业科学院等国内海洋食品研究相关科研院所、综合院校，以及辽渔集团有限公司、獐子岛集团股份有限公司、中国水产有限公司、福建安井食品股份有限公司、广东半岛集团有限公司、山东东方海洋科技股份有限公司、青岛明月海藻集团有限公司等企业的多位专家组成战略研究课题组，从海洋食品发展背景与需求、基础研究与学科建设、前沿研发与技术创新、集成示范与成果转化、企业创新与产业模式等方面分析其科技创新情况，明确了发展方向和重点，并提出了保障措施与政策建议。

多位专家经过研讨、实地调研、文献与专利检索等方式的研究，系统梳理了相关数据和案例，深入分析了我国海洋食品科技创新发展现状和前景，编写了《现代海洋食品产业科技创新战略研究》，以期通过深入研究渔业发达国家海洋食品产业发展政策、世界科技创新前沿与热点，分析我国海洋食品科技创新优势、存在的问题与短板，探索适合我国海洋食品产业发展的方向和模式，并面向今后 5～10 年海洋食品科技创新发展方向和重大科技创新工程，提出海洋食品科技创新发展的路径选择。

《现代海洋食品产业科技创新战略研究》由总体篇、专题篇两部分组成，总体篇是对我国海洋食品产业科技创新发展总体状况的分析与预测，主要包括绪论、我国海洋食品产业科技创新发展现状、典型国家海洋食品产业科技创新主要做法，以及我国海洋食品产业科技创新发展存在的问题、发展趋势、发展目标和重点、保障措施与政策建议七章内容，在理论与实证分析、实地调研与研讨交流相结合的基础上，研究制定我国现代海洋食品产业科技创新发展路线，为我国现代海洋食品产业科技创新发展提供借鉴与参考。专题篇是按照产业链划分的，针对营养功能性海洋食品、海洋食品保鲜与保活、动物源海洋食品、植物源海洋食品、海洋食品加工装备、海洋食品质量与安全控制、海洋食品资源开发与利用等全产业链中七个专题方向重大关键技术问题与亟待开展的工作展开研究。七个专题分别围绕研究领域逐一分析其产业现状及发展趋势，并从基础研究、前沿技术、集成示范与成果转化等层面提出了科技创新的主要任务和发展重点，形成符合我国国情的保障措施和政策建议。本书力图为提升我国海洋食品科技创新能力、推动海洋食品产业转型升级提供参考，为保障健康中国建设、引领海洋食品战略新兴产业快速发展做出贡献。

中国工程院院士孙宝国教授应邀为本书作序，在此表示衷心的感谢！

海洋食品涉及的海洋生物种类繁多，研发技术亦不断突破革新，而本书篇幅有限、编写时间紧张，同时编者经验和水平有限，书中难免有不妥之处，敬请同行专家和广大读者批评指正。

《现代海洋食品产业科技创新战略研究》编委会

二〇一八年十二月

目　录

总　体　篇

专 题 篇

总 体 篇

第一章　绪　　论

海洋占地球表面总面积的 71%，物产资源极其丰富，其生物量占地球生物总量的 87%，可供人类食用的食物储量是陆地食物资源的 1000 倍，是未来解决人口、资源、能源等全球性问题的重要战略资源基地[1]。纵观世界近代历史发展历程，强国之崛起，无一不与海洋息息相关。我国一直以来非常重视海洋在经济社会发展、资源开发及国防建设中的战略作用[2]。我国在"十三五"规划中确立了"创新、协调、绿色、开放、共享"五大发展理念，提出"拓展蓝色经济空间"、"坚持陆海统筹，壮大海洋经济"与"建设海洋强国"等战略规划，强调坚持"以海兴国"的民族史观，使中国崛起于 21 世纪的海洋，是事关中华民族生存与发展、繁荣与进步的重大战略问题。党的十九大报告亦明确提出"坚持陆海统筹，加快建设海洋强国"，实现由海洋大国向海洋强国的历史跨越，这是时代赋予的使命，也是中华民族走向繁荣昌盛的必由之路，对于实现"两个一百年"奋斗目标、实现中华民族伟大复兴的中国梦具有重大意义。

海洋食品是指来源于海洋生物的食品，既包括未经过加工的生物原料，也包括经加工制成的各类食品。海洋食品主要分为动物源海洋食品、植物源海洋食品和功能食品三大类[3]，其中动物源海洋食品主要分为鱼糜、鱼粉、鱼和其他海洋水产品 4 个领域，植物源海洋食品主要分为海藻和海藻产品两个领域，功能食品主要有鱼油和鱼胶等。海洋食品可以为人类供应优质蛋白，是人类所需营养健康食品的组成部分。海洋食品产业是指以海洋食品为核心的制造、贮藏、加工、运输等一系列系统连续的经济活动工业体系，涵盖渔业、养殖业、加工业、海洋服务业，以及流通、销售等诸多领域，是我国海洋产业的重要分支。作为海洋经济新兴产业之一，海洋食品产业的持续健康发展是保障我国粮食安全、全面建成"健康中国"与"海洋经济强国"伟大目标的重要战略内容。

第一节　研 究 背 景

海洋食品产业是海洋经济不可或缺的一环，在海洋经济中占有重要的战略地位。当前，我国海洋食品产业已逐步形成以冷冻加工为主体的多样化加工体系、以功能性海洋食品为核心的多元营养健康食品供应体系，是食品行业中发展最快、活力最强、经济效益最高的产业之一，同时海洋食品产业可以促进我国渔业一二三产融合。强化海洋食品基础研究、应用基础研究和关键技术创新，创新驱动海洋食品产业的健康发展，从陆海统筹视角增加居民食物供应渠道和营养健康需求，对建设健康中国、实现优质膳食蛋白高效供给，发展高质量海洋经济、推动海洋食品产业供给侧结构性改革，顺应绿色发展理念、构建海洋食品循环经济发展模式，推动海洋食品产业国际合作、助力"海洋强国"建设具有重要意义。

一、建设健康中国、实现优质膳食蛋白高效供给，急需科技创新的有力引领

国民健康长寿，是国家富强、民族振兴的重要标志，也是全国各族人民的共同愿望。推进健康中国建设，是全面建成小康社会、基本实现社会主义现代化的重要基础，是全面提升中华民族健康素质、实现人民健康与经济社会协调发展的国家战略。《中国居民营养与慢性病状况报告（2015 年）》指出[4]，我国目前膳食结构和营养状况都得到了较好改善，蛋白、脂肪和碳水化合物三大营养素供能充足，但膳食不平衡现象依然存在，已成为当前我国肥胖率高，心血管疾病、糖尿病等现代慢性病发病率居高不下的重要原因之一，严重影响居民的身体健康与生活质量[5]。海洋食品含有丰富的优质蛋白、多不饱和脂肪酸（polyunsaturated fatty acid，PUFA）及多糖等功效成分，在满足人们对蛋白等营养需求的同时，还具有降低血脂、抑制血液凝集、清除血栓等功能，对预防脑卒中、冠心病、心肌梗死等心脑血管疾病具有重要作用[6]。

近年来，我国陆域生态系统的承载力已难以满足人民日益增长的食物与营养健康需求，在国家"海洋牧场建设"与"海洋渔业资源保护与可持续利用"等系列政策推动下，我国水产养殖业快速发展，据联合国粮食及农业组织（Food and Agriculture Organization of the United Nations，FAO）（简称联合国粮农组织）预测，至 2026 年全球渔业产量将增至 1.94 亿 t，我国人均水产品消费量将增至 50kg/年，海洋食品已然成为我国国民不可或缺的重要食物蛋白来源。此外，优质的海洋食品在为人们提供日常所需营养与能量的同时，更能给人们带来味蕾上的满足与身心上的愉悦，带给消费者更多味觉的新体验与视觉上的冲击，增加人们的生活幸福感。因此，大力发展海洋食品产业，不仅是对畜肉类食物蛋白的极大补充，也是保障我国国民身体健康的重要手段，对实现国民"美好生活"愿景具有积极的推进作用。

二、发展高质量海洋经济、推动海洋食品产业供给侧结构性改革，急需科技创新的不断驱动

食品产业是保障民生的战略性基础产业，肩负为国民提供营养健康、安全放心食品的重任。食品产业是新时期我国经济转型的重要引擎，为支撑经济社会发展、满足民生需求发挥着重要的支撑作用。党的十九大报告明确指出要"深化供

给侧结构性改革"。"十三五"以来，我国国民的生活方式、饮食习惯及营养与健康需求发生了重大变化，但食品产业总体增长速度缓慢，产业发展模式、产业结构与现代工业发展趋势脱节是主要原因之一，亟待科技创新的驱动。

在高质量经济发展模式下，从有限的海洋食品资源中大力挖掘产品的经济附加值，提高海洋食品精深加工与综合利用水平，是海洋食品产业发展的重要目标。国际上一些高质量的产业经济发展模式都以大力加强自主研发水平、提高自主科技创新能力为企业发展的立身之本。我国海洋食品虽然价值较高，但产品精深加工程度不足，人工成本、能源及原料损耗高，产品成本居高不下，加工对产品的增值幅度小，海洋食品产业发展仍以低效的经济发展模式为主[7]。在此背景之下，势必要求海洋食品产业要以科技创新为驱动，进一步深化供给侧结构性改革，优化产业结构，提升产品质量，完善流通渠道，降低交易成本，提高有效经济总量，从根本上提升企业自身竞争力，促进海洋食品经济的高质量与可持续发展。

三、顺应绿色发展理念、构建海洋食品循环经济发展模式，急需科技创新的有效支撑

贯彻绿色发展理念已成为调整我国经济结构与海洋资源可持续利用的重要指导思想，也是未来海洋食品产业发展的主要趋势。随着海洋资源匮乏与环境问题日益突出，世界海洋强国对于海洋资源的争夺亦进入白热化阶段，已不单纯局限于物理海域面积的争论，更多在于资源开发与利用方面科技水平的较量。如何更加合理地利用资源、降低环境污染与能源消耗、构建合理的循环经济模式，是我国海洋食品产业面临的重要问题，其解决方案对我国海洋食品产业在市场竞争中的地位具有决定性作用。

海洋食品的加工副产物是构成环境污染的主要因素之一，副产物综合利用与加工废水再利用是构建海洋食品循环经济发展模式的重点攻克内容[8, 9]。自 20 世纪 90 年代以来，我国海洋食品经济以较快的增长速度向多方向扩展，经济总量迅速增加，其已经成为推动我国海洋经济发展的新亮点，但是长期积累的环境问题与海洋经济快速发展之间的矛盾日益突出，主要表现为粗放式的经济增长模式已不能完全适应现代食品发展新形势和经济可持续发展的要求，其根本原因在于现代高科技在海洋食品副产物的开发和利用中投入不足，仍停留在粗放式开发利用阶段，在污染物的防治方面缺乏先进的设备和技术，副产物再利用的观念与技术水平落后，海洋绿色科技发展的社会贡献率低[10]。由此可见，海洋食品产业要顺应产业智能化、绿色化与工业现代化的发展趋势，就必定需要科技创新与绿色发展观念的紧密结合，以科技创新加快突破关键核心技术，以绿色发展理念指导海洋食品生产，促进资源的循环再利用，增加副产物附加值，从而切实提高海洋食

品经济真实价值增量与发展水平。

四、推动海洋食品产业国际合作、助力"海洋强国"建设，急需科技创新的高效协同

习近平在十九大报告中强调"要以'一带一路'建设为重点，坚持引进来和走出去并重，遵循共商共建共享原则，加强创新能力开放合作，形成陆海内外联动、东西双向互济的开放格局"。为进一步贯彻落实"一带一路"倡议，《"十三五"渔业科技发展规划》强调了渔业发展要"积极实施'一带一路''走出去'战略，充分利用'两种资源、两个市场'，在经济全球化的过程中，提高渔业的国际竞争力，开拓更广阔的发展空间"。"一带一路"倡议涵盖了世界上主要渔业国家，其水产品总量达世界总量的 80% 以上，这既为我国海洋食品的国际贸易与交流合作创造了新的机遇，也提出了新的挑战，在开拓新兴市场与国际交流合作的同时，也面临着更加激烈的市场竞争环境。以科技创新为驱动力，对海洋食品产业走出国门，推广我国成功经验，讲好海洋食品的"中国故事"，提升国际地位与影响力，进而实现海洋食品经济强国建设具有重要的决定性意义。

第二节　研究目的和内容

一、研究目的

科技创新是驱动海洋食品产业健康发展的重要引擎。在当前形势下，以原料为基础，以加工制造为主体，以科技创新为核心动力，以生产营养健康产品为目标的海洋食品产业结构转型升级时机已经成熟。为更好地促进海洋食品产业结构转型升级，首先必须理清发展思路、做好顶层设计。

开展现代海洋食品产业科技创新战略研究，分析我国海洋食品科技创新和产业发展的总体状况与基本特征，研究世界海洋食品科技前沿和产业发展趋势，梳理科技创新成果，探讨我国海洋食品产业发展存在的问题与挑战，准确把握科技发展现状与趋势，梳理出我国海洋食品科技创新发展战略框架与重点任务，并提出相应的保障措施与政策建议，旨在为促进我国海洋食品产业转型升级、提升海洋食品科技创新能力提供必要的战略参考。

二、研究内容

以习近平新时代中国特色社会主义思想为指导，牢固树立并切实贯彻创新、协调、绿色、开放、共享的发展理念，全面系统调研我国海洋食品产业链的发展

现状,深入挖掘制约我国海洋食品产业各领域发展的瓶颈问题。在此基础上,结合我国国情,以发达国家海洋食品产业发展的历史经验为鉴,突破海洋食品产业前沿技术,在专题研究和反复探讨的基础上,提出我国未来中长期(2020~2035 年)海洋食品产业的战略发展思路、发展目标、保障措施及对策建议,为促进我国海洋食品产业的全面提升提供科学的决策依据。

海洋食品具有安全、营养和健康等特点,被世界公认为人类未来食品安全的重要保障。随着"海洋农业""蓝色粮仓""蓝色蛋白"等可持续开发与利用概念的提出,人们越来越重视海洋食品的开发,其销售区域也从传统的沿海地区逐渐向内地市场扩展,消费群体越来越大。海洋食品战略研究从产品、加工设备和关键技术等部分展开。海洋食品主要分为动物源海洋食品、植物源海洋食品和功能食品三大类(图 1.1);加工设备主要指用于鱼糜、鱼粉等的加工设备;关键技术包括贮藏保鲜技术、质量安全控制技术、加工技术、营养成分鉴定提取及其他技术等四类,每类关键技术设有若干技术小类分支(图 1.2)。

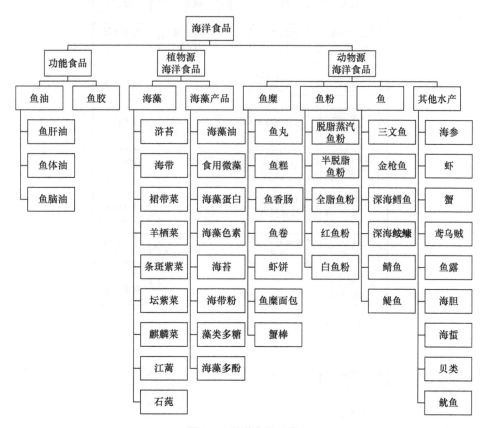

图 1.1 海洋食品分类

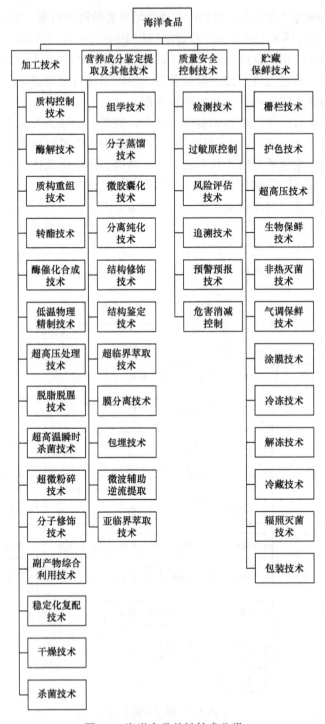

图 1.2　海洋食品关键技术分类

　　根据研究内容并结合实际工作需要，本书共设 7 个专题。分别从营养功能性海洋食品、海洋食品保鲜与保活、动物源海洋食品产业、植物源海洋食品产业、海洋食品加工装备、海洋食品质量与安全控制、海洋食品资源开发与利用 7 个方面调研了国家海洋食品的发展趋势，评估了我国海洋食品现状，针对现存的主要问题及矛盾，提出了我国海洋食品的主要任务和发展重点，并形成了符合我国国情的措施和政策咨询意见。

第二章　我国海洋食品产业科技创新发展现状

随着社会经济发展和人民生活水平的不断提高，以及人民对美好生活的向往，人们的膳食结构逐渐向高蛋白、低脂、营养健康方向调整，从而使我国的海洋食品产业焕发出蓬勃生机，在整个食品产业中占有越来越重要的地位。在改革开放40余年间，我国海洋食品产业科技发生了巨大变化，伴随科技进步，我国海洋食品产业从较低技术水平的加工出口带动型逐步向内涵式发展转型升级，并带动了一二三产融合发展，取得了丰硕成果。

第一节　我国海洋食品产业发展现状

一、海洋食品是食品产业的重要组成部分

（一）海洋食品在我国居民膳食结构中的营养来源比重快速增加

我国居民食物消费结构经历改革开放前、改革开放至 20 世纪末、21 世纪以来 3 个阶段。第一阶段食物结构单一、营养不足，以谷物粮食为主，肉蛋奶水产品普遍不足。第二阶段末，食物消费结构发生较大变化，营养普遍改善，1980 年鱼类和水产品人均消费仅有 0.6g 和 1.4kg，2000 年较之分别增长了 4.0 倍和 3.0 倍。第三阶段，食物结构不断优化，营养失衡与改善并存，其中以鱼类为主的水产品增幅较大，鱼类和水产品在食物消费中的占比分别增长了 37.2% 和 30.6%。《中国食物与营养发展纲要（2014—2020 年）》（以下简称《纲要》）是我国政府制定的食物与营养发展的纲领性文件，《纲要》对 2020 年我国居民食物消费数量和结构提出更高标准与要求。根据《纲要》要求，2020 年我国水产品人均推荐摄入量为 18kg，2014 年人均实际消费量为 10.8kg，2020 年人均水产品消费量需新增 7.2kg，全国需新增水产品消费 $1.03 \times 10^7 t$（表 2.1）。

因此，我国居民膳食结构调整的方向基本是控制口粮和食用油的比例，提高蛋白的摄入比例，加大高品质蛋白及植物性食物的占比。根据 2017 年联合国粮农组织和经济合作与发展组织（Organization for Economic Co-operation and Development，OECD）联名发布的《2017—2026 农业发展展望》（*Agriculture Outlook 2017-2026*）报告，2026 年我国人均水产品消费量预计可达到 50kg，水产品需求量达 $7.25 \times 10^7 t$。可见在未来 10～20 年，海洋食品将持续发展成为我国居民膳食结构的重要组成部分。

表 2.1 《纲要》人均推荐摄入量与 2014 年人均实际消费量比较及 2020 年新增需求

食物消费 种类	《纲要》人均 推荐摄入量/kg	2014 年人均实际 消费量/kg	2020 年人均消费量 需增加值/kg	2020 年全国消费量 需增加值/（×10⁷t）
口粮	135	141	-6.0	-0.86
肉类	29	25.6	3.4	0.49
蛋类	16	8.6	7.4	1.06
奶类	36	12.6	23.4	3.35
水产品	18	10.8	7.2	1.03
蔬菜	140	96.9	43.1	6.16
水果	60	42.2	17.8	2.55
食用油	12	11.7	0.3	0.043
豆类	13	7.5	5.5	0.79

数据来源：《中国食物与营养发展纲要（2014—2020 年）》及国家统计局

（二）海洋食品在我国家庭食物消费支出中的比例显著提高

随着生活水平提高，健康食品成为人们最关心的话题之一，人们对食材的选择更加重视，同时得益于电商平台的不断强大及物流的飞速发展，海洋食品逐渐从出口转向内销，从沿海地区转向内陆，从高档酒店转向百姓餐桌。1978 年、2000 年、2012 年我国家庭人均食物消费支出分别为 197.1 元、1932.1 元、6040.9 元，恩格尔系数分别为 55.1%、39.4%、35.0%。不同食品消费支出有增有减。1992 年和 2012 年，肉蛋奶水产（动物性产品）总支出占比分别为 40.3% 和 41.7%，增长了 1.4 个百分点，其中水产品消费支出分别为 7.4% 和 8.7%，增长了 1.3 个百分点（图 2.1）。水产消费支出总额从 1992 年的人均 67 元上升至 2012 年的 557 元，增长了 7.3 倍。可见，我国家庭食品消费支出中，在优质动物性蛋白消费增长上主要体现为水产品的消费增长，海洋食品已成为我国家庭食物消费的新宠。

（三）海洋食品对食品工业总产值的贡献逐渐凸显

改革开放以来，我国食品工业总产值以年均 10.0% 以上的速度持续快速增长。2010 年，我国食品工业总产值为 6.3 万亿，食品工业增加值占全国工业增加值的比例为 8.8%；2016 年，我国食品工业总产值达 11.1 万亿元，较 2010 年增长 76.2%，食品工业增加值高于我国经济的 6.7% 的平均增长水平，占全国工业增加值的比重达到 11.9%。中华人民共和国成立以来，我国水产品产量情况如图 2.2 所示，2016 年我国水产品产量为 1985 年的 9.72 倍，较 2010 年增长 28.5%。2016 年，我国渔业总产值达到 1.2 万亿元，其中海水产品总产量为 3490.15 万 t，产值为 5117.6 亿元，占整个食品工业总产值的 4.61%。海洋食品对食品工业总产值的贡献已逐渐凸显。

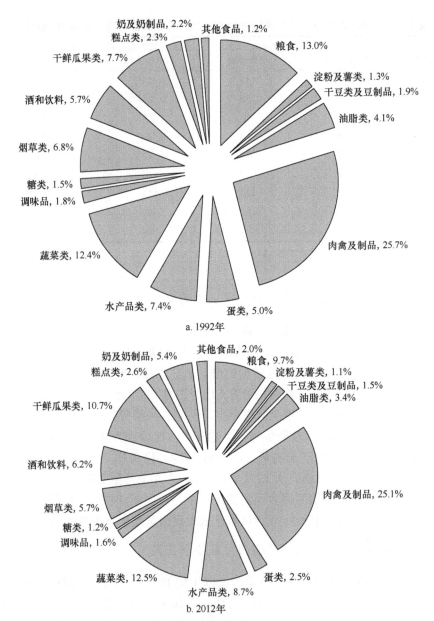

图 2.1　我国城镇居民食物消费支出结构

二、海洋食品产业规模初具竞争力

（一）我国海洋资源丰富，海洋生物与渔业资源是海洋食品产业的重要原料来源

近年来，我国海洋渔业产业发展迅速，水产品总量由 2010 年的 5.37×10^7 t 增

长至 2016 年的 6.90×10^7t，其中海水产品总量由 2010 年的 2.80×10^7t 增长至 2016 年的 3.49×10^7t[11]，占水产品总量比例超过 50%（图 2.3），海洋渔业规模较改革开放初期有了大幅度增长。

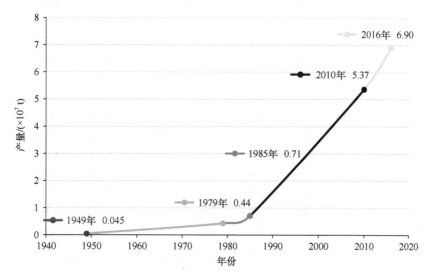

图 2.2　我国水产品产量情况

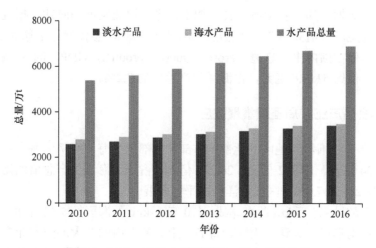

图 2.3　2010～2016 年我国海水、淡水产品总量

（二）海洋渔业发展为海洋食品产业发展提供了重要资源保障

近年来，我国海洋水产品的加工量和加工率持续稳定增长，用于加工的海洋水产品总量由 2010 年的约 1.35×10^7t 增加至 2016 年的约 2.07×10^7t，海洋水产品加工率由 2010 年的 48.28% 增加至 2016 年的 59.21%[11]（表 2.2）。

表 2.2　2010~2016 年中国海水产品加工情况

产品加工量/ (×10⁵t)	2010 年	2011 年	2012 年	2013 年	2014 年	2015 年	2016 年
加工海洋水产品总量	135.10	152.38	162.50	161.32	164.38	171.25	206.64
海洋水产品加工率/%	48.28	52.41	53.58	51.40	49.86	50.21	59.21
海水加工产品总量	135.10	147.76	156.34	159.10	167.86	171.84	177.51
水产冷冻品	100.49	110.37	117.50	123.00	131.71	137.65	140.49
冷冻品	55.30	54.53	56.34	58.88	65.49	67.90	70.34
冷冻加工品	45.19	55.84	61.16	64.12	66.23	69.74	70.16
鱼糜制品及干腌制品	24.27	25.98	27.34	29.06	30.69	30.92	32.35
鱼糜制品	9.62	10.40	11.72	13.27	15.18	14.54	15.54
干腌制品	14.65	15.58	15.63	15.80	15.51	16.38	16.81
藻类加工品	9.46	9.70	10.14	9.90	10.87	9.82	10.60
灌制品	2.43	2.66	3.55	3.75	4.00	4.13	4.51
水产饲料（鱼粉）	14.93	18.22	19.53	9.95	7.60	7.11	7.06
鱼油制品	0.39	0.48	0.60	0.77	1.01	0.73	0.69
其他水产加工品	11.36	10.88	12.08	18.97	19.40	10.83	20.84
助剂和添加剂	0.80	0.74	0.74	1.04	0.89	0.83	0.87

数据来源：2011~2017 年《中国渔业统计年鉴》

从以上数据可知，我国海洋食品加工已进入快速发展的时期。据统计，2016年全国海洋生产总值高达 7.1 万亿元，同比增长 6.8%，总体保持平稳的增长趋势。海洋生产总值占国内生产总值（gross domestic product，GDP）的 9.5%，其中海水产品总产值约 5117.6 亿元，占海洋生产总值的 7.2%。

三、海洋食品产业布局呈现集聚效应

2016 年，我国沿海地区的北部、东部、南部三大海洋经济区海洋生产总值分别达 24 324 亿元、19 912 亿元、26 272 亿元，占全国海洋生产总值的比重分别为 34.5%、28.2%、37.3%，区域海洋经济平稳发展[12, 13]。

我国有超过 1.8 万 km 的海岸线，470 多万 km² 的海区，42 亿亩①的海洋渔场。我国自北向南形成了大连、天津、青岛、上海等在内的八大海洋产业集聚中心，辐射周边地区产业。以大连、青岛等为代表的黄渤海地区主要形成以来料加工及对虾、贝类、海藻加工为主的基础加工，同时积极向海洋功能食品，如海参、鲍鱼等海珍品领域延伸；以浙江、福建等为代表的东南沿海地区形成以鳗鲡、对虾、贝类、海藻加工为主的优势产业，同时注重发展远洋水产品和近海捕捞水产品精深加工；以广东、广西、海南为代表的南海地区在对虾、贝、鱼糜加工上具有优

① 1 亩≈666.7m²

势，同时注重产品的精深加工和副产品的高值化利用。它们之间在技术上既替代
又配套，在市场上既竞争又结盟，形成上下游关联、资源和功能互补的产业链条，
有利于形成科学的、有竞争力的向集聚化方向发展的产业布局。

2016 年，沿海主要省区（山东、福建、浙江、辽宁、江苏、广东、广西、
海南等）的水产品加工量总和为 1940.9 万 t，占全国水产品加工总量的 75.7%
（图 2.4）[10, 11]。2016 年，我国从事水产品加工的企业有 9892 家，其中规模以上
水产品加工企业 2753 家；沿海省区企业数量达 8375 家，规模以上企业 2286 家，
占全国的 83%；沿海省区水产品加工产值 3323.1 亿元，占全国的 81.2%。我国海
洋食品产业呈现出区域布局集聚效应，这种效应可以达到共享基础设施、合理分
配资源、促进技术创新、降低生产成本的优化效果。

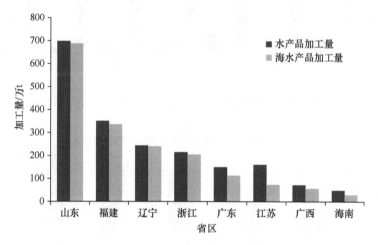

图 2.4　2016 年我国主要沿海省区水产品加工量统计

数据来源：《2017 中国渔业统计年鉴》

四、海洋食品产业结构不断调整完善

我国的海洋食品产业主要包括鲜活水产品、水产冷冻品、干腌制品、罐头制
品、调味制品、鱼糜制品、鱼油、海藻食品、海洋保健食品等若干个行业门类。
自 20 世纪 80 年代以来，我国海洋食品加工产业较长时间处于初级加工阶段，海
洋食品销售以渔业原料为主，包括鲜活产品及冷冻产品。水产冷冻品、鱼糜制品
及干腌制品是主要的加工形式，约占水产加工总量的 80%（图 2.5），其中海洋食
品中约 50% 是冷冻品。

"十二五"期间，我国海洋食品产业结构逐步调整，一产占比逐渐下降，向二
产、三产的方向不断延伸产业链，逐渐实现一二三产融合发展。2015 年我国海洋
产业结构调整步伐持续加快，部分产业加快淘汰落后产能，高技术产业化进程加

速，一、二、三产业增加值占海洋生产总值的比例分别为 5.1%、42.5%、52.4%。2016 年，海洋产业结构进一步优化，海洋一、二、三产业增加值占海洋生产总值的比例分别为 5.1%、40.7%、54.2%（图 2.6）[13, 14]，显示海洋第三产业的比重不断提高。我国海洋食品产业结构的调整方向符合《全国海洋经济发展"十三五"规划》的国家海洋经济发展规划的总体要求。

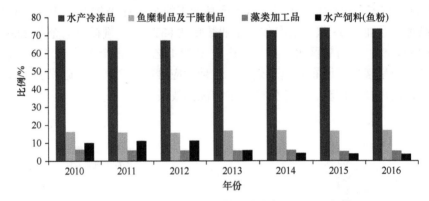

图 2.5　2010～2016 年我国主要海洋水产加工品分布情况

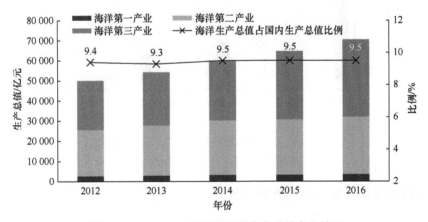

图 2.6　2012～2016 年我国海洋生产总值变化情况

我国海洋食品产业结构增长较为显著的板块为高端海洋食品产业，尤其以海参产业为代表，经过近几年的发展，海参已经成为高端海珍品的代名词，海参产值年均复合增长率高于 30%，其产业经济总产值在 2014 年达到了 250 亿元。我国海洋休闲食品产值也得到了较大幅度的增长，海洋休闲产品的零售总额由 2011 年的约 86 亿元增加至 2015 年的约 142 亿元，复合年增长率约为 13.4%[10]。用海藻加工而成的海苔，成为海洋休闲食品的代表。

《国民营养计划（2017—2030 年）》中指出应着力发展食物营养健康产业，我国在 2020 年将进入以营养健康为主要目标的发展新阶段。伴随着我国人民膳食结构的改变，我国的海洋营养食品产业也迎来了高速发展。例如，我国已研制开发的保健功能海洋食品包括鱼肝油等，其已开发的营养功能分布如图 2.7 所示。精深加工品主要以胶囊、片剂、口服液和颗粒或粉末状态存在，功能分布以增强免疫力、辅助降血脂、美容、作为营养素补充剂和辅助改善记忆等方面为主。

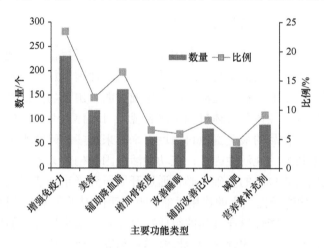

图 2.7　我国海洋保健食品的主要功能分布

第二节　我国海洋食品产业科技发展现状

一、基础研究

（一）海洋食品贮藏与加工过程中的品质变化及其调控机制

近年来，我国学者在海洋食品贮藏与加工过程中品质变化及调控机制等基础研究方面取得了较大进步，该部分研究主要集中在海洋食品原料关键内源酶对其贮藏与加工过程中品质变化影响的作用机制、海洋食品原料蛋白分子间互作机制与其质构品质变化规律之间的关系、新型海洋食品减菌化处理对产品品质的影响规律及其作用机制等；在海洋食品贮藏过程中品质变化作用机制方面还开展了微生物群体感应、优势腐败菌引起品质劣变的方式与调控机制、海洋食品贮藏和加工过程中内源性与外源性危害物识别及消减规律等研究，为海洋食品品质提升与质量安全控制等提供了较为丰富的理论依据。

（二）海洋食品风味变化特性及其调控机制

随着风味检测分析新方法的发展，如顶空固相微萃取气质联用、电子鼻、电子舌、气味指纹分析图谱等新方法在海洋食品风味研究中的应用，海洋食品风味的基础研究由最初的风味成分鉴定逐渐向风味化合物形成与呈味机制等方向转变。目前海洋食品风味变化研究热点主要集中在基于风味指纹图谱和特征风味化合物数据库构建的风味形成机制，以及加工手段、生物发酵和酶解等技术对特征风味化合物的形成规律与变化机制等方面。

（三）海洋生物活性物质活性作用机制与结构解析

近年来，该领域基础研究主要集中在功能活性因子挖掘、功能活性因子作用机制、功能活性因子构效关系与量效关系、功能活性因子加工过程稳定性维持与食用安全性评价等方面。在功能活性因子挖掘方面，由于功能活性因子能通过激活某种酶的活性等途径调节人体机能从而表现出对人体有益的活性功能，作为开发营养功能性海洋食品的最关键原料，近年来越来越多的研究集中在从已有原料或新原料中发掘新型功能活性因子；在功能活性因子构效关系与量效关系方面，作为开发第三代功能食品的基础，必须通过开展研究确定功能活性因子的构效及量效关系，明晰功能活性因子的作用机制，明确活性因子在加工过程中的稳定性，并开展其作为营养功能性海洋食品的组成部分在食用安全性方面的评价研究，为开发功效明晰、食用安全的营养功能性海洋食品提供理论基础。

（四）海洋食品中质量安全危害因子识别、残留规律及消除能力

现阶段，该方面研究已逐渐结合现代组学技术，较深层次探索了海洋食品质量安全危害因子相关调控机制；阐释了贝类毒素等污染物的代谢轮廓、产物特征和毒性变化[15]；阐明了重金属在贝、藻中的赋存形态、分布特征及不同形态元素的毒性差异[16]，并研究了诸如病毒、副溶血弧菌的流行病学特征及品种携带差异性，初步解析了诺如病毒特异性蓄积的分子机理，以及副溶血弧菌的药物抗性特征及机制[17-19]；在甲醛、生物胺等典型的海洋食品内源性危害物质在加工及贮藏过程中的变化规律和影响机制方面已形成了较为完善的理论基础[20-23]。此外，研究了基于微生物群体效应[24]、特异性噬菌体综合防控[25]对海洋食品质量安全危害性微生物进行控制的新思路。

二、前沿技术

"十五"以来，随着我国食品产业领域应用技术的发展，我国海洋食品产业领域应用的主要技术也逐步发展进步。例如，在传统的腌干加工、烟熏加工与灭菌工艺等发面，逐步采用了加工效率更高、更绿色节能的新型加工技术，如低盐快速腌制技术、低温液熏技术、瞬时超高温灭菌等技术；通过分析近年来海洋食品领域相关国家科学技术奖励可知，近年来我国海洋食品领域应用的前沿

技术主要有以下几种。

（一）海洋特征寡糖的制备技术

针对不同种类天然多糖对人类病症治疗的功效，借助高通量筛选与制备技术，结合生物学功能评价技术，研究者成功制备了海洋糖类化合物芯片，从而在分子水平上掌握了糖与活性蛋白质的相互作用，解决了海洋糖类化合物活性筛选瓶颈问题，建立了从结构序列分析到功能评价的研究平台，为糖库构建与糖源营养功能性食品开发提供了技术支撑。

（二）海参自溶酶控制技术

海参自溶的本质是酶的作用，该技术是在海参深加工时，通过控制温度、时间、pH 等条件，并使用酶抑制剂、金属离子及射线照射等手段，实现对自溶过程的发生、进行和终止的有效控制与双向调节。

（三）贝类精深加工关键技术

以大宗经济贝类为原料，相关学者研究了贝类食品加工新技术、生物活性物质的高效制备技术，开发了贝肉系列食品与营养功能食品，实现了贝类精深加工和高值化利用，有利于促进我国渔业结构调整，拉动贝类养殖业发展，此外，该项目中多个技术成果可推广应用到鱼、虾和棘皮动物的精深加工中，为其提供理论与技术支撑。

（四）动物性食品中药物残留及化学污染物检测关键技术

研究者开发了免疫亲和色谱技术替代传统的液-液分配和固相萃取技术，降低了基质中杂质的干扰，提高了残留检测方法的灵敏度和准确度，为保障海洋食品加工原料安全提供了有力的技术支撑。

（五）金枪鱼质量保真与精深加工关键技术

该技术通过对生食金枪鱼全程保鲜、冻煮金枪鱼精确加工、副产物高值化利用等核心技术攻关研究，构建了金枪鱼质量保真与精深加工技术体系，延长了上下游产业链，为金枪鱼加工业的可持续发展提供了系统的理论、方法和技术支撑。

（六）鱿鱼贮藏加工与质量安全控制关键技术

该技术有效解决了鱿鱼"甲醛超标"、易腐败、难保鲜、难加工等瓶颈问题，推动了鱿鱼质量安全控制技术、贮藏保鲜、精深加工及副产物高值化综合利用技术的进步与鱿鱼加工产业升级，延长了产业链。

（七）热带海洋微生物新型生物酶高效转化软体动物功能肽的关键技术

从海洋发掘产酶微生物新属种，创制新型生物酶，发明了功能肽的定向酶解技术，研发了营养免疫新型功能肽和珍珠角蛋白定向制备及改造技术，创建了功能肽评价模型，可以发掘肽类新功能，实现海洋功能肽定向制备技术的工程化应用。

（八）用大宗低值蛋白资源生产富含呈味肽的呈味基料及调味品的共性关键技术

该技术提高了我国海洋食品原料中低值蛋白资源的蛋白质利用率与氨基酸转化率；通过热处理结合控制酶解技术与连续美拉德反应增香技术等，实现产品风味系列化，开发出了系列呈味基料。

除此之外，目前海洋食品领域的前沿技术还体现在海洋功能物质的高效提取及生物制备技术、基于 3D 打印的营养定制型海洋食品加工技术、非热杀菌技术、生态冰温保活技术、基于内源酶精准调控的品质提升技术、无创检测与危害因子快速识别技术及消减技术、基于物联网的海洋食品质量安全追溯预警技术等方面。

三、成果转化与产业化

随着我国海洋食品产业科技创新投入加大、科研平台数量持续增多及科研创新能力不断增强，海洋食品研究领域取得了一系列重要科技成果，并得到有效转化，实现了科技创新力和产业效益双赢。我国海洋食品科技成果应用不断扩大，主要表现在海洋食品产业链不断延伸，形成了一些新业态，催生了一批海洋食品龙头企业，创制了一批新产品，同时促进了海洋食品产业结构调整，使得渔业增效、渔民增收。具体表现在以下几方面。

（一）海洋食品产业链不断延伸，催生了新产业

最有代表性的就是海参深加工产业，海参是高级海味之最，体内富含生物活性物质，具有极高的营养价值，极具开发潜力，但海参容易自溶，难以贮存加工，一般用来鲜食。随着物质生活的日益改善，人们对海参的市场需求量陡升，生鲜品已无法满足跨地域销售市场，探索其相应的精深加工技术也成为相关研究者近年来迫切需要解决的问题。大连工业大学朱蓓薇院士领衔的团队已提前开展了这些前瞻性的研究攻关工作，其研究成果"海参自溶酶技术及其应用"填补了国内海参深加工领域的空白，解决了海参"贮藏难、加工难、食用难"的瓶颈问题，催生了我国海参深加工产业，引领了该产业的技术进步和发展，深加工技术的推广又有力地拉动了我国海参养殖业，在沿海城市形成了一定规模的产业群，对我国海洋食品产业的科技创新发展具有重要的推动作用。

（二）关键技术实现产业化应用，催生了新型龙头企业

金枪鱼作为一种营养、健康的优质天然蛋白源之一，被称作"海底黄金"，捕获量位列全球远洋渔业之首。受制于金枪鱼苛刻的保藏条件和技术，我国金枪鱼产业并未得到较大发展，浙江海洋大学牵头完成的"金枪鱼质量保真与精深加工关键技术及产业化"项目攻克了生食金枪鱼全程冷链物流保鲜、冻煮金枪鱼精确加工及副产物高值化利用等核心技术，成功实现产业化应用，建成了以浙江大洋世家股份有限公司、浙江兴业集团有限公司等为龙头企业的我国规模最大的金枪鱼加工示范基地，并开发了一系列精加工产品（生鲜产品、冻煮产品，以及休闲调理产品、活性肽、鱼油等），产生了明显的经济效益，有力推动了我国海洋食品企业打入国际金枪鱼高端市场。

（三）核心技术取得突破性进展，创制出一批新产品

南极磷虾精深加工技术与产业化取得突破性进展，建立了船上壳肉快速高效分离及虾粉快速制备加工技术、冷链技术、虾油工业化提取及精制技术、高品质磷虾油工业化生产技术、高纯度高磷脂含量南极磷虾油制备技术，并开发出了南极磷虾肉和磷虾油等系列新产品。海珍品作为具有较高经济价值的海洋食品，长期以来以生鲜为主，缺乏相应的精深加工技术与理论研究。随着国内各高校与科研团队的不懈努力，研究者在海参、鲍鱼、扇贝、海胆及牡蛎等海珍品的精深加工技术与理论研究方面不断取得重要进展，成功开发了即食海参、鲍鱼罐头、调料扇贝食品及功能性食品等新产品，并实现工业化生产。

（四）海洋食品高值化利用不断加强，产品附加值持续提升

我国贝类养殖产量占我国海水养殖产量的 72.4%，但贝类食品产业存在加工技术落后、产业规模小、副产物利用率低等瓶颈难题。以朱蓓薇院士领衔的科研团队围绕贝类的精深加工与副产物高值化利用，研究贝类食品加工新技术，通过研究生物活性物质的高效制备技术，确定其结构和功能，开发营养食品，实现部分贝类精深加工和高值化利用，在辽宁大连、福建霞浦等的多家企业成功实现产业化，为贝类加工和废弃物开发提供示范。海洋食品加工新技术的利用，使高值化产品不断涌现、产品附加值持续提升，有效推动了我国渔业结构调整，拉动了贝类养殖业发展，促进了渔业增效与渔民增收。

四、创新能力

我国非常重视海洋前沿科技创新的研发投入，在国家"十一五"和"十二五"科技发展规划中，海洋食品加工和海洋生物科技均被列为重点发展方向。近年来，我国海洋食品资源高效利用、海洋食品的精深加工、海洋食品质量安全及海洋食品产业发展的科学基础研究与技术开发等科技创新活动不断深入，组建了一批科研平台，取得了重要进展，海洋食品科技创新能力不断增强。

（一）海洋食品领域的研发平台建设基本完善

目前我国海洋食品领域已形成国家与地方联合建设、科研单位与企业研发优势互补、基础研究技术研发与成果转化有机融合的研发平台群。在基础研究方面，在青岛海洋科学与技术国家实验室，分别建立了海洋生物学与生物技术、海洋渔业科学与食物产出过程、海洋药物与生物制品 3 个功能实验室，研究内容覆盖了海洋生物多样性及其保护利用、重要海洋生物大分子的结构与功能及生物合成途径、海洋生物制品研究与开发等方面。此外还建设有 7 个国家工程技术研究中心、14 个国家地方联合工程研究中心（实验室）、8 个国家级企业技术中心及 42 国家水产品加工技术研发中心（表 2.3），为开展基础研究、成果转化、产业应用奠定了良好的基础。

表 2.3　主要国家级海洋食品科研平台

序号	中心名称	依托单位	平台类别	所在地区
1	青岛海洋科学与技术国家实验室（海洋药物与生物制品等 3 个功能实验室）	中国海洋大学等	国家实验室	山东
2	海藻活性物质国家重点实验室	青岛明月海藻集团有限公司	国家重点实验室	山东
3	国家海洋药物工程技术研究中心	中国海洋大学	国家工程技术研究中心	山东
4	国家海藻与海参工程技术研究中心	山东东方海洋科技股份有限公司	国家工程技术研究中心	山东
5	国家农产品现代物流工程技术研究中心	山东省商业集团有限公司	国家工程技术研究中心	山东
6	国家海产贝类工程技术研究中心	威海长青海洋科技股份有限公司	国家工程技术研究中心	山东
7	国家远洋渔业工程技术研究中心	上海海洋大学	国家工程技术研究中心	上海
8	国家海洋设施养殖工程技术研究中心	浙江海洋大学	国家工程技术研究中心	浙江
9	国家海洋食品工程技术研究中心	大连工业大学	国家工程技术研究中心	辽宁
10	海藻炼制技术国家地方联合工程研究中心	山东洁晶集团股份有限公司	国家地方联合工程研究中心	山东
11	海洋生物活性物质高效利用技术国家地方联合工程实验室	国家海洋局第三海洋研究所	国家地方联合工程实验室	福建
12	海洋生物制备技术国家地方联合工程实验室	厦门大学	国家地方联合工程实验室	福建
13	海洋生物制品开发技术国家地方联合工程研究中心	中国科学院海洋研究所	国家地方联合工程研究中心	山东
14	水产品深加工技术国家地方联合工程研究中心	集美大学	国家地方联合工程研究中心	福建

续表

序号	中心名称	依托单位	平台类别	所在地区
15	海洋功能食品开发国家地方联合工程实验室	荣成泰祥食品股份有限公司	国家地方联合工程实验室	山东
16	海洋活性多糖开发应用技术国家地方联合工程实验室	大连工业大学	国家地方联合工程实验室	辽宁
17	海藻综合利用技术国家地方联合工程研究中心	青岛明月海藻集团有限公司	国家地方联合工程研究中心	山东
18	海洋生物资源综合利用国家地方联合工程实验室	山东荣信水产食品集团股份有限公司	国家地方联合工程实验室	山东
19	海洋生物技术与工程国家地方联合工程实验室	宁波大学	国家地方联合工程实验室	浙江
20	海洋食品加工质量控制技术与仪器国家地方联合工程实验室	中国计量大学	国家地方联合工程实验室	浙江
21	海洋生物种质资源发掘利用国家地方联合工程实验室	浙江海洋大学	国家地方联合工程实验室	浙江
22	海洋生物农药创制国家地方联合工程实验室	海南正业中农高科股份有限公司	国家地方联合工程实验室	海南
23	生鲜农产品贮藏加工及安全控制技术国家地方联合工程研究中心	渤海大学	国家地方联合工程研究中心	辽宁
24	獐子岛集团股份有限公司技术中心	獐子岛集团股份有限公司	国家级企业技术中心	辽宁
25	福建安井食品股份有限公司技术中心	福建安井食品股份有限公司	国家级企业技术中心	福建
26	好当家集团有限公司技术中心	好当家集团有限公司	国家级企业技术中心	山东
27	蓬莱京鲁渔业有限公司技术中心	蓬莱京鲁渔业有限公司	国家级企业技术中心	山东
28	山东洁晶集团股份有限公司技术中心	山东洁晶集团股份有限公司	国家级企业技术中心	山东
29	山东东方海洋科技股份有限公司技术中心	山东东方海洋科技股份有限公司	国家级企业技术中心	山东
30	青岛明月海藻集团有限公司技术中心	青岛明月海藻集团有限公司	国家级企业技术中心	山东
31	青岛聚大洋藻业集团有限公司技术中心	青岛聚大洋藻业集团有限公司	国家级企业技术中心	山东
32	国家水产品加工技术研发中心	中国水产科学研究院南海水产研究所等42家单位	国家水产品加工技术研发中心	全国

（二）海洋食品领域科技创新已取得一些突破性成果

在海洋食品基础研究方面，近十多年来，973 计划项目、国家及沿海省市的自然科学基金项目在海洋食品资源开发与利用方面给予了大力支撑。自 2010 年以来，国家自然科学基金在海洋食品资源开发利用方面共资助约 281 项，其中涉及海洋食品原料加工贮藏过程品质变化机制的 100 余项、海洋食品营养成分与营养机制的 110 余项、海洋食品质量安全的 60 余项，约占食品科学领域项目

（2892 项）的 9.7%。海洋食品研发创新科技取得重大突破，国家级奖励成果不断涌现。"十五"至"十二五"期间，在以上项目的资助下，我国科技工作者在海洋食品精深加工的共性关键技术、加工废弃物综合利用技术、海洋食品的保活与保鲜贮运等物流技术、海洋食品冷链物流技术、动物和植物源海洋食品加工技术、营养功能性海洋食品开发等方面取得了大量突破性成果（表 2.4）。

表 2.4　2000 年以来在海洋食品开发研究方面的主要国家级科技奖励

序号	项目名称	奖励类别	获奖等级	获奖年度
1	海洋特征寡糖的制备技术（糖库构建）与应用开发	发明	一	2009
2	海参自溶酶技术及其应用	发明	二	2005
3	热带海洋微生物新型生物酶高效转化软体动物功能肽的关键技术	发明	二	2014
4	海水生物活饵料和全熟膨化饲料的关键技术创新与产业化	进步	二	2006
5	动物性食品中药物残留及化学污染物检测关键技术与试剂盒产业化	进步	二	2006
6	热带海洋生物活性物质的利用技术	进步	二	2007
7	水溶性几丁糖医用制品的研制与临床应用	进步	二	2009
8	大宗低值蛋白资源生产富含呈味肽的呈味基料及调味品共性关键技术	进步	二	2009
9	海洋水产蛋白、糖类及脂质资源高效利用关键技术研究与应用	进步	二	2010
10	贝类精深加工关键技术研究及产业化	进步	二	2010
11	坛紫菜新品种选育、推广及深加工技术	进步	二	2011
12	发酵与代谢调控关键技术及产业化应用	进步	二	2013
13	金枪鱼质量保真与精深加工关键技术及产业化	进步	二	2016
14	鱿鱼贮藏加工与质量安全控制关键技术及应用	进步	二	2017

注：奖励类别中的"发明"为国家技术发明奖，"进步"为国家科学技术进步奖

（三）海洋食品相关学科与人才体系不断壮大

在《国家中长期科学和技术发展规划纲要（2006—2020 年）》的指导下，我国海洋食品领域学科建设与人才队伍不断发展，已形成以院士为带头人，优秀中青年拔尖人才为骨干的紧密型创新领域，学科建设发展显著。目前，我国从事海洋食品研究的高等院校、科研单位已达数百家，2012 年我国渔业科研机构已达 110个，水产技术推广机构 14 711 个。目前，江南大学具有食品科学与工程国家一级重点学科覆盖的水产品加工及贮藏工程国家重点学科，中国海洋大学具有水产品加工及贮藏工程国家二级重点学科；大连工业大学、上海海洋大学、中国农业大学、华南理工大学、南京农业大学、东北农业大学、合肥工业大学、华中农业大学、浙江大学、江苏大学、南昌大学、西北农林科技大学、西南大学等具有食品科学与工程一级学科覆盖的水产品加工与贮藏工程学科的博士学位授予权。

第三章　典型国家海洋食品产业科技创新主要做法

海洋食品产业是战略性产业，是资金和技术密集型产业，涉及国家食品安全和经济发展。各国为发展本国海洋食品产业均制定并出台了保护性政策，导致以资金投入和规模扩张为主的竞争手段难以打破政府间屏障。为争夺更多发展空间，海洋食品产业竞争从资金和规模竞争转变为技术竞争，各国都以科技创新为重要途径，通过技术积累，实现本国海洋食品产业系统迭代，显著提升本国海洋食品产业技术优势，占领世界海洋食品产业发展通用技术标准制高点，利用技术优势跨越政府间屏障，争夺有限的海洋空间。

第一节　高度重视海洋食品战略地位，制定标准和法律法规争夺主导权

一、注重战略规划和法规配套相结合，引导产业全面升级

（一）系统编制科学战略规划，跨学科组织创新项目

以美国为例，2014 年 6 月，美国科学技术政策办公室（Office of Science and Technology Policy，OSTP）发布的《水产研究国家战略规划 2014～2019》系统设计了 9 个海洋食品产业战略目标，在海洋生物种质资源优化、养殖生产可持续、生物疾病抵抗、海洋食品营养健康与安全等不同领域跨学科统筹，系统部署对应战略目标的基础研究计划，同时协调联邦研究计划，在遗传学、海洋食品加工技术及营养健康功能评价等不同方面引导提升产业生产效率，降低产业成本，提升产品品质，加强海洋食品产业发展可持续性。加拿大渔业及海洋部 2018 年发布《水产养殖合作研究和发展计划（2018～2019)》及《水产养殖管理研究计划》（Program for Aquaculture Regulatory Research，PARR），结合本国基因组研发机构发布并执行的《加拿大基因战略计划（2012～2017)》，加拿大也完成了在海洋产业中渔业品种资源开发、基因标记、基因测序、野生种群相互作用、病原体及污染物响应机制、栖息地影响等不同领域的研发创新布局。日本、韩国、挪威等海洋食品产业强国也各自出台了相关战略规划部署，部署特征均趋向于跨学科、跨领域、跨专业组织，系统提升产业科技水平。

（二）科学配套法律法规，保障产业技术升级

以战略规划引领产业升级并不能满足各国对产业升级速度的要求，为有效促进本国海洋食品产业主体自发提升技术水平，典型海洋国家在开展科技战略部署的同时，设计相关法律法规进行配套，提高产业准入技术门槛，强化产业主体落实科技战略部署的积极性，保障战略规划有效实施。美国为保障海洋食品战略规划有效落地，配套制定了相关渔业法律法规体系，如《海洋法》《渔业保护和管理法》《美国水产养殖条例》《美国渔业促进法》等，通过法规体系从保护海洋渔业资源和海洋环境、加强海洋食品安全和品质的管理规范、促进海洋产业可持续发展等多维度，对海洋食品产业运营主体设置了新的技术指标，保障产业发展方向符合战略规划部署。日本在海洋食品标准法规领域，经常依据其深厚的科研积累和先进成果，主导国际标准修订，制定更加严格、科学的技术标准。2015 年日本对《食品卫生法》《JAS 法》《健康增进法》中有关食品标示的内容进行整合，实施新的统一的食品标示法，进一步升级本国海洋食品生产和流通的标准。

二、重视海洋食品领域技术创新，优化资源配置

进入 21 世纪后，典型海洋食品产业强国对国家间海洋食品产业的科技竞争都有了更深入的理解，依托应用技术的集成或优化难以长期保持并扩大本国海洋食品产业的科技优势。基础研究投入大、周期长、见效慢，却能在科技竞争中形成既宽又深的"护城河"，并会逐步衍生为产业主体的核心竞争力，提高产业利润，拓展产业发展空间，具体做法包括以下 3 个方面。

（一）编制科学研究计划，稳定持续加大研发投入

美国以《水产研究国家战略规划 2014～2019》为基础，编制了对应的行动计划，在 2014～2019 年，以每年约 1 亿美元的联邦研发投入为基本，撬动数倍非政府资金，为基础研究计划或项目提供了充沛且稳定的资金来源，驱动了整个产业的技术进步，在生物种质资源、海洋水产养殖可持续性等方面，初步实现了美国版的供给侧结构性改革，为美国海洋食品产业优化了科技供给。同时产业升级过程使资本获得了投资回报，进而提高了产业主体应用新技术、新装备、新材料的积极性，缩短了科技成果转化周期，形成了以科技创新驱动的产业发展模式，不断巩固美国海洋强国的地位。

（二）跨学科组织研发力量，系统支持海洋食品产业相关领域研究项目

美国《水产研究国家战略规划 2014～2019》在组织科学研究计划时，不仅涉及渔业养殖技术、养殖装备、水产品保鲜加工等海洋食品传统涉及的学科，更拓

展至生物育种、基因及基因组学、新材料、营养评价、疾病机理揭示等不同学科领域，形成多学科交叉、多体系串并联、多领域融合的新型科技供给系统。

（三）改革管理体制，加强中央或联邦政府对海洋食品产业发展的统筹

2016 年，加拿大渔业及海洋部发布《水产养殖发展战略（2016～2019）》。不同于其他国家的科技发展战略，加拿大水产养殖发展战略直接针对本国渔业管理分散、缺乏协同的弊病，其战略目标在于改革联邦、省等地权间的管理框架，着重强化本国海洋产业不同区域管理部门之间的协同效力，加强联邦政府对全国海洋食品产业的统筹引导，推动产业升级，提升本国海洋食品产业的综合竞争力。与加拿大相比，韩国早在 1996 年就建立了统一的海洋政策机构——海洋水产部，使韩国成为世界上唯一一个实行海洋管理综合体制的国家，以统一的管理机构来管理各类与海洋有关的事务，大幅提高了管理效率，强化了中央政府对产业的引导。

三、升级技术标准，规范市场准入机制

（一）完善质量安全标准，扩大风险监管领域

1995 年美国颁布了《美国水产和水产品 HACCP 法规》质量安全标准，将对进口食品的控制扩大到生产、加工等领域；2015 年进一步出台了《美国食品安全现代化法案》（Food Safety Modernization Act，FSMA）及相关配套法规，新增的配套法规从食品防护、注册认证等方面对输美水产品企业提出更高的技术要求；2016 年又颁布了《保护食品防止被故意掺杂的缓解策略》（21CFR121）及《马格纳森-史蒂文斯渔业养护和管理法：海产品进口监控程序》最终法规；2018 年 3 月经国会批准又通过了《海洋食品进口监管计划》，扩大了监管领域，对美国渔业从业主体进行保护。此外，日本以《食品卫生法》和《食品安全基本法》作为基本法律，配套一系列专业、专门法律法规，构建了完善的海洋食品安全保障体系，特别是 2006 年 5 月出台的《食品中残留农业化学品肯定列表制度》，禁止含有未设定最大残留限量标准的农业化学品但其含量超过统一标准的食品的流通，同时对没有制定残留限量标准的农兽药设定的"统一标准"数值非常低，仅为 0.01mg/L，这实际上就是禁止尚未制定农兽药残留限量标准的海洋食品进入日本。

（二）优化环境保障标准，加强信息化管理

挪威作为世界渔业大国之一，海域生产力高、渔业资源丰富，为保护好本国海洋渔业资源，贯彻"基于可获得的最佳科学建议，实现渔业资源的可持续利用"基本原则，制定完善了一系列法律。1955 年挪威出台《海洋渔业法》，授权挪威

渔业部开始实施渔业配额，限制渔业过度捕捞；1976 年为限制超配额捕捞，挪威又出台《捕捞参与法》修订案，授权渔民销售组织管理超配额捕捞，对于超出渔船配额的渔获物，渔民销售组织可没收对应的销售收入，无论这种过度捕捞是否合法；1983 年，挪威对《海洋渔业法》进行修订，要求渔民报告捕捞的时间、地点、种类、数量，以及使用的渔具类型和渔获价值等。通过建立渔业资源数据信息系统，掌握鱼类资源储量、构成、成长周期和地理分布等信息，为挪威渔业资源可持续开发利用和海洋渔业的信息化发展提供了强力支撑。

第二节　以科技创新为引领，注重海洋食品技术研发创新

一、鱼类

在鱼类加工利用方面，研究主要集中在海洋活性功能成分和质量安全控制两大方面，一是通过高效提取及分离纯化鉴定技术获得三文鱼、金枪鱼等来源的降压肽、二肽基肽酶IV抑制肽和抗氧化肽等海洋生物活性肽[26, 27]；二是采用长波近红外光谱、高光谱成像、计算机视觉技术等来鉴定区分有机和传统养殖三文鱼，通过检测三文鱼片的肌肉颜色分布情况来评价三文鱼品质，以及三文鱼体内三聚氰胺、重金属等有害物质残留的检测与确认等[28, 29]。

二、鱼糜

在鱼糜加工方面，研究主要聚焦在以下 5 个方面：一是海藻胶、钙盐、谷氨酰胺转氨酶等食品添加剂、食物来源蛋白酶抑制剂（如豆类蛋白、鸡蛋清蛋白等）、功能性油脂、纳米化骨粉、矿物质盐等营养强化剂对鱼糜制品凝胶特性的改良和对品质营养的增效作用。二是利用钾盐取代传统食盐等低盐鱼糜制品的开发，通过添加明胶、海藻胶等冷凝胶成形剂，或添加氨基酸、谷氨酰胺转氨酶，或改变凝胶 pH 来实现鱼肉蛋白在低盐度下的凝胶化。三是超高压加热、欧姆加热、高温短时加热、微波加热及非热凝胶化等新技术在鱼糜制品加工中的应用。四是鱼糜中肌球蛋白或肌原纤维蛋白凝胶形成的机理研究。五是开发具有一定功效的功能性肽产品，如降血压肽、抗氧化肽、呈味肽等鱼糜加工副产物中鱼蛋白的再利用。

三、鱼油

在鱼油加工方面，研究集中在以下 3 个方面：一是鱼油的氧化稳定性，包括鱼油的微胶囊化方法，以及酚类化合物及鱼肉蛋白水解产物等抗氧化剂对微胶囊化鱼油氧化稳定性的影响[30-32]；二是多不饱和脂肪酸在抗炎、增强免疫力及降血

压方面的新机制[33,34]；三是鱼油对水产养殖动物脂肪组成的影响、在饲料（水产养殖）业中的应用现状及鱼油替代品的研究现状[35-37]。

四、藻类

在藻类加工利用方面，研究主要聚焦在藻类活性功能成分与资源开发利用两大方面，一是开展了褐藻多糖、红藻多糖、绿藻多糖和海藻提取物的高效提取、结构鉴定及生物活性研究，包括利用氧化降解法降解浒苔多糖以提高其抗氧化活性[38]，利用高分辨 α-葡萄糖苷酶抑制谱分析和高效液相色谱-高分辨质谱-固相萃取-核磁共振联用技术研究海藻提取物的抗氧化活性与对 α-淀粉酶及 α-葡萄糖苷酶的抑制活性[39]，利用傅里叶变换红外衰减全反射（FTIR-ATR）光谱法鉴定海藻多糖的结构[40]，以及海藻多糖的抗氧化、抗菌、抗炎等生物活性研究[41]。二是利用藻类生长速度快、生长条件可控等优点，以藻类为原料制备生物柴油以取代传统石油燃料，特别是在微藻领域开展了大量研究[42]。

五、营养功能性海洋食品

在营养功能性海洋食品方面，研究主要集中在海洋油脂（鱼油）、糖类、肽类、鱼明胶与壳聚糖等几个方面，一是在鱼油稳态化技术方面，通过微胶囊包埋技术提高鱼油稳定性，并研究其释放与递送机制[43]；二是 ω-3 长链多不饱和脂肪酸调节血压、抗炎及免疫调节等活性的作用机制与应用研究[44]；三是鱼明胶和壳聚糖等复合生物材料制备及其抑菌活性与应用方面的研究[45,46]。

六、鱼粉

在鱼粉加工方面，研究主要集中在全球范围鱼粉的原料、产量、价格、贸易的变化趋势和未来预测方面。一是鱼粉原料短缺和全球养殖规模逐渐扩大的矛盾。受全球气候等因素的影响，传统的南美洲鱼粉、鱼油生产国可获得的鱼粉原料越来越少，导致鱼粉、鱼油价格持续上涨。鱼粉和鱼油越来越多地被用作高价值特种饲料成分。二是很多研究在从植物来源生物质中寻求替代原料，以减轻鱼粉、鱼油生产给海洋生态环境带来的压力，如植物蛋白和植物油对鱼的生长情况、鱼体组成及肠道微生态的影响，以期在可预见的将来使用植物来源水产饲料满足渔业养殖需求。

七、其他海洋食品

在其他海洋食品加工利用方面，研究主要聚焦在副产物综合利用方面，综合利用的原料主要有鱿鱼皮、虾壳等。一是在海洋活性功能成分方面，通过酶水解鱿鱼皮获取明胶，并对明胶的抗氧化性和功能特性进行研究[47-49]；二是在虾壳资源利用方面，研究虾壳中提取的活性物质壳寡糖和几丁质的抑菌效果，对比壳寡糖和几丁质的生物聚合物分子量及脱乙酰度对抗菌活性的影响[50]。

第三节　以消费者为导向，以"一品一业"为目标构建海洋食品全产业链

海洋食品产业近些年发展迅速，无论在全产业链构建、加工装备升级还是在质量安全控制方面都获得了长足的进步，如三文鱼、鱼糜、鱼粉和鱼油产业已是实践全产业链理念的典范。三文鱼是海洋鱼类的典型代表，挪威三文鱼产业是全球最成功的海洋食品产业发展的案例之一；鱼糜原料以鳕鱼为主，日本新型鱼糜生产设备如连续漂洗机、精滤机、脱水机的使用提高了鱼糜生产效率与产量；鱼粉和鱼油的需求量不断上升，秘鲁和智利是世界上主要的鱼粉鱼油生产国及出口国。挖掘典型国家对海洋食品先进加工装备的发展路径选择，对我国加强海洋食品科技创新产业发展具有重要借鉴意义。

一、三文鱼产业

2009～2019 年，三文鱼贸易规模持续扩大，市场需求量平均以 6%的速度增长，基本与养殖增长持平，并持续带动产值增长，2008～2018 年野生三文鱼捕捞产量徘徊在 70 万～100 万 t，而 2015 年全球养殖三文鱼产量增至 220 万 t，全球三文鱼总产值约 120 亿美元。从全球优势产业来看，挪威三文鱼产业历经几十年的发展与转型已稳居世界第一，2014 年挪威三文鱼出口量为 99.9 万 t，出口额达 57 亿美元。智利三文鱼养殖业迅速崛起，日本、加拿大等发达国家在三文鱼产业内也有较深的涉足。数据显示，上述四国的网箱产出了 70%以上的养殖三文鱼[51]。根据 2015 年全球三文鱼养殖总产量计算，全球前 10 位的三文鱼生产公司分别为挪威 Marine Harvest 等 4 家公司、智利 Empresas Aquachile 等 3 家公司、日本三菱公司、加拿大 Cooke Aquaculture 公司及法罗群岛 Bakkafrost 公司。欧美国家作为三文鱼产品最大的消费市场，其三文鱼主要以生鲜形式销售，运输时间与运输方式影响着产品的品质，亚洲逐渐成为三文鱼新兴消费市场，市场需求正以超过 10%的速度增长。联合国粮农组织预计，2020～2035 年，水产食品中三文鱼的养殖和消费增长将最为迅速[52]。

以挪威为例，三文鱼企业从饲料生产、淡水养殖、海水养殖、活鱼运输、宰杀加工到销售出口，真正做到了从三文鱼养殖场到餐桌的全程一体化，运用全产

业链理念可以大幅提高产量与效率，降低成本，增强挪威三文鱼在全球三文鱼市场及三文鱼产品在海洋食品中的竞争优势[53]。经过深入研发生产三文鱼立克次体败血症疫苗，挪威三文鱼养殖已基本摆脱了对抗生素的依赖。不过，海虱、传染性胰腺坏死等病害依然是困扰三文鱼人工养殖的难题。挪威三文鱼的工厂化加工也是其领先世界的一个典范，首先通过"吸鱼管"和"吸鱼泵"将三文鱼吸入海上运输船，装在海水仓中运到加工厂，再用"活鱼泵"将鱼直接吸入加工车间。在屠宰加工过程中，首先用高压将三文鱼击昏并进行宰杀，然后在冷海水中放血，再去内脏、分级、装箱、称重、加冰、包装、打标，通过机器人分拣码放，装入等候在车间外的冷藏运输车。最后，装车后的三文鱼加工品被运送到挪威和欧洲大陆的各个机场，在那里装上飞往世界各地的国际航班。从三文鱼进入加工厂到出现在中国消费者餐桌上，只需要短短的 3～4 天时间。挪威三文鱼产量产值取得显著增加的一个最重要的因素是全产业链发展模式。在世界三文鱼市场供给和需求共同增长的双重推动下，国际三文鱼贸易规模将继续保持扩张态势。

二、鱼糜产业

在海洋食品领域中，作为模拟食品的重要原料，鱼糜为鱼糜制品的生产消费提供了巨大的方便性和创意空间，且营养健康，是全球最成功的海洋食品产业发展的案例之一。20 世纪 90 年代，日本市场占据了全球鱼糜生产消费的 50%以上，处于绝对地位；21 世纪初几年间，美国成为鱼糜的主要生产国家；而 2010年后中国逐渐成为世界鱼糜生产大国。数据显示，2015 年全球鱼糜的年产量保持在 400 万 t 左右，中国、美国、韩国、日本、越南、印度是主要鱼糜生产国家。其中，中国鱼糜产量约为 100 万 t、美国 80 万 t、日本 50 万 t、韩国 30 万 t、东南亚地区约 55 万 t，此外欧洲的西班牙和法国也是鱼糜产量及消费量较大的国家。全球大型鱼糜和鱼糜制品生产公司主要有日本纪文食品株式会社、美国海产品集团有限公司、中国福建安井食品股份有限公司和海欣食品股份有限公司、越南 Bac Dau Seafood 等。2015 年数据显示，亚洲是鱼糜消费的主要市场，全球 60%以上的鱼糜由亚洲的日本、中国、韩国等国家使用。其中日本是世界最大的鱼糜消费国家，占据全球消费量的 30%以上，每个家庭用于消费鱼糜制品的花费平均达10 000 日元/年。而中国是第二大消费国，每年进口约 20 万 t 鱼糜；韩国则每年消费 10 万 t 左右，占据全球消费量的 8%左右。欧洲的俄罗斯、西班牙、法国也有一定的鱼糜消费量。随着 3D 打印技术的发展，鱼糜消费的形式和人群将会发生更多的变化，预计鱼糜和鱼糜制品的生产消费将迎来新的增长。

以日本为例，其鱼糜产业从鱼糜生产原料遴选、鱼糜加工技术与设备研发、鱼糜保藏与流通、鱼糜凝胶性能提升到鱼糜制品开发做到了全程技术保障、生产一体化，大幅提高了产量与效率，降低了成本，提升了产品品质，增强了日本鱼糜在全球鱼糜和鱼糜制品市场中的竞争优势。该国研究者通过深入探究各种鱼类肌肉性能，遴选出了具有高凝胶性能的阿拉斯加鳕鱼、黄花鱼等鱼类作为鱼糜生产的原料用鱼，从根本上保证了鱼糜的核心品质。同时，研发出适合现代化连续生产的鱼糜加工设备，提高了生产效率与鱼糜品质。日本的鱼糜企业还研发了鱼糜抗冻剂，延长了冷冻鱼糜的使用寿命。日本鱼糜制品生产企业进一步研发出提高鱼糜凝胶性能的二段加热方法和微生物转谷氨酰胺酶（MTGase）技术。此外，鱼糜制品企业根据日本民众口味需求和喜好，研发了各种营养健康的鱼糜制品，产品类型包括烧烤、蒸煮、油炸、模拟制品等，极大地满足了国民方便性、营养性、个性化的需求。可见，日本的鱼糜产业在每个环节都有雄厚的技术作支撑，为鱼糜产业的发展提供了坚实的基础，为国民经济发展和国民健康维持做出了重大贡献，是海洋食品产业的典范之一。

三、鱼油鱼粉产业

由于世界水产养殖业的飞速发展，对养鱼饲料的主要原料——鱼粉和鱼油的需求量也在逐年增加。根据国际鱼粉鱼油协会（IFFO）统计，全球鱼粉年产量约500 万 t，鱼油年产量约 100 万 t[54]。在 2016 年鱼粉及鱼油产业发展不利，主要是因为在南非发生厄尔尼诺现象，影响鳀鱼生产量，从而影响鱼粉鱼油全球 15%～20%的供应量；而 2017 年鱼粉鱼油产业有所反弹，2018 年形势也有所好转。秘鲁和智利是世界上主要的鱼粉生产国及出口国，而中国是主要的鱼粉进口国和消费国。对鱼油而言，秘鲁和智利是世界上主要的生产国，而挪威、智利和日本作为世界上主要的养殖鱼类生产国，是主要的进口国和消费国。目前由于全球的发展趋势更注重资源的可持续发展，而鱼粉的价格主要依靠渔获数量，未来鱼粉及鱼油价格上升的可能性较大。此外，由于目前海洋食品原料精深加工水平的提高，初加工后的鱼粉和鱼油除应用于养殖业外，部分鱼粉和鱼油用于生产与二十碳五烯酸（eicosapentaenoic acid，EPA）和二十二碳六烯酸（docosahexaenoic acid，DHA）相关的药品、特定保健食品等。

以秘鲁为例，秘鲁是第一个采用国际鱼粉鱼油协会生产供应标准的国家，鳀鱼是第一个被核准的鱼类品种。秘鲁只生产以鳀鱼为原料的鱼粉，目前秘鲁是拥有认证公司最多的国家，有 10 家鱼粉鱼油企业通过了全球负责任生产供应标准，分别为 Austral Group、CFG Investments、Compañía Pesquera del Pacífico Centro、Corporación Pesquera Inca（Copeinca）、Pesquera Cantabria、Pesquera Centinela、Pesquera Diamante、Pesquera Exalmar、Pesquera Hayduk 和 TASA。其中科佩恩卡公司（Copeinca）是秘鲁第二大鱼粉生产企业，总部在秘鲁首都利马，拥有 16%

的海洋渔业捕捞配额、5 座鱼粉和鱼油加工厂，2012 年生产鱼粉 12.34 万 t、鱼油 2.95 万 t，所生产的鱼粉均为质量上乘的蒸汽干燥鱼粉，大部分用于出口，而我国就是其最大出口国。Pesquera Cantabria 是秘鲁第三大鱼粉生产企业，2012 年水产品出口总额为 2.36 亿美元，其中出口鱼粉总值 1.91 亿美金，约占秘鲁鱼粉出口总额的 11%，其拥有 10 家鱼粉加工厂、42 艘捕捞渔船（其中 10 艘用于捕捞加工鱼粉的原料鱼，另外 32 艘用于捕捞供人类食用的海产品）[55]。

秘鲁大型企业都实行产销分离，由总部统一负责销售与采购原料鱼，工厂只负责生产。秘鲁鱼粉生产加工自动化程度高，从船上原料卸货进厂到生产加工都是自动化完成，全程不落地。产品质量控制严格，从鱼原料、加工工艺到取样及认证都有标准化规范。虽然原料只有鳀鱼，但是鱼粉的产品具有 5 个等级，均有很好的质量，也可以获得较大的利润。

四、加工装备

欧美日韩等国家和地区已经形成了发达的食品工业体系，食品机械实现了多样化和专业化，在海洋食品加工装备研究方面起步比较早，经过几十年的发展，目前处于行业领先水平，具有加工精度好、自动化水平高等特点。上述国家和地区针对海洋资源种类多、营养价值高、易腐败等特点，以鱼类、甲壳类、贝类、藻类等海洋食品加工装备为主，开发出一系列原料前处理、精深加工、智能加工、综合利用和船载加工装备，从而极大地提高了海洋食品加工效率，降低了加工成本，减少了海洋资源浪费、废弃物的排放及加工过程的等待时间，从而提高了海洋食品加工企业的效益[56]。具体现状如下。

（一）日本海洋食品加工装备品种多、自动化程度高

日本目前研制开发的海洋食品加工装备是集机、电、光、声、磁、化、美等于一体的高智能产品。技术水平先进体现于新机械产品高度自动化、生产高效率化。尤其在鱼糜加工设备、大型鱼类切割设备、船载鱼类加工装备等方面处于世界领先水平，在生产线集成方面经验丰富，如鱼类前加工处理生产线、鱼糜及制品加工生产线。20 世纪 70 年代初，日本成功研制南极磷虾捕捞加工船，船上配备南极磷虾冷冻原虾装备，以及熟虾、整形虾肉、虾粉等多套加工设备。日本研制的无水喷雾保活装置，可在厢式运输车内形成低温高湿环境，促进海洋食品原料动物在低温下进入冬眠状态，降低新陈代谢水平，使其在离水条件下长时间维持生存。日本研制的扇贝自动加工设备，通过蒸汽加热使贝壳张开，再利用真空管道将外套膜及周边脏器去除，实现机械化脱壳[57]。

（二）德国海洋食品加工装备精良、效率高

德国是世界上机械化程度最高的国家之一，机械化的高度发展，使得其走上精细农业发展之路。政府把农产品的生产、收购、加工、储运和销售各环节的全部内容始终作为一个完整的农业产业链来开发，使农产品的生产、加工、流通各环节间的连接比较顺畅，农产品的增值效应十分明显。德国巴达集团（Baader）开发了针对鲑鱼、鳟鱼、鳕鱼等鱼种的鱼片加工生产线，该生产线在加工过程中创新性引入光电测量系统，结合计算机控制和鱼体导向装置，可以实现鱼清洗、去头、切腹、去脏、开片、整理和称量包装等工序全自动生产，整个生产线通过控制系统集中控制，大大减少人工成本，提高了鲑鱼片的生产效率。以三文鱼生产为例，每分钟平均可以处理 25 条鱼，而只需要少数几个工人配合即可完成生产。这类鱼类产品生产流水线实现了规模化、全自动化、安全卫生，满足食品生产安全标准的要求。德国福乐伟公司（Flottweg）开发了针对新资源微藻中油脂提取的设备——双锥筒体离心机，这种设备极大地节省了收获成本，运行成本最多可降低 60%，投资成本最多可降低 25%。此外，德国 Haarslev、Alfa Laval 等公司在热交换、分离、纯化等装备技术方面处于行业领先地位。

（三）美国海洋食品加工装备专业化程度高

美国率先研制出了对虾剥壳设备，并形成了集分级、剥壳、清洗等于一体的加工生产线；20 世纪 60 年代末，美国研制出超高压扇贝加工设备，可使扇贝在很短的时间内实现壳肉分离[56]。

（四）其他国家海洋食品加工装备特色化

韩国研制生产的鱼类自动去骨切片机可进行半解冻的产品去骨切片作业，如韩国开发的鱿鱼加工生产线，可实现鱿鱼的脱皮、剖片、切圈和切花等机械化作业；在副产物综合利用装备方面，国外在活性物质提取，鱼、虾油精炼设备等方面具有较大的技术优势。爱尔兰的马瑞奥公司（Marel）等大型海洋食品加工装备企业开发了鱼类加工系列机械产品和甲壳类加工系列机械产品。仅以鱼类自动去骨切片机为例，该设备与人工作业相比，可将加工效率提高 10 倍以上。挪威是开发南极磷虾最大的国家，其专业化南极磷虾捕捞船具有泵吸式连续捕捞系统，可以在拖网捕捞的同时，将磷虾吸至船载加工厂，进行快速加工，大大提高了捕捞效率和生产能力。以挪威阿克海洋生物有限公司（Aker BioMarine ASA）的新型磷虾捕捞加工船为例，其日处理能力超过 700t，年产 2 万 t 虾粉和 1000t 虾油。冰岛研发的梳理喷射鱼片切割机，以高压水为切割刀，可实现鱼片的快速切割，同时还能通过 X 射线对鱼片中的鱼刺进行快速检测；研发的船载扇贝加工生产线

实现了扇贝成批量加工，自动化程度高。丹麦的热蒸汽流化床干燥设备对藻类干燥来说具有节能、干燥时间短和对环境无污染等优点[58]。新资源藻油的市场潜力巨大，然而藻类的培养、收获和藻油萃取设备开发不足制约了微藻制油领域的发展。除了食用以外，原料鱼最多的应用方向是加工成鱼粉和鱼油。以秘鲁（TASA、Copeinca 和 Diamante 等公司）、智利（Corpesca、Camanchaca 和 BIOBIO 等公司）为代表的南美国家是鱼粉、鱼油的主要生产国，这些国家生产的蒸汽鱼粉质量佳、价格高昂的最重要原因之一是其新鲜度极高，得益于其大型拖网工船及船上加工设备，这种工船从捕鱼到进入加工鱼粉、粗鱼油程序一般在 8h 以内，其产品新鲜度远高于岸上加工。先进的机械设备是海洋新资源开发的重要保障。

第四节　以可追溯系统为依托，
全过程风险控制保障海洋食品质量

发达国家利用先进的研究方法和研究理念，不断拓展跨学科、跨领域的深层次研究，近几年更是大力发展以代谢组、转录组和蛋白质组等组学为主的关联分析技术，并形成海量数据，力求从生命科学基本规律来阐释海洋食品安全与质量形成的基本规律及调控机制。对海洋食品安全与质量的控制理念是将风险控制在生产源头和整个过程，一般对产地环境进行长期、全面、连续性的调查分析，充分考虑产地环境单元划分和污染物的种类。海洋食品产业强国在海洋食品安全与质量方面已经形成了完善的控制体系，产业链的各环节已经高度细分，并已经历由量变到质变的产业科技升级，新技术新体系的应用大幅度提高了海洋食品风险控制效率。

一、挪威率先将溯源系统与食品产业融合

挪威营养与海产品研究所是负责挪威国家水产品安全的独立的科研和风险评估机构，长期以来不断研究创建新技术和新方法，实现海上牧场（水产养殖场）到餐桌的全过程风险评估与控制。除了先进的检测设备与相关技术，能够清楚各环节原材料的来源及生产过程，在质量监控技术层面实现产品的可追溯也十分必要。因此挪威也是最早将溯源系统应用到食品链管理的国家之一，挪威食品安全局（Norwegian Food Safety Authority，NFSA）在食品链的各个方面实施从"海洋和田野到餐桌"的溯源规章制度，执行批准、检查、控制和风险分析，在生产的每个阶段都追求可追溯性，最终产品携带的信息可以追溯到产品的源头——海水产品养殖场或海上捕捞区域。

二、日本强化海洋食品质量安全监管与技术体系建设

日本的海产品认证管理领域除传统的法律法规外，还专门建立了海洋管理委员会（Marine Stewardship Council，MSC），并开展日本海洋生态标签（Marine Eco-Label Japan，MEL-J）等项目，在规模、范围、目标的应用，以及渔业和消费者的接受方面予以规范与监管。自 2006 年引入 MSC 认证的阿拉斯加鲑鱼和剑鱼后，日本的零售连锁企业一直在将 MSC 整合到自己的品牌中，研究建立特定生产过程、监管主体、信息来源的海洋食品质量安全风险预报预警技术。

三、冰岛注重海洋食品与信息技术融通发展

冰岛是渔业先进国家，其渔业资源管理、渔业捕捞、海洋食品加工及质量安全等各个领域在世界范围都享有很高的声誉。冰岛联合冷冻集团的海产品在欧盟、美国、亚洲等世界各地畅通无阻源于其成熟并不断发展的质量管理及跟踪与追溯体系。冰岛联合冷冻集团可追溯体系的建立是基于其自建的产品系列编码系统，并且应用欧盟国家的海洋水产品可追溯体系最基本的方法——"一上一下"（"one-up-one-down"）原则。法规、流通方式及物流的优势等方面为可追溯体系的实施提供了保障。冰岛捕捞上岸的鱼，除了直接供给渔业加工企业，其他主要形式为通过网上拍卖的交易方式进行销售，扩大了市场范围，更便于水产品信息的管理，有效控制水产品的来源，为冰岛水产品加工企业做到追溯追踪提供方便。建立和处理、保存并传递每一产品后面的庞大信息，保证任何时间在任何环节来自相关方面的追溯要求是整个管理系统的核心，在冰岛联合冷冻集团中，所有数据的分类和存储都应用互联网技术，数据存储在数据库的计算机中，能够方便快捷地提供任何所需要的信息，实现真正意义上的可追溯。冰岛渔业驰名世界的重要因素是其产品流通形势与先进互联网技术的联合，辅以完善的相关法规与技术设备，其已成为冰岛海产品质量享誉全球的品牌保证。

第四章 我国海洋食品产业科技创新发展存在的问题

改革开放以来，我国海洋经济发展成效显著，利用 10%的海洋滩涂与水域面积创造了 33.6%的海洋 GDP，这与海洋食品产业的进步有着密不可分的关系。近年来，我国海洋食品产业发展态势良好，产业模式逐渐向规模化与区域集群化转变，产业结构逐步调整完善，产业科技创新能力持续增强，科研成果转化应用不断扩大，海洋食品产业已成为食品产业的重要组成部分。然而，我们必须清醒认识到，我国的海洋食品产业大而不强的局面仍然存在，我国海洋食品产业在全球贸易过程中的产品定价、技术装备准入、贸易规则与标准制定上依然没有足够话语权，与世界海洋强国依旧存在明显差距，其根本原因在于海洋食品产业自身的科技创新能力不足，具体表现在以下 5 个方面[59]。

第一节 海洋食品产业原始创新能力不足，
支撑产业发展的基础研究有待夯实

基础研究是科技创新的基础和源泉，是关键技术开发、集成示范与成果转化的理论依据，也是培养造就人才，特别是高层次科技人才的重要手段。近年来，以 973 计划项目和国家及沿海省市的自然科学基金项目为支撑，我国海洋食品资源开发与利用方面的基础研究取得了一定的进展，但仍以跟踪研究为主，与发达国家相比存在很大差距，主要表现在以下方面。

一、海洋食品原料基础认知重视程度不够

对鱼、贝、虾、藻类等主要海洋食品原料中蛋白质、脂质及多糖等主要营养与功能成分加工特性和营养特性缺乏系统研究；在加工工艺、加工过程与贮藏过程中对原料中蛋白质、脂质等变化的影响机制及变化规律掌握不透彻。

二、海洋食品酶类特性机制研究深度不够

对海洋水产动植物内源酶的酶系分布与酶学特性缺乏系统性研究；对内源酶诱导的海洋食品肌肉软化、自溶及色变等品质变化的内在分子相互作用规律及其调控机制的研究仍然相对薄弱；基于复杂多因子共同作用的海洋食品加工过程酶

学特性变化及其模型构建研究尚处起步阶段；对加工副产物中生物酶的高效制备及其应用性缺乏系统研究与科学评估。

三、海洋食品精深加工理论基础研究不足

海洋食品加工过程中蛋白分子的结构变化、加工产品质构特性变化规律、海洋食品风味物质组成和在加工过程中的风味变化等不明，其理论基础研究不足是影响我国海洋食品加工业发展的主要原因之一，在一定程度上制约了捕捞和养殖业的发展，并直接制约海洋食品加工与利用层次的提升。

第二节　海洋食品产业关键技术突破能力不强，引领产业变革的技术创新有待开拓

近年来，我国海洋食品加工利用有了长足发展。然而，在国际贸易中，我国水产品的出口量虽高但多为初级水产品，具有高附加值的高档海洋功能成分主要以原料的形式出口，因此我国获得的经济效益很低，在产品定价上无话语权，而海洋食品的综合利用率和精深加工技术水平决定了产业的经济效益与国际贸易竞争力。从整体上来讲，我国海洋食品加工水平与发达国家依旧存在较大差距，具体表现在以下几方面。

一、加工精深程度不足，加工对产品的增值幅度小

我国海洋食品加工层次较低，主要加工形式为冷冻品、冷冻加工品、鱼糜制品及干腌制品，占水产品加工总量的80%，仅进行冷冻的初级加工产品占水产品加工总量的32.5%，深加工产品占用比例低，品种比较单一。初级加工品的加工大量依靠机械脱水、制罐加工、浸渍加工和初步浓缩等传统工艺，对真空冷冻干燥、生物发酵、高纯度制备等新技术应用仍相对较少。相比之下，欧美等发达国家和地区的海洋食品精深加工率高达70%，加工增值率高达90%以上，而我国的海洋食品精深加工率仅为10%~18%。

二、综合利用率低下，副产物高值化产品少

我国海洋食品加工过程中，40%~60%下脚料等低值海洋生物资源（如鱼骨、内脏等）或被废弃或仅作为饲料使用，造成海洋生物资源的严重浪费与环境污染。海洋发达国家充分意识到加工副产物的潜在价值，在提高副产物利用率、深度挖掘潜在生物活性物质及其高效制备方面取得了巨大成效。以日本为例，通过实施

"全鱼利用"计划,整鱼加工利用率已达90%以上。相比之下,我国虽然已经开始重视副产物利用问题,但大多数成果依然限制于实验室研究水平,成果在企业的落地率较低,副产物高值化利用的工业化能耗与生产成本问题依旧有待进一步解决。

三、产品品种单一,同质化现象严重

当前我国海洋食品产业依然以传统海洋食品为主,产品品种单一,工艺水平落后,同质化现象严重,国内市场的恶性竞争呈现加剧趋势,产品的品质与品牌参差不齐。另外,高附加值的新型海洋功能食品已成为食品开发与生产领域的一大热点,世界范围内市场需求日益旺盛,消费群体逐步扩大,贸易前景十分广阔。然而,现阶段我国的海洋功能食品开发仍然处于起步阶段,相对落后于世界主流模式和先进水平。与传统海洋食品相比,我国的深加工海洋功能食品市场占有率相对较低,海洋食品产业整体利润率偏低。

第三节　海洋食品产业加工装备研发水平不高,紧跟产业同步的装备创新有待加速

近年来,食品制造已从"传统机械化加工和规模化生产"向"工业4.0"与"大数据时代"下的"智能互联制造"、从"传统热加工"向"冷加工"、从"传统多次过度加工"向"适度最少加工"、从"依赖自然资源开发"向"人工合成生物转化"等方向发展。面对人口红利的渐失,未来海洋食品加工模式向自动化、智能化发展也是不可逆转的趋势。然而,与发达国家相比,我国海洋食品加工装备在创新能力、制造水平及智能化和规模化等方面存在较大差距,如规模化前处理装备严重不足、冷链物流装备能耗高、智能化装备水平不高等,具体表现在以下几方面。

一、制造水平较低,标准化程度有待提高

长期以来,我国的海洋食品加工仍以劳动密集型产业为主,机械化水平较低,尤其缺乏智能化、规模化和连续化水平高的精深加工装备与成套装备,冷链流通不完善,高新技术装备长期依赖高价进口和维护。海洋食品装备标准化是装备质量的技术保证,目前主要表现为标准数量少、标准覆盖面小,不利于海洋食品装备产业升级和质量提升。

二、装备研发机构少，设备更新缓慢

当前我国专业从事海洋食品加工装备研发的机构少，且存在设计和制造周期较长、研发成本高等问题，企业不愿参与共同研发，投入的资金较少，缺乏高校、科研院所、制造企业三位一体的海洋食品加工装备研发团队，导致海洋食品加工装备远远落后于加工工艺的更新速度，进一步使得企业不得不依赖于国外成熟先进的加工装备。

三、机械制造水平落后，装备推广应用难度较大

国内的机械制造业水平还比较落后，加工精度不高，导致生产的加工装备精度较低、故障率高，影响了生产的连续性，造成生产效率偏低，同时海洋食品原料的加工特性存在较大差异，使得通用机械的操作具有一定的难度，不利于装备的推广应用。因此，海洋食品加工装备研发机构、企业、海洋食品科研机构及工作者应该进行联合攻关、协同创新，共同解决限制我国海洋食品产业发展的机械装备自动化、智能化的装备创制技术发展瓶颈问题。

第四节　海洋食品产业质量安全监管不足，
助推产业安全的保障体系有待加强

食品安全始终是关系我国国民经济发展、社会稳定和国家自立的全局性重大战略问题。近年来，海洋食品产业保持着快速稳定的发展势头，销售区域也从传统的沿海地区逐渐向内地市场扩展，消费群体越来越大。然而，产销量高速增长的背后，海洋食品产业所暴露出的质量安全监管问题也愈加凸显，具体表现在以下几方面。

一、制度体系不够健全，缺乏完善的法律支撑体系和约束机制

渔业生产者的质量安全意识比较淡薄，生产条件低下，市场竞争不够规范；相关法律在海洋食品界定上还不够清晰，对海洋食品的具体品种没有详细划分，在海洋食品生产、流通等环节存在模糊地带，实际操作中监管职责不清、重复监管、监管盲区等问题较多；法律上没有专门针对分散海产品养殖户设立处罚条款，执法和监管机构对这部分生产者缺少处罚的法律依据与政策支撑。

二、海洋食品检测体系不够完善，缺乏成熟的新型检测技术

海洋生物种类繁多，同时海洋食品生产周期和产业链条较长，海洋食品风险

安全管控环节增多。新型检测技术应用程度不足，亟须加强组学技术研究与应用；新型检测方法运用程度不够，亟须加强多学科交叉综合研究。

三、渔业投入品的管理和使用比较混乱，渔业环境污染严重

海洋环境作为污染物的最终环境归宿，安全危害因子众多，容纳了微生物、生物毒素、药物残留、有机污染物、重金属等大量有毒有害风险因子，造成海洋食品风险来源途径复杂、可控性差。

第五节　海洋食品产业企业自主与协同创新能力不足，带动产业动能的科技创新有待提升

企业是科技创新的主体，发达国家的产业技术创新以企业为主体，科研成果转化率高达 70% 以上。我国海洋食品产业存在自主创新能力弱、产业技术创新联盟作用低、创新平台重复建设等问题，具体表现在以下几方面。

一、具备独立或参与建设创新科技平台的海洋食品企业较少，自主创新能力较弱

我国海洋食品企业规模普遍较小、数量多，且面临着海洋食品原料不稳定、投资风险较大等客观因素。因此，企业在科技创新及平台建设方面的投入明显不足，企业整体研发实力较弱。我国的海洋食品加工企业中仅有少数几家企业拥有国家级工程技术中心或国家级企业技术中心等国家级研发平台，近年来虽也已经取得了长足的进步，但科技成果转化率与发达国家相比仍有一定差距，我国海洋食品科技成果转化率仍处于较低水平。

二、现有联盟结构松散，协同创新作用未达预期效果

我国海洋食品产业的发展不仅要加强企业的创新主体责任，加强自我创新能力，更要充分发挥社会力量，增加与高校、科研院所、行业协会等的协同创新活动，通过协同创新激发海洋食品研究创新潜能，打破传统壁垒，促进资源共享，提高科技创造能力，提升科研成果的创新水平。目前，相关产业创新联盟自主围绕产业链的技术需求开展协同创新的不多，联盟成员之间的结构松散，技术交流与合作不密切、不充分，没有达到预期效果。

三、国家和地方建设的科技创新平台资源共享程度不够，协同创新作用发挥不够充分

目前我国已通过高校、科研院所、企业三者间的多种协同模式，建设了一批海洋食品研究相关的国家重点实验室、工程技术研究中心、产业技术创新战略联盟、企业博士后工作站和研发中心等。这些创新平台在仪器设备资源共享方面仍需要进一步提高。在人才队伍建设环节，以海洋食品科技创新人才战略为核心，需要不断加强人才的流动和交叉，不断培育壮大海洋食品科技队伍，强化优秀青年科学家的培养。

针对目前我国海洋食品产业现状，应着力加强海洋食品加工程度朝着精加工方向发展，海洋食品品类开发向着广阔方向扩展，海洋食品原料利用向着深度利用方向发展，加强低值海洋水产品和加工副产物的高值化开发与综合利用，鼓励加工业向海洋功能食品和海洋药物等领域延伸将是未来海洋食品的发展方向。海洋生态环境、水产养殖及贮藏加工、物流和销售等海洋食品全产业链的诸多环节对海洋食品质量与安全都可能产生重大的影响。因此，保证海洋食品质量安全需要从政策、管理和技术上加以完善，在科技上需要从海洋环境、海洋生物代谢与风险来源、有害物的检测方法等角度加以探究，构建全程质量安全控制体系以保障海洋食品安全。鼓励企业自主创新，加大科研投资力度，提升企业科研实力势在必行。通过科技创新平台的协同创新活动，在前沿新兴领域培养一批世界一流的科技创新领军人才和创新团队，培养企业创业领军人才，建立高素质人才支撑体系，全面提升海洋食品产业整体创新能力。

第五章　我国海洋食品产业科技创新发展趋势

随着现代科技进步和社会发展，海洋食品产业已发生深刻变化，人们对于食品营养和健康的需求不断增加，海洋食品市场日新月异，更趋丰富，加工制造过程绿色低碳趋势更为明显，技术装备换代更为频繁，质量安全体系构建更为完善。以科技创新驱动的未来海洋食品产业将深入加大"五结合五导向"，即与营养健康相结合、与消费市场需求相结合、与先进装备制造相结合、与资源节约和环境友好相结合、与全球一体化相结合，突出海洋食品的营养功能、高品质多元化、加工装备智能化、绿色开发及质量安全导向，推动海洋食品产业持续健康发展。

第一节　坚持与营养健康相结合，
突出海洋食品营养功能导向

随着人们生活条件的不断改善，人类的膳食结构也不断改变，一些与饮食习惯相关的代谢综合征（如肥胖、高血糖、高血脂、高血压等）患者急剧增加。与此同时，现代快节奏生活也促使亚健康和慢性病人群不断扩大，造成了严重的社会负担。《中国食物与营养发展纲要（2014—2020 年）》明确提出要"深入研究食物、营养和健康的关系"，未来 30 年是我国农产品加工业发展的黄金期、战略机遇期、关键期，营养健康产业正发展为战略新兴产业。海洋水产品不仅资源丰富，且富含生物活性多肽、功能性油脂、多糖、维生素与矿物质等健康营养功能因子，是人类良好的食物来源和健康资源保障。因此，聚焦人类营养与健康，加大海洋食品功能因子构效关系研究，明晰其作用机制，加强营养素与人类健康的关系研究，提升海洋食品高值化加工水平，有助于提高人们生活质量和健康水平。

一、海洋食品将推动完善居民膳食结构

海洋生物种类占全球物种的 80%以上，可为人类提供 15%的蛋白质来源。海洋生物为人类提供食物的能力相当于全世界所有耕地提供食物能力的 1000 倍。海洋食品如鱼、贝、虾、蟹等生物蛋白质含量丰富，有人体所必需的 8 种氨基酸，尤其是赖氨酸含量更比植物性食物高出许多，且易于被人体吸收。2013 年，水产品在全球人口动物蛋白摄入量中占比约 17%，在所有蛋白质总摄入量中占比 6.7%，水产品在其日均动物蛋白摄入量中占比接近 20%。除了含有丰富的优质蛋

白之外，海洋动植物中还含有人体所必需的碳水化合物、脂肪、多种维生素及矿物质，海洋植物还含有陆生蔬菜中缺乏的无机盐、植物化合物等，而海洋动物体内含有多种维生素，尤其是脂溶性的维生素 A、D 和 E，鱼肉中还含多种矿物质，如钙、磷、铁、锌、硒、锰、镁等。即便是食用少量的水产品，也能显著加强以植物为主的膳食结构的营养效果，很多低收入缺粮国和最不发达国家均属此类情况[60]。我国海洋水产品资源丰富，海洋食品产业的创新与发展将有助于提高人们生活质量，更有助于丰富我国居民消费食品种类，提高我国居民健康水平。加快海洋食品发展对引导我国居民选择健康膳食具有重要意义，在迎合新时期健康格局、顺应大健康理念的同时也符合我国居民的消费需求，是解决新时期国民营养健康问题的一种有效手段，将成为未来食品市场新的亮点。

二、高端海洋功能性食品的种类趋向丰富

除了作为营养丰富、味道鲜美的食品来源，海洋生物资源还含有优质的功能性成分，世界范围内已从海洋动植物及微生物中分离得到了近 4000 种天然来源的生物活性成分。营养功能性海洋食品因具有陆上动植物不可取代的生理活性成分，在保健食品开发领域中也越来越受到研究者的广泛关注。例如，海洋食品中的多糖多存在硫酸基、酰胺基、氨基等修饰基团，特殊的结构特征使其展现出独特的生理功能，如抗凝血、降血脂、增强免疫力、延缓衰老、预防胃溃疡等。海洋油脂 ω-3 多不饱和脂肪酸（ω-3 PUFA），其生物活性包括保持细胞膜的流动性、降低血中胆固醇和甘油三酯水平、改善血液微循环、增强记忆力和思维能力等。目前全球鱼油总产量约 1.1×10^6 t，74% 来自于整鱼，26% 来自于加工副产物。近年来，保健食品行业和其他食品加工业对鱼油的需求不断上升，25% 用于保健食品和其他食品供人食用；75% 用于水产养殖业等。2015 年，DHA 和 EPA 相关产品的全球市场价值为 31.4 亿美元，以亚洲市场占有率最大，约占全球市场的 36%[6]。从功能性食品的开发来看，一方面，海洋生物资源获取的活性成分的作用效果机制研究仍在逐渐兴起中，基础研究将提供更多功能性因子的起效机制和证据；另一方面，新型分离技术和制剂技术等精深加工也将应用于这一领域，有助于高效提取已知的海洋食品的功能性活性因子，开发出附加值高的新型海洋功能食品。高端海洋功能性营养食品产业的发展将提高海洋资源的利用率、减少环境污染，此外，凭借其高附加值，海洋功能性营养食品将成为新的经济增长点，带动相关海洋食品加工产业的整体发展。

三、海洋食品趋向满足特殊人群的膳食需求

随着生活节奏加快，不合理的饮食习惯及不良的生活方式对人体健康造成了

巨大影响。数据表明，我国亚健康人群已超过 75%，处于亚健康状态的人经常处在焦虑、忧郁、愤怒、沮丧等负面情绪之中，容易导致关节炎、头痛、溃疡、心脏病等疾病。海洋食品的合理摄入可在一定程度上帮助解决多种健康问题，改善人体机能，降低患病风险（维持微量元素平衡、控制体重、提高免疫力）；辅助治疗、控制各类慢性疾病（糖尿病、心血管疾病、精神疾病、慢性炎症、骨质疏松、其他代谢疾病）；满足不同生理阶段人群的健康需要（婴幼儿、青少年、孕产妇、更年期、中老年）；满足特殊职业人员的健康需要（运动员、脑力工作者、商务人士、有害工种、吸烟人群、熬夜人群等）。海洋鱼、虾、贝和蟹等生物的蛋白质含有人体所必需的所有氨基酸，一些氨基酸可以进一步合成谷胱甘肽，能抑制细胞"过氧化"，具有延缓细胞衰老的作用；牛磺酸则具有降血脂、降血压、调节血糖，以及促进垂体激素分泌、活化胰腺等功能。同时，海洋食品中的不饱和脂肪酸的摄入能够有效地降低高脂血症发生率，防止动脉粥样硬化等心血管疾病的发生。深海鱼中所含的多不饱和脂肪酸 EPA 与 DHA 对胎儿、婴幼儿、儿童的脑细胞发育及视网膜发育，以及增强免疫力和抵抗力具有重要作用。积极建立海洋食品营养库，对鱼、虾、蟹、贝、藻、头足类、棘皮类的营养素进行系统地分析，对不同年龄、不同地域、不同身体素质的人群建立营养模型，开发不同的海洋营养食品将更好地适应不同特殊膳食人群的消费需求，以满足个性化的健康需要。

第二节　坚持与消费市场需求相结合，突出海洋食品高品质多元化导向

2014～2016 年，全球水产品人均消费量为 20.3kg，预计到 2026 年全球食品鱼消费量将增长 19%，即 2026 年全球水产品的消费总量将比 2016 年增加 2900 万 t。亚洲被认为是未来水产品消费增长最快的地区，预测 2017～2027 这 10 年里，全球水产品新增产量中的 76% 将由亚洲消费，大幅增长的消费需求将为我国将来发展海洋食品提供难得的机会。当前我国居民消费水平不断提高，海产品的消费需求日益升级，我国已成为全球最大的海洋食品消费国，拥有广阔的海产品市场。国内的大型海洋食品企业品牌意识逐步增强，一批有实力的企业逐步开始提供持续的充足货源、引进先进的食品精深加工技术、制定与国际接轨的生产检验标准、投入现代化的冷藏物流配送服务，预计质优快捷高品质冰鲜海洋食品将是未来海洋食品领域的重点发展方向。

一、方便快捷的海洋食品趋向多元化和优质化发展

经济的增长和生活方式的多元化促使国内海洋食品市场不断细分，新型海洋

食品加工产品不断涌现，同时人们对海洋食品的食用方式提出方便、快捷的要求。运用先进技术及装备规模化生产，提供标准化、方便化、安全化、营养化的即食产品将是海洋食品未来的重点发展领域。超高压灭菌技术、栅栏技术等品质控制技术的应用提升了即食海洋食品的品质，延长了其保存周期；新型中餐工业化海洋食品如海鲜水饺、蒜蓉粉丝扇贝、佛跳墙罐头等产品的出现使人们足不出户、稍作加工即可享用营养、美味的海洋食品。此外，随着我国第二、第三产业的发展，海洋休闲食品也进入不断改进和创新的发展新阶段，我国休闲食品市场规模呈几何级的速度增长。海洋食品因其独特的鲜味和营养成分，必将迎来大好发展前景。

二、高品质冰鲜海洋食品的消费需求日益增长

冰鲜处理方式下海洋食品的肉质柔软，细菌繁殖被抑制，口感和营养都最大程度保留了下来。冰鲜海洋食品保鲜期较短，空运为主，物流成本较高，价格总体较冷冻海洋食品更加昂贵。随着我国居民人均可支配收入不断增长，冰鲜北极虾、三文鱼、帝王蟹、阿根廷红虾、海胆、海参等高品质海洋食品已经越来越多地出现在餐饮店和国人的家庭餐桌上。"互联网+"引领冰鲜海洋食品的零售模式转型，消费市场正在由零售商主导向消费者主导转变，国人对便利、营养、美味的冰鲜海洋食品需求越来越高。国人餐桌上的"消费升级"促进了国内和进口海洋食品企业调整供应链结构，以原产地直供、海量采购的方式为消费者提供服务。与此同时，消费者的需求层次也向着个性化和多样化发展，他们越来越重视产品的质量和企业的服务质量。针对这种趋势，国内海洋食品加工企业也越来越重视关于海洋食品保鲜技术、储运物流技术的研究，并结合物联网技术，形成完善的保鲜保活运输物流技术体系，以最大限度地保证海洋食品的品质；此外，完善的海洋食品标识与追溯技术也开始受到企业的关注。

第三节　坚持与先进装备制造相结合，突出海洋食品加工装备智能化导向

海洋食品作为我国最重要的农产品之一，目前其加工方式总体上仍以劳动密集型为主，机械化、自动化程度不高，随着海洋食品产业的迅速发展和人口老龄化的不断加剧，整个产业对自动化加工装备的需求将越来越大。创新发展海洋食品加工装备，是提升海洋食品加工核心竞争力的必然选择，是实现渔业现代化的重要组成部分，可以促进海洋食品加工"转方式、调结构"，推动海洋食品加工从粗放型向集约型转变，向自动化、专业化、规模化、标准化方向发展，以显著提

升加工效率，节约劳动力成本，提高企业经济效益，真正起到提质增效的作用[61]。

一、海洋食品装备趋向自动化

机械化、自动化、智能化是海洋食品加工装备发展的 3 个主要阶段，也是海洋食品加工实现规模化发展、保证产品品质、提高生产效率、应用现代科技的必然趋势。目前，我国海洋食品加工还处于机械化的发展阶段，加工装备在部分企业或部分工序得到了应用，但仍未普及。未来的海洋食品加工将呈机械化快速普及、自动化逐步推进、智能化逐步显现的发展趋势，生产规模和处理量都将有很大的提升，装备设计和研发向多品种、多规格方向发展，以适应市场需求和竞争需要，从而大力提高海洋食品加工设备自动化水平，进一步解放劳动生产力。

二、海洋食品装备趋向专业化

在科研机构和企业自主科研力量的共同努力下，海洋食品装备新技术、新产品、新设备不断涌现，并转换成生产力进入市场，且分工越来越明确，专业化程度越来越高。针对不同海洋水产品类型、不同大宗鱼类，开发适应各加工种类物理特点的分选设备及加工装备。针对海洋水产品捕捞收获后保鲜保活、前处理、初加工、精深加工、船载加工、综合利用等不同加工阶段和环节，开发相应的加工装备，如无水保活系统、冰温保鲜装备、清洗机、分级机、去头机、去鳞机、去内脏机、去皮机等装备；针对海洋贝类产品研发预煮机、封罐机、杀菌设备等；针对鱿鱼等软体海洋水产品研发快速烘干设备等。同时，针对各海洋水产品精深加工过程中共性加工环节，开发具有技术共性需求的加工装备。通过上述研发，海洋食品加工装备专业化程度稳步提高，形成了加工装备种类更加丰富、齐全的海洋食品加工装备体系。

三、海洋食品装备趋向标准化

大型规模化成套装备是国家的战略产业，是各项重大工程建设的基础。大型规模化成套装备建模与设计基础理论、关键共性技术研究是提高我国成套装备及关键机组自主设计制造能力的关键。

依托食品及包装机械相关的国家标准化管理委员会、行业标准化技术委员会，构建国际互认的食品机械与包装机械标准化技术体系。重点制（修）定一批海洋食品装备的国家和行业基础标准、通用标准与产品标准；积极采用一批国际标准、欧盟标准及发达国家的标准；鼓励企业制定高水平的企业产品标准，以提高我国海洋食品装备的技术水平，破解国外的技术壁垒，增强产品的国际竞争力。

第四节 坚持与资源节约和环境友好相结合，
突出海洋食品绿色开发导向

我国海洋食品产业已取得了突破性进展，形成了冷冻冷藏品、调味休闲品、鱼糜与鱼糜制品、干腌制品、罐头制品、海藻制品和海洋保健食品等几十个产业门类，成为食品产业的重要组成部分，为提升国民健康水平做出了重要贡献。但海洋食品产业中存在的原料供给结构不合理、优质原料少，资源利用率低、环境压力持续加大及传统加工方式能耗高、污染排放多等问题日益突出，因此要坚持走可持续发展海洋食品产业道路。随着"海洋农业""蓝色粮仓"等可持续开发与利用概念的提出，人们逐渐摆脱了对海洋生物资源进行掠夺性开发的情况，在确保海洋资源利用率的同时更重视海洋生物资源和海洋生态的可持续发展。要保障海洋食品的优质供应，就必须实现产量效益型向质量、环境和生态效益型的转变，走资源节约型、环境友好型的发展道路。

一、以有限海洋空间提供优质海洋食品原料

目前我国人均水产品占有量是世界平均水平的两倍，但优质产品供给仍显不足。因此，我国海洋食品原料生产的发展重点是在保持海洋水产品总量稳定增长的同时，进一步提升优质海洋水产品的比例。一是充分利用近海、深海和远海海水资源，发展大型化、智能化、低碳化和生态化高密度封闭循环式健康养殖模式，利用有限养殖空间获取最大量的优质养殖海洋水产品原料；二是在环境、生态可控范围内，积极开发大洋性鱿鱼及南极磷虾等战略性海洋渔业资源，减轻对近海渔业资源的过度依赖，并通过开展近海渔业资源保护和恢复，保障优质海洋捕捞水产品的稳定供应。

二、以"全利用"理念提升海洋食品原料附加值

我国的海洋食品原料已超过 3400 万 t，但其中每年至少有 12% 的海产品变质，40%～60% 的加工副产物被废弃或仅作为饲料使用，造成海洋生物资源的严重浪费与环境污染。因此要加快建设贯穿全产业链的冷链流通体系，降低海洋食品原料在加工、流通及消费过程中的损失率；开展海洋食品原料中营养和功效成分的功能特性与加工特性的基础研究、关键技术开发及产业化示范，在生产优质海洋食品的同时，研制新型医用、农用等生物制品，实现海洋食品原料的"全利用"。加强植物蛋白在海洋水产品养殖中的应用研究，开发高效、营养健康的海洋水产品配合饲料，打破"以鱼养鱼"的怪圈，降低鱼粉在海洋水产品养殖中的使用量，

间接提高海洋食品资源的供应量。

三、以低碳化绿色加工模式推动海洋食品产业转型升级

随着全球温室气体排放量的日益增多，温室效应给全球气候带来的负面影响越来越严重。因此，研发工农业生产低碳技术，已经成为世界各国的共识。低碳经济是指在可持续发展理念指导下，通过技术创新、制度创新、产业转型、新能源开发等多种手段，尽可能地减少煤炭、石油等高碳能源消耗，减少温室气体排放，达到经济社会发展与生态环境保护双赢的一种经济发展形态。在海洋食品生产过程中要通过不断创新，推广新型、高效、节能的技术、工艺和设备，循序渐进地推动海洋食品加工业低碳经济发展，如利用高效节能制冷技术、绿色生物加工技术、非热加工技术、冷杀菌技术等，开发出具有低耗能、高品质的海洋食品，使海洋食品加工业真正走上低碳生产的工业化道路。

第五节　坚持与全球一体化相结合，突出海洋食品质量安全导向

2003 年，党中央、国务院提出了"逐步把我国建设成为海洋经济强国"的宏伟目标，"一带一路""蓝色粮仓"等涉海国家倡议和战略规划相继出台。伴随着"大农业""大食物观"等理念的提出，海洋食品产业作为海洋战略领域和食品行业的重要组成部分，也被提高到一个前所未有的新高度。伴随着我国海洋食品产业的迅猛发展，海洋食品质量安全问题日益突出，海洋食品的质量及安全体系与渔业发达国家相比仍然存在差距，与国家战略需求及行业的健康可持续发展需求相比仍然存在一些明显的不完善之处，亟须构建与国际接轨的海洋食品质量及安全体系。

一、海洋食品质量安全标准法规的制修订趋向体系化、科学化

加快制修订产业发展和监管急需的海洋食品基础标准、产品标准、配套检验方法标准、生产经营卫生规范等；加快制修订重金属、兽药残留等海洋食品中危害因子的安全限量标准；密切跟踪国际标准发展更新情况，整合现有资源建立覆盖国际食品法典及有关发达国家食品安全标准、技术法规的数据库，开展国际食品安全标准比较研究；加强标准跟踪评价和宣传贯彻培训；鼓励海洋食品生产企业制定严于海洋食品安全国家标准、地方标准的企业标准，鼓励行业协会制定严于海洋食品安全国际标准的团体标准。

二、海洋食品质量安全危害的评价/检验技术趋向高通量、高效化

根据不断提升的国际动物伦理及食品安全风险评估要求，建立以细胞培养为核心的替代毒理学新方法及安全评估新技术，尽快弥补与国外先进技术的代差；随着现代检测技术的飞速发展，以液质联用（HPLC-MS）、气质联用（GC-MS）、电感耦合等离子体质谱（ICP-MS）等为代表的先进检测技术不断应用于渔药、重金属、持久性环境污染物、微生物及其毒素等危害的识别和检测，甚至实现了数十种乃至上百种化学残留的同时检测和确证。为了引领国际科技发展趋势，我国仍然亟须加强高效检测鉴别技术、快速检测技术、高通量分析技术、先进样品预处理技术、代谢组学、转录组学、蛋白质组学、非定向/未知化合物及其代谢/转化产物的筛查和定性定量技术等方面的研究，力争构建具有国际领先水平的海洋食品质量安全检测技术体系。

三、海洋食品质量监管控制体系更加凸显信息化和大数据特征

我国海洋食品过程质量安全标准与技术法规体系不断完善，初步建立了以国家标准、行业标准为主体，地方标准、企业标准为补充并相互衔接配套的水产品标准体系，形成了一个比较完善的标准体系；海产养殖过程质量安全监管体系建立工作正在逐步健全；海洋食品质量安全追溯体系已初步形成、预警机制已初步建立。虽然海洋食品质量安全监管技术体系取得了长足的发展，但国际化接轨程度仍不够充分。我国仍然亟须加强建立国际视野的标准技术储备，构建全产业链追溯体系的质量安全风险信息平台，建立海洋食品追溯平台，加强海洋食品风险预报预警技术模式的研发，构建基于大数据技术的风险预报预警系统，加强研究自动化、智能化的海洋食品质量安全危害控制技术[62-64]。

四、海洋食品质量安全风险监测与评估网络将愈加细致和完善

借鉴日本、美国、英国等国在食品安全风险监测和评估方面的先进技术与经验，进一步完善我国海洋食品食源性疾病监测系统，建立覆盖全部医疗机构并延伸到农村的海洋食品食源性疾病监测报告网络。依靠现有资源构建沿海地区各级海洋食品食源性疾病监测溯源平台，建立覆盖全国的海洋食品安全风险预警系统和重点海洋食品品种风险预警模型，建立健全覆盖主要贸易国家（地区）的进出口海洋食品安全信息监测网络和进出口海洋食品安全数据库，构建一体化的国家海洋食品安全风险监测和评估战略体系。

第六章 我国海洋食品产业科技创新发展目标和重点

《中华人民共和国国民经济和社会发展第十三个五年规划纲要》中明确提出海洋经济要实施创新驱动发展战略、以建设海洋强国为目标。海洋食品产业创新发展要以"立足近海、聚焦深海、拓展远海"为发展思路，以若干海洋食品科技重大任务为核心，发挥基础研究引领作用和海洋高新技术的支撑作用，推进海洋食品领域科学研究和应用技术相互融合与协调发展，以科技创新为突破口，引领海洋食品战略性新兴产业快速发展，提升我国海洋食品产业科技整体实力。

第一节 科技创新发展目标

海洋食品产业的发展应瞄准国际科技发展前沿，构建以企业为主体、以高校和科研院所为依托、以市场为导向、产学研紧密结合的产业技术创新和技术服务体系，形成以营养提质工程为主旨，以消费引导加工，以加工引导养殖的海洋食品产业发展新模式，解决制约我国海洋食品产业持续健康发展的问题；研发海产品资源加工的新工艺、新产品，攻克海产品加工副产物规模化利用关键技术及产品质量安全保障技术，挖掘新型海洋食品资源，尤其是极地食品资源的开发与利用，提高海洋水产品在国民饮食中的比重，逐步形成以营养需求为导向的现代海洋食品加工产业体系；创建海洋食品危害因子检测监控、风险评估、预警及消减技术体系，构建覆盖海水养殖产品全产业链的质量安全保障体系，实现海水养殖产品"从养殖场到餐桌"的全过程可追溯和安全控制；建设国际一流海洋食品科研基地，培养一批海洋食品科技领军人才和团队。预期到 2025 年，海洋源蛋白质能为人民生活提供 15%优质蛋白，海洋食品产业二、三产的产值比重达到 60%，海产品加工率超过 65%，海洋食品科技转化率达到 55%；预期到 2035 年，海洋源蛋白质能为人民生活提供 20%优质蛋白，海洋食品产业二、三产的产值比重达到 70%，海产品加工率超过 70%，海洋食品科技转化率达到 65%，我国海洋食品产业整体科技水平进入世界前列。

第二节 科技创新重点任务

按照"民生为本、创新驱动、营养健康、优质安全、绿色高效"的指导方针，针对海洋食品原料特性、食品营养设计、海洋食品加工技术、海洋食品物流贮运、海洋食品加工装备、海洋食品质量与安全等科学基础理论及重大科技创新问题，开展海洋食品产业科技基础研究、前沿技术研究、核心技术创新、关键技术集成与示范，推动以企业为主体的协同创新和成果转化，加快科技创新平台人才队伍建设，提升产业科技创新综合能力，促进我国海洋食品产业整体科技跨越式发展。

一、加强基础研究

围绕海洋食品产业急需解决的关键科学问题，加强对海洋营养和功能食品创制、海洋生物资源开发、海洋资源综合利用、海洋食品保鲜保活、海洋食品加工装备创制等重大关键科学问题的研究与探索，发挥国家自然科学基金支持源头创新的重要作用，深化基础研究国际合作，优化国家科技计划基础研究支持体系，在若干前沿领域取得一批先进的基础研究理论成果。强化基础研究区域布局，根据海洋食品原料区域特点，聚焦国家区域发展战略，构建特色的区域基础研究发展新格局，提升海洋食品科技创新支撑能力。

二、推动产业升级

针对我国传统海洋食品产业精深加工技术水平相对落后、自主创新能力弱等重大产业瓶颈问题，重点开展急冻技术与装备开发、新型低温保藏、冷杀菌、高温瞬时杀菌及栅栏技术等新技术在传统海洋食品加工中的应用，力争在提质增效、减损降耗等方面取得重大突破。调整优化我国海洋产业格局，加强营养功能性海洋食品产业创新发展，针对不同人群的健康需求，挖掘海洋食品功能因子，以营养失衡与慢性疾病的关系研究为基础，通过营养均衡靶向设计、健康干预定向调控等创新研究，提升我国营养功能性海洋食品的精准制造水平与开发能力，开发出一批功能保健型与特殊膳食海洋食品，推进营养健康新产业的发展。努力打造集一二三产为一体的新兴海洋食品经济实体，逐步构建以共享为基础的海洋食品产业新体系。

三、创建高新技术体系新模式

围绕食品安全、营养健康、资源节约、增效增值等战略需求，积极引进、创新高新技术，建立以生物加工等多技术集成为特征的功能保健食品加工技术体系，以工业化和规模化为特征的传统海洋食品生产技术体系，以规模化、自动化为特征的海洋食品专用加工单元设备与成套设备开发体系，以先进的国际标准为特征的海洋食品质量安全保障体系，以新技术体系为保障，提高产品技术含量，提升产品附加值，培育战略性新兴产业。

四、提高产业智能化水平

针对不同海洋食品原料品种及加工需求，研发替代劳力的机械化、轻简化原料预处理加工装备，基于工艺参数与精准调控的高值化加工装备，基于现代感知技术的智能加工装备，以及捕捞渔获物船载加工成套化加工装备，集成加工技术、控制技术、检验技术、物联网技术、专用装备与成套生产线等，促进加工装备朝专业化、连续化、自动化和节能化方向发展，提高装备智能化技术应用水平，实现海洋食品加工装备的全面升级。

五、强化质量安全标准和监督体系

针对海洋食品生产、加工和贮运过程质量安全标准与监督体系不完善等问题，建立海洋食品全产业链各个环节有害物质产生的有效阻断方法；开展多源性的危害物毒理学评价、危害因子交互作用及风险分析，实现科学的评价和管控；完成性能稳定、快速、实时监测分析系统建设，完善自动化、智能化的安全监测与监控信息网络系统，建立国际先进的食品安全标准、操作规范及全面可追溯体系，保障海洋食品的质量与安全。

六、实施人才建设新战略

结合我国各类创新人才培养计划，加大全球范围的人才引进，集聚一批海洋食品产业科技创新、创业的领军人才，培养一批具有国际视野和独立创新能力的后备人才；加强海洋食品相关学科建设，加大学科建设经费支持力度，稳定并壮大一批海洋食品研发学科创新团队，增强科技创新能力；结合现有海洋食品优秀学科和产业区域分布特点，建立一批有重要影响力和支撑能力的国家级科技创新示范实验室、工程创新中心及产学研创新平台，整合科技创新资源，形成多维度的创新合力，建设一批海洋食品产业的学术高地和产业技术推广阵地，为海洋食品产业发展提供强大的智力引擎。

第三节　科技创新重点领域

一、传统海洋食品转型升级创新工程

（一）基础科学研究

针对我国传统海洋食品产业精深加工水平低下、新型食品创新开发理论研究不足、海洋食品中餐工业化品质控制不完善，以及副产物加工利用率低、功效因子开发利用研究匮乏等问题，系统研究海洋食品加工过程中结构、风味、关键营养物及其品质的变化规律与构效关系，揭示营养品质保持与调控机制，实现加工基础理论新突破；紧密围绕方便调理食品品质关键因子，深入探讨解冻与复热的影响及其作用机理；加强海洋传统中餐食品在现代化加工中的品质变化规律的内在分子机制理论研究；深入研究海洋食品副产物中主要特征营养素及营养功能因子筛查，开展新型营养功效因子的组成分析、结构表征和功能解析研究，揭示其构效关系，探讨其在机体吸收与代谢方面的功效动力学机制，实现功能营养物的精准设计与调控，为我国传统海洋食品产业的科技创新发展奠定理论基础。

（二）重大关键技术开发

为实现我国海洋食品产业健康、持续发展，未来应紧密围绕海洋食品产业发展新趋势与市场新需求，针对我国传统海洋食品产业精深加工技术水平相对落后、资源综合利用率相对不足、能耗高、智能化与自动化程度低、自主创新能力弱等产业发展重大瓶颈问题，系统开展生物酶技术、发酵工程、基因工程及其蛋白重组技术等前沿生物加工新技术在传统海洋食品加工中的理论与应用研究；突破抗氧化技术、新型热杀菌技术、新型解冻调质关键技术、风味改良技术、营养保持与控制技术、常温保存技术、真空油炸、超高压等关键技术攻关；积极推进急冻技术与装备、新型低温保藏技术、冷杀菌技术、高温瞬时杀菌技术及栅栏技术等关键技术在传统中餐工业化中的应用，在保留海洋传统中餐食品原有风味同时，力争实现在提升生产效率、节省人力资源及降低能耗等方面的重大突破；充分发挥靶向酶解技术、生物发酵技术、高通量筛选技术、现代膜分离技术、高效柱层析分离技术、多效低温蒸馏萃取技术、超临界萃取、生物酶催化等现代绿色加工技术的优势，力争突破副产物功效成分高效制备中的关键技术瓶颈，使我国传统海洋食品产业的现代化精深加工技术达到国际领先水平。

（三）产业化集成与示范

系统围绕实现传统海洋食品产业全面现代化的目标，重点开展新型鱼糜制品创新开发、传统海洋干腌制品现代化加工、新型海洋藻类食品绿色加工与低碳制造等关键核心技术开发并实现产业化应用；针对当前海洋食品种类单一、售后再加工复杂等问题，同时为更好地适应现代消费群体饮食习惯变化的要求，开发以大宗低值海水产品与海洋新资源（头足类、磷虾等）为主要原料的系列新型海洋方便调理食品并实现产业化示范；大力推动我国海洋食品传统中餐的工业化加工进程，用现代加工技术改造提升传统生产工艺，由机械化生产替代手工制作，大力开发一系列独具我国海洋传统中餐特色的优质产品；系统开展海鲜调味基料的高效制备与工业化生产、大宗海洋食品加工副产物精深加工及其生物活性功效成分高效制备与绿色加工技术等一批关键核心技术开发与产业化应用攻关，大幅提升我国海洋食品加工副产物的精深加工水平，力争建设一批具有地区特色、自主竞争力强、影响力大的现代化传统海洋食品高新产业集群，实现海洋传统中餐食品工业化加工的现代化转型，解决传统烹饪的工业化改造升级与产业化问题，打造一批具有国际影响力的海洋传统食品品牌。

二、营养功能性海洋食品创新工程

（一）基础科学研究

营养功能性海洋食品领域的基础研究应主要集中在以下几个方面：一是开展海洋蛋白（肽）、脂类、多糖等活性物质的发掘、鉴定、营养功能性评价，以及含量与结构的系统解析及数据库的构建，明晰海洋活性物质结构与物性的关系，分别开展不同修饰及改性方法对营养功能性活性因子物性的改善研究，从动物水平、细胞水平和分子水平开展营养功能性海洋食品功效评价机制研究；二是开展海洋功能食品在贮藏、运输、加工过程中的品质变化规律研究，探索加工贮藏过程中食品微观分子和宏观功能性的变化规律及影响机制；三是开展海洋功能食品与健康调控基础研究，利用微生物学、营养学、生物信息学及现代组学技术，研究海洋功能食品与健康之间的相互关系，通过代谢规律和量效关系研究、代谢动力学及生物转化研究阐明海洋功能食品的代谢途径与作用机理，从细胞和分子水平研究确定营养功能性海洋食品功效成分的吸收、分布、存留和代谢规律，探明主要功效成分的生物转化过程[65]。

（二）重大关键技术开发

1. 新型海洋功能食品与产业化关键技术开发

通过创新海洋功能食品科学理论，开展营养功能性海洋食品品质保持与营养强化技术研究，开发功能因子含量更高、品质更稳定的不同活性来源与物理形态的海洋功能食品；进一步明确海洋功能食品功效因子的作用机制，开展营养功能性海洋食品定向创制技术研究，通过营养组分定向调控技术、分子设计修饰技术与 3D 打印等技术开发更具针对性、形式更丰富、食用更便捷的新型海洋功能食品。在功能活性物质高效开发利用技术与市场调研的基础上，大力开展活性肽类、脂类与海藻多糖等功能活性物质的研究开发及综合利用。研制海洋功能性物质高效综合利用系统，研发关键生产技术，实现海洋食品原料的综合利用，以此为基础，开发具有更多活性功能、产品形式与适用人群多元化的海洋功能食品。

2. 海洋特殊膳食食品配方研究与产品开发

在海洋功能活性物质构效关系、量效关系研究的基础上，重点研发针对特定人群的个性化产品，根据营养需求进行多种功能因子的合理复配，如孕妇、婴幼儿、学生、老人、军人、运动员及临床患者专用或辅助治疗的海洋特殊膳食食品；开展营养健康海洋食品的营养强化研究，开发营养强化型海洋特殊膳食食品；重点研究针对婴幼儿、孕妇、老人、糖尿病患者等特殊群体需要的营养功能性海洋食品及针对临床患者具有辅助治疗作用的特殊医学用途配方食品。通过不同的营养素及活性成分配比满足不同特殊人群的需求，形成具有特定功能活性的针对性营养功能食品。在进行充分市场调研的基础上，针对不同消费群体的特征设计海洋特殊膳食食品。通过加大在营养均衡靶向设计、健康干预定向调控等方面的基础研究投入，提升我国海洋特殊膳食食品的精准制造技术水平与产品开发能力，开发出一批可有效改善我国公众营养健康水平的海洋特殊膳食食品。

3. 功效因子发掘与活性评价技术体系构建

应用现代组学与高通量定性、定量分析技术，发掘新型海洋生物功效成分，并结合高通量、高分辨率色谱-质谱联用技术建立高通量筛选模型，开发表征海洋生物活性功效因子特征分子结构的快速检测技术，构建海洋生物活性功效因子成分数据库；结合海洋生物活性功效因子改性与修饰等技术提升其功能活性与生物利用度；集合细胞模型、体外反应模型、动物模型和生物大分子相互作用模型等，建立海洋生物活性功效因子体外和体内活性评价相结合的评价体系，系统有效地开展新型海洋生物活性因子发掘与营养功效评价研究，为新型营养功能性海洋食品开发提供技术保障[66]。

（三）产业化集成与示范

海洋生物源食品不仅可为人类提供优质的蛋白质，以富含多种结构独特且具有保健功能的活性成分为基础开发的营养功能性海洋食品还可提供功能特异的健康营养物质，满足人们对健康的需求。海洋功能食品产业的发展对引导我国居民合理膳食、满足特殊人群营养改善需求、推动营养相关慢性病的营养防治等方面具有重要意义。海洋功能食品产业的发展不仅能够迎合新时期健康格局、顺应大健康理念、符合我国居民消费需求，更是解决新时期国民营养健康问题的一种有效手段，将成为未来食品市场新的亮点。

1. 推进产学研协同创新

我国目前功能性海洋食品成果转化率低，大量的生产技术没有形成现实生产力，产业化程度低，为解决科研成果转化率低的问题，应从成果转化产业链条的主题入手。首先应加强战略政策引导，制定相关政策引领功能性海洋食品产业向高质量发展，加大海洋经济发展重大示范项目、海洋科技成果转化与产业化示范项目支持力度；推广营养功能特性突出、具有示范效应的龙头产品；遴选组建一批拥有自主核心技术、产业协同度高、对产业发展具有显著引领作用的示范工程技术中心。加强政策扶持，使示范工程技术中心成为承担国家及省部级重大科技攻关任务的重要载体，成为突破关键技术、引导产业高质量发展的主力军，成为科技人才发挥特长的重要平台，系统推进产学研协同创新、辐射带动区域创新发展。其次，科研机构的研究工作应以生产实际为导向，形成技术、装备、理论完整的科技链条，大力发展中试基地的建设，避免技术创新完成不了"最后一公里"的现象；功能性海洋食品加工企业应与科研机构广泛、深入合作，以市场为导向，引导科研机构的研究方向，同时可以作为科研成果的产业化示范基地，促进成果转化。

2. 完善产业政策法规与标准体系

为促进我国营养功能性海洋食品产业快速发展，提高营养功能性海洋食品产业整体水平，相关主管部门应尽快完善相关法规，通过优化营养功能性海洋食品审批流程、建立市场准入制度、规范流通渠道管理和强化特殊膳食食品监管等方式促进我国营养功能性海洋食品平稳健康发展；同时，针对目前营养功能性海洋食品由相关产品标准与生产技术规范构成的标准体系不完善的问题，应尽快组织相关科研单位、生产企业与标准化研究单位共同制定标准体系框架，继续完善标准体系，提高我国营养功能性海洋食品产业标准化水平，推动行业整体发展。

三、海洋食品新资源开发与利用创新工程

（一）基础科学研究

针对新型海洋食品资源中营养及成分的基础理论研究薄弱、营养功效成分及健康机制不明、高值化加工产品少等问题，系统开展新型海洋食品资源中特征营养素及营养功能因子的筛查、结构表征和功能解析研究，揭示其构效关系，探讨其在机体吸收与代谢方面的功效动力学机制；开展新型海洋食品资源中营养成分在加工、贮藏及流通过程中的变化规律及调控机制研究，明确其组分在加工及贮藏过程中的物理、化学、生物学变化，以及这些变化对食品风味及质构等品质特性的影响，为开发新型海洋食品加工技术提供理论依据；从基因组学、转录组学、蛋白质组学及代谢组学等角度，阐明新型海洋食品原料中主要营养素的生理功能及其作用机制，构建新型海洋食品资源的营养素、功效成分、有害成分的数据库，为开发新型海洋营养食品、保健食品、特医食品及生物材料提供理论基础[67]。

（二）重大关键技术开发

针对新型海洋食品精深加工技术缺乏、高值化加工产品少等问题，重点突破新型杀菌、保鲜、智能化包装、质量品质全程追溯等原料品质保持技术，显著降低海洋食品原料在流通及贮藏过程中的损失；攻克水产食品原料的营养功能评价、营养品质靶向设计、营养因子稳态化及原料的物性修饰等关键技术，突破儿童食品、老年食品、运动食品、临床营养食品和特殊膳食食品的产品设计与制造技术，研制新型营养健康海洋食品；攻克海洋水产品加工副产物加工专用"细胞工厂"和"酶分子机器"的发掘、理性设计及规模化应用的关键技术，研发海洋食品原料的自动化连续发酵、组合酶定向水解、自溶酶与固态发酵耦合等生物加工技术和装备，形成海洋水产品加工副产物高效、绿色利用的技术体系，间接提高海洋食品原料的供应量。

（三）产业化集成与示范

根据国际上新型海洋食品资源开发与高效利用的发展趋势，重点突破船载高质加工与陆基精深加工、产品质量控制等关键技术；研制具有国际先进水平的南极磷虾捕捞加工船，形成高品质南极磷虾粉及南极磷虾糜的船上加工体系，开发虾糜制品、南极磷虾油、活性肽、壳聚糖等高附加值产品，设计和建造高附加值南极磷虾产品陆基加工示范线，全面提升我国对南极磷虾资源的利用能力。突破南海灯笼鱼、鸢乌贼等大宗资源的高效利用技术体系，构建鸢乌贼和灯笼鱼高效利用示范生产线，为推动南海大宗海洋生物资源高效利用、提升我国对南海资源的掌控能力提供保障。突破高活性藻种筛选、高效培养、营养功效成分代谢调控等微藻高效生产、功效成分高效制备与稳态化、新产品创制等关键技术，研发功能性海藻油、海藻多糖、海藻蛋白粉、海藻色素等营养强化剂及功能性食品，建设产业化示范生产线，提升微藻资源在海洋食物中的比重。突破极地、深海等极端海洋微生物资源的获取、培养和保藏技术，破解海洋微生物酶的克隆、催化机制解析、定向理性设计、高效表达及大规模发酵制备技术障碍，升级海洋水产品酶催化和微生物发酵等绿色加工技术与海洋食品营养功效成分的酶催化加工及生物转化技术，开发新型食品功能基料、生物材料等水产生物制品，实现海洋食品的绿色加工，推动海洋食品产业技术升级。

四、海洋食品智能装备创新工程

（一）基础科学研究

针对我国海洋食品加工总体上还属于劳动密集型产业，专用装备缺乏，加工装备普及率低、通用性差、自主创新设计能力薄弱等问题，加强海洋食品加工装备设计基础研究，开展海洋食品机械加工特性研究，系统分析海洋食品体形、骨架、质构等特征参数，建立数据模型，为提高加工装备通用性提供理论支撑；注重机械设计理论研究，深入了解海洋食品加工装备的工作原理、动力学性能、磨损与润滑等理论，实现加工基础理论新突破，提高自主创新设计能力，全面提升我国海洋食品加工装备制造的整体技术水平，打破国外技术垄断，实现海洋食品加工装备的国产化。

（二）重大关键技术开发

为实现我国海洋食品加工机械化、智能化发展，未来应紧密围绕产业和企业需求，围绕海洋食品加工产业对装备的需求，重点开发具有自主知识产权的智能化、精准化、规模化和成套化核心装备与集成技术；破解海洋食品分级、排序、定位、进出料等机械化加工预处理难题，加快清洗、去脏、开片等机械化初加工技术与装备研发，实现连续酶解、复合发酵、节能干燥，创新船载加工与冷链物流装备，推进智能控制、信息物理融合等前沿技术在加工装备研发中的应用，建立海洋食品加工智能化管理系统，实现加工过程安全可控，保障产品安全及企业生产管理水平。

（三）产业化集成与示范

以加快海洋食品加工装备国产化进程，促进海洋食品加工装备快速发展，全面推动海洋食品加工现代化为目标，实现鱼类前处理与初加工技术先进装备国产化，构建机械化生产线并进行产业化示范；集中力量研制鱼类、虾类、贝类、藻类和海珍品等加工装备，集成海洋食品高值化加工装备系统；加速海洋食品加工装备的技术创新，着力提升海洋食品专用关键装备集成与成套装备开发能力；系统开展海洋食品加工生产线，如初加工生产线、干腌制等传统产品加工生产线、保健食品生产线、小包装休闲食品生产线等的构建，提升成套化海洋食品加工生产线的开发与示范应用能力，有效提高海洋食品生产加工效率，显著提高我国海洋食品加工装备自给率、工程化能力、智能化水平和国际竞争力，推动我国现代海洋食品制造业转型升级和可持续发展。

五、海洋食品质量安全控制创新工程

（一）基础科学研究

系统调查分析我国海洋食品典型生产区域环境与产品质量安全、营养品质的相关性，获取安全风险因子及营养组分的基础数据并建立特征指纹谱库；基于代谢组、转录组和蛋白质组关联分析技术，深入挖掘海洋食品产业潜在危害因子；重点开展海洋食品典型加工流通过程中危害因子的形态分布、迁移规律及影响因素的研究，揭示危害物的形成机理，开发危害阻断技术；建立海洋食品安全风险评估技术支撑中心平台，建立集信息跟踪、分析、评议、预警为一体的技术性贸易措施通报预警体系[68]。

（二）重大关键技术开发

开发高效、环保、自动化、智能化的海洋食品样品前处理新技术，积极推进高通量、智能化在线无损检测技术的开发，创制快速检测产品和全自动快速检测设备，以满足未来海洋食品对安全检测和鉴别快速、方便、易携带的需求；突破多残留、非定向未知化合物的筛查分析技术，完善危害因子数据库；筛选新型细胞模型，构建更加精准的危害物风险评价分析技术，建立以细胞培养为核心的安全评估新技术和新方法。

（三）产业化集成与示范

针对我国海洋食品质量安全与国外渔业发达国家现有的差距，制定海洋食品加工过程和流通过程中微生物的限量标准及控制措施，研究预报预警技术体系；针对过敏原、生物胺、脂肪酸代谢物、亚硝基化合物等典型的海洋食品内源性化学危害物，骨刺、贝壳、虾蟹壳等典型物理危害物，以及重金属、农兽药残留、海洋毒素、微塑料、持久性有机污染物等典型的海产品环境污染物，结合产品加工和贮藏流通的相关技术要求，研究、设计、开发更加高效的原料清洗净化、生物加工等技术手段，开发相配套的新型技术装备，编制相关工艺操作规范，集成质量安全控制的工艺技术体系；以捕捞类海产食品、高端生食海鲜类产品和以河豚为代表的高风险产品等作为典型的海洋食品，依托质量安全危害迁移转化规律等基础研究成果，集成检测、评估、控制等相关技术成果，进一步研究开发基于追溯体系的信息采集、存储、传递、挖掘技术，研究构建追溯系统，建立基于全产业链追溯体系的质量安全风险信息综合（权威）平台，制定相关技术标准和规范，构建无缝化、智能化的质量安全追溯预警体系，显著降低海洋食品中典型质量安全危害的风险水平，并选择龙头骨干企业进行产业化推广示范。

第七章 我国海洋食品产业科技创新发展保障措施与政策建议

围绕深入贯彻落实国家创新驱动发展战略、乡村振兴战略、健康中国战略，推进陆海统筹，建设海洋强国，推动我国海洋食品产业结构转型升级，以问题为导向，以需求为牵引，分析我国海洋食品科技创新与产业现状，梳理典型国家海洋食品产业科技创新主要做法，聚焦我国海洋食品战略目标和重点发展领域，围绕战略规划布局、科技创新研发、成果转化与产业化、学科建设与人才培育、深化国际合作交流等方面，推动产学研协同创新合作与全产业链发展，明确创新主体在创新链不同环节的功能定位，激发各类主体创新激情和活力，加快建立健全各主体、各方面、各环节有机互动、协同高效的海洋食品创新体系。

第一节 注重产业规划布局

一、加强顶层设计与战略布局

在"拓展蓝色经济空间"、"坚持陆海统筹，壮大海洋经济"与"建设海洋强国"等战略规划支持下，瞄准世界前沿，突出国家战略目标和任务导向，加强海洋食品产业科技创新战略研究与系统布局，加快海洋食品产业创新驱动发展战略的顶层设计，完善海洋食品产业科技创新战略规划和资源配置体制机制，谋划布局"海洋食品营养提质工程"等重点专项，集聚国内优势创新力量，持续加强我国海洋食品领域基础研究、核心技术创新与成果转化应用，全面提升我国海洋食品科技创新能力，力争取得一批具有世界影响力的原创性科技成果，以赢得海洋食品产业的发展先机和主动权。

二、开展重大基础性调研

围绕我国渤海、黄海、东海、南海等重要海域海洋资源开发利用情况，规模以上海洋食品生产加工企业经营与产值情况，以及我国高校、科研院所与企业开展产学研合作情况等开展统计和监测评价，细化植物源、动物源海洋食品门类，了解海洋食品产业发展历程与区域海洋食品产业发展特征，形成海洋食品基础性数据库，为海洋相关战略决策部署与政策制定提供数据参考。

第二节　构建全产业链创新

一、强化海洋食品领域基础研究

瞄准国际海洋食品研究领域的重点方向和科学前沿热点，坚持目标导向和自由探索相结合，结合国家重点研发计划重点专项、政府间国际合作专项、支持"非共识"创新研究等方式，系统开展海洋食品领域重大基础交叉前沿领域的科学研究，充分发挥高校和科研院所的作用，力争揭示海洋食品相关重要机理性科学问题，取得重大原始性创新成果，使我国海洋食品领域基础研究水平尽快赶上世界先进水平。

二、聚焦关键核心技术

紧紧围绕我国海洋食品产业发展的重大需求，坚持战略和前沿导向，发挥企业创新产品研发主力军作用，加快突破海洋食品领域关键核心技术和关键装备。通过实施一批国家重大专项和国家重点研发计划，催生一批具有引领性、带动性的颠覆性技术，加快形成若干战略性技术和战略性产品，培育现代化及标准化的海洋食品加工产业，实现海洋食品产业持续健康快速发展。

第三节　优化创新创业环境

一、鼓励企业承担国家科技计划

在国家科技计划项目中涉及集成示范与成果转化相关研究项目，鼓励有创新研发能力的企业承担项目，通过资源优化配置，激发企业落实国家重大战略任务的主动性和积极性，将科技创新成果在这些企业中先行先试，使创新链条上下游有效衔接，实现企业创新主体作用有效发挥，并在人才、资金等方面予以政策支持，提高我国海洋食品产业的国际竞争力。

二、推动创新成果落地生根

推动建立以海洋食品创新为核心特色的国家农业高新技术产业示范区、国家农业科技园区和产业园区等，发挥其在海洋食品领域的创新高地、人才高地作用，承接海洋食品领域成果落地转化，吸引优秀创新人才到海洋经济特区创新创业；引导和支持企业加强技术研发能力建设，支持行业骨干企业建立众创空间、星创天地、国家重点实验室、产业技术研究院等研发平台；不断提升海洋食品企业的自主研发能力、技术转化效率与集成应用水平，着力打造一批具有科技创新潜力和国际扩张能力的自主品牌海洋食品企业。

三、落实成果转化激励政策

建立海洋食品科技成果转化联盟，促进企业与高校、研究院所开展产学研合作，鼓励高校相关关键技术在企业进行转化应用，避免科研成果与企业需求脱节，推动科研成果向企业现实生产力转化；深入实施科技特派员制度，鼓励海洋领域高校科技特派员到企业开展技术服务；建立完善产学研合作网络平台，探索市场化运行机制，使产学研合作机制常态化、长效化，把产学研协同创新提升到一个新水平。

第四节　系统布局学科体系

一、优化完善学科结构

积极推动综合性大学和海洋、食品专业类高等院校学科充实与调整，增设海洋食品与产业化相关学科。加强海洋食品学科领域研究型大学的建设，优化现有学科结构，提高学科整体发展水平，稳步推进大学国际化进程，推动一批海洋食品产业研究型大学进入世界一流行列。积极推进国家重点实验室、海洋类研究院所布局海洋食品相关学科，完善具有中国特色的现代海洋食品产业科研院所治理体系，支持科研院所自主布局科研项目，超前部署对发展全局具有带动作用的战略性先导研究、目标导向的基础研究和重大交叉前沿研究，形成一批具有重要影响力、吸引力和竞争力的一流海洋食品产业科研院所。

二、紧盯国际学科前沿

推动海洋领域国家实验室、国家重点实验室和国家技术创新中心等平台基地建设。以国家目标和战略需求为导向，在海洋食品产业科技创新领域，依托科研院所和高水平大学，布局一批体量更大、学科交叉更融合、集成度更高的海洋食品产业国家重点实验室，形成代表国家水平、国际同行认可、在国际上拥有话语权的海洋食品产业科技创新实力，成为抢占国际科技制高点的重要战略创新力量；建设若干高效率开放共享、高水平国际合作、高质量创新服务、体现我国科技实力的国家技术创新中心；积极推进海洋食品产业创新发展的示范工作，助力我国海洋食品产业的发展。

三、持续加强学科融合

加快海洋人才培养模式创新，根据现代海洋食品产业发展的特点，引导推动海洋食品人才培养链与产业链、创新链有机衔接；加强不同学科领域的交叉融合，通过学科和课程设置的优化，培养出更加符合海洋食品产业需求的复合型人才；依托国家各类人才计划，注重对国外海洋食品高层次人才和紧缺人才的引进，培养造就专业化、复合型的人才队伍与团队；紧密结合"蓝色粮仓"等重点专项和关键技术攻关，加强多层次、跨行业、跨专业的海洋人才培养，支持一批综合性大学、海洋大学和涉海科研院所组建海洋食品科技创新团队，进一步加大对优秀中青年人才和高水平创新团队的支持力度，为海洋食品科技创新与产业的可持续发展提供人才支撑。

第五节 科学完善投融机制

一、完善落实企业扶持政策

鼓励海洋食品领域创新型企业加大高新技术应用，加强海洋食品领域高新技术企业建设，按规定享受高新技术企业税收优惠政策和现行有关鼓励企业技术创新及科技进步的税收优惠政策；落实海洋食品科技型中小企业相关政策，加强相关惠企政策的宣讲解读与指导，支持科研机构和科技企业技术成果向海洋食品企业转移，提升海洋食品企业科技研发和技术集成应用能力。

二、鼓励产业多元化投入

依托现有海洋领域国家重点实验室、国家海洋食品工程技术研究中心等创新平台，形成该领域稳定支持体系；在蓝色粮仓重点专项基础上，积极谋划、系统部署新的研究计划；激励引导海洋食品企业特别是创新型企业、高新技术企业，增加对研究开发的投入，确立企业技术创新投入的主体地位；发挥金融资本的杠杆作用，吸引、鼓励社会资金投向科技型创新企业，加强科技与金融结合，探索采取贷款贴息、创业投资风险补偿等多种投入方式，引导金融机构加大对科技型企业的支持力度，带动金融资本和民间投资向科技成果转化集聚，进一步完善多元化、多层次、多渠道的科技投融资体系。

第六节　发挥产业团体作用

一、推进产业与国际接轨

密切跟踪国际标准发展，加快制修订产业发展和监管急需的海洋食品基础标准、产品标准、配套检验方法标准、生产经营卫生规范等；整合现有资源建立覆盖国际食品法典及有关发达国家食品安全标准、技术法规的数据库，开展国际食品安全标准比较研究；鼓励海洋食品生产企业制定严于海洋食品安全国家标准、地方标准的企业标准，鼓励行业协会制定严于海洋食品安全国际标准的团体标准；不断完善海洋食品产业相关技术法规和标准，促进我国海洋食品技术标准与国际标准接轨，甚至成为国际技术标准，由此取得国际市场准入的"通行证"，不断推动国内科技创新达到国际水平，进而将科技创新转化为竞争优势。

二、推动学科融合交流

随着生命科学、材料科学、信息科学、能源科学等前沿研究的不断突破，以及多学科间的相互交叉、相互融合，海洋食品科技创新和产业发展正处于一个快速转型的机遇期。通过依托国家海洋食品创新平台，定期举办高层次交叉学科学术会议等形式，打破学科边界，重视并鼓励学科交叉，稳定支持和培养一批具有不同学科背景及创新潜力的优秀人才。

三、强化产学研协同创新

加强以市场为导向，以产业链为基础，引导海洋食品企业、高校、科研院所达成资源共享协议，开展跨机构协作，建立协同创新联盟，构建稳定的协同创新机制；充分发挥有关行业协会和产业技术联盟的作用，定期组织召开海洋食品相关的学术或产业对接交流活动，发布年度产业发展报告，及时了解掌握国内外海洋食品研究的最新前沿和动态，推动形成海洋食品不同学科融合的定期交流机制。

第七节　深化国际交流合作

一、加强典型国家深度合作

加强与典型优势国家开展海洋食品领域的政府间合作，鼓励签订合作协议书与谅解备忘录等，建立双（多）边稳定合作机制，优先将海洋食品纳入政府间国际合作项目领域；及时跟踪掌握美国、日本、韩国、挪威等优势国家在海洋食品加工领域的最新研究动态和方向，把握学科发展前沿，鼓励涉海高校、科研院所和企业加强对海洋食品领域新兴技术、重点产业关键核心技术、关键装备的引进，增强创新互补性，提高创新起点，缩短创新周期；通过与优势国家的深度合作，进一步促进人才与技术的交流，培养和引进一批高水平学科带头人及企业管理型人才，加强海洋食品产业科技的引进吸收再创新，不断提高我国自主创新能力，尽快推动我国海洋食品加工产业转型升级。

二、建立以我为主对话机制

组织以我为主的海洋食品国际科技创新对话交流活动，充分利用海洋食品产业全球市场、需求和创新资源，集聚全球资源、人才、资金、信息等，鼓励海洋食品专家学者、投资界和企业积极融入全球创新网络，更深层次地参与海洋食品产业国际分工；推动我国海洋食品产业新技术转移扩散，支持我国海洋食品产业和创新型企业加快走出去步伐，推进科研机构、高校建设海外科教基地和研发中心，开展"以我为主"的跨国科技合作，提升我国整体研发水平；主动参与国际海洋食品领域紧密型、实质性科技合作，构建创新融合的利益共同体，逐步提升我国海洋食品在全球价值链中的地位与作用，共享世界海洋食品产业发展新成果。

专题篇

专题一　营养功能性海洋食品科技创新发展战略研究

围绕营养功能性海洋食品科技创新发展对完善我国海洋食品产业布局与促进产业链延长的重要作用，开展营养功能因子挖掘、功效评价、营养强化与特殊膳食、特殊医学用途配方食品研制等方面的研究。

专题二　海洋食品保鲜与保活科技创新发展战略研究

围绕海洋生物资源的提质增效利用，开展海洋食品的生物学、原料学特性及其品质控制技术创新研究，实现海洋食品原料在物流过程中的保鲜与保活。

专题三　动物源海洋食品产业科技创新发展战略研究

围绕保障优质蛋白高效供给，破解动物源海洋食品在新型食品创制的基础理论、前沿技术及研究成果集成与产业化应用方面面临的关键难题，积极引导传统海洋食品产业向工业化、自动化与智能化发展，全面推动传统海洋食品产业的结构调整与现代化产业转型。

专题四　植物源海洋食品产业科技创新发展战略研究

围绕海藻食品加工产业原料前处理、新型海藻食品生产技术、功能活性成分开发利用及废弃物处理等方面存在的问题，提出研发新能源智能化干燥技术、海藻新型食品精深加工技术，形成以科学应用海藻活性功能物质为导向、以绿色处理废水为重点的产业发展战略。

专题五　海洋食品加工装备科技创新发展战略研究

围绕海洋食品产业对加工装备的需求，对海洋食品加工装备现状进行全面分析，对存在的问题与需求进行深度剖析，对加工装备的发展趋势、发展重点和主要任务进行归纳总结，对创新发展海洋食品加工装备提出政策建议。

专题六　海洋食品质量与安全控制创新发展战略研究

分析我国海洋食品质量安全的特点；结合产业需求及国际趋势，总结分析目前亟待解决的关键科技问题；围绕质量安全评估、检测、追溯等论述科技战略布局及重点任务。

专题七　海洋食品资源开发与利用科技创新发展战略研究

分析我国海洋食品资源开发利用及科技发展现状，提出未来我国应以南极磷虾、大洋性鱿鱼等公海渔业资源，我国南海的鸢乌贼、灯笼鱼资源，以及可食用微藻等新型海洋食品资源的开发利用为重点。

第八章　营养功能性海洋食品科技创新发展战略研究

第一节　引　　言

营养功能性海洋食品是指能调节机体机能，可预防疾病发生，能够促进健康或有助于机体恢复，但不以治疗为目的，供人食用、无毒无害、符合应有营养要求的海产源食物，以及由其加工而成的食品。我国海洋水产品资源丰富，且海洋生物中含有功能性肽类、脂类、糖类及维生素与矿物质等活性成分，营养功能性海洋食品是人类良好的食物来源与健康资源保障，因此促进营养功能性海洋食品创新发展、提升营养功能性海洋食品产业发展水平，有助于提高人们的生活质量与健康水平。

一、营养功能性海洋食品产业创新符合国家战略发展需求

党的十九大报告在关于"实施区域协调发展战略"中提出了要坚持陆海统筹，加快建设海洋强国。营养功能性海洋食品科技创新发展有助于延长我国海洋食品产业链，提升营养功能性海洋食品产业产值。此外，营养功能性海洋食品产业的发展更有助于丰富我国居民消费食品种类，提高我国居民健康水平，符合我国实施健康中国战略的需求。

《"健康中国 2030"规划纲要》明确，健康是促进人的全面发展的必然要求，是经济社会发展的基础条件。实现国民健康长寿，是国家富强、民族振兴的重要标志，也是全国各族人民的共同愿望。《全国海洋经济发展"十三五"规划》中指出："推进海洋传统产业转型升级，促进海洋新兴产业加快发展，提高海洋服务业规模和水平，促进海洋产业集群发展，提升海洋产业标准化水平，增强海洋产业国际竞争力。"营养功能性海洋食品科技创新发展有助于提高我国全民健康水平，推进我国海洋传统产业转型升级，促进我国海洋新兴产业快速发展，调整优化我国海洋产业格局，提高我国海洋食品产业水平，增强国际竞争力。此外，营养功能性海洋食品科技的创新发展有助于提高我国海洋水产品精深加工率，延长产业链，促进一二三产融合发展。

《国民营养计划（2017—2030 年）》中指出应着力发展食物营养健康产业。加大力度推进营养型优质食用农产品生产。编制食用农产品营养品质提升指导意见，提升优质农产品的营养水平。规范指导满足不同需求的食物营养健康产业发展。

针对不同人群的健康需求，着力发展保健食品、营养强化食品、双蛋白食物等新型营养健康食品。我国海洋资源丰富、种类繁多，坚持科技引领创新发展营养功能性海洋食品产业是提高全民营养健康水平及提升国家和民族竞争力的战略选择。

《"十三五"食品科技创新专项规划》中指出营养健康全面改善需要科技引领。目前，我国在公众营养健康上面临着营养过剩和营养缺乏双重问题，特别是体重超标与肥胖症、糖尿病、高血压、高血脂等代谢综合征类问题凸显。通过营养功能性海洋食品科技的创新发展，在营养均衡靶向设计、健康干预定向调控等方面加大基础研究投入，提升我国营养功能性海洋食品的精准制造技术水平与开发能力，开发出一批功能保健型营养健康海洋食品与特殊膳食人群海洋食品，可有效改善我国公众营养健康水平，符合国家战略发展需求。

二、创新发展营养功能性海洋食品产业符合居民消费需求

目前我国居民营养状况良好，但存在膳食不平衡现象。据统计，2015 年我国人均预期寿命已达 76.34 岁，婴儿死亡率、5 岁以下儿童死亡率和孕产妇死亡率分别下降到 8.1‰、10.7‰和 20.1/10 万，总体优于中高收入国家平均水平。《中国居民营养与慢性病状况报告（2015 年）》中指出的我国居民膳食营养与体格发育状况如下。

（一）膳食能量供给充足，体格发育与营养状况总体改善

10 年间居民膳食营养状况总体改善，2012 年居民每人每天平均能量摄入量为 2172kcal[①]，蛋白质摄入量为 65g，脂肪摄入量为 80g，碳水化合物摄入量为 301g，三大营养素供能充足，能量需要得到满足。与 2002 年相比，我国 18 岁及以上成年男性和女性的平均身高、体重均有所增长，尤其是 6～17 岁儿童青少年身高、体重增幅更为显著。成人营养不良率为 6.0%，比 2002 年降低 2.5%。

（二）膳食结构有所变化，超重肥胖问题凸显

过去 10 年间，我国城乡居民粮谷类食物摄入量保持稳定。总蛋白质摄入量基本持平，优质蛋白质摄入量有所增加。脂肪摄入量过多，平均膳食脂肪供能比超过 30%。我国 18 岁及以上成人和 6～17 岁儿童青少年超重率与肥胖率情况如图 8.1 所示，2012 年 18 岁及以上成人超重率与肥胖率较 2002 年分别上升了 7.3%和 4.8%；6～17 岁儿童青少年超重率与肥胖率较 2002 年分别上升了 5.1%和 4.2%。

---

① 1cal≈4.2J

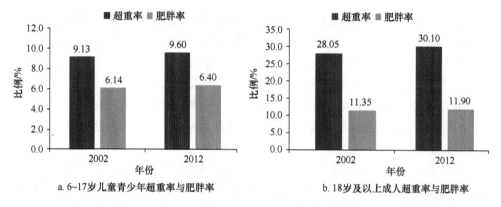

图 8.1　我国 18 岁及以上成人和 6~17 岁儿童青少年超重率与肥胖率

我国居民健康状况良好，但心血管疾病、糖尿病等慢性病威胁逐渐加大，已成为我国居民健康的头号威胁。2012 年我国 18 岁及以上成人高血压患病率为 25.2%，糖尿病患病率为 9.7%，与 2002 年相比呈上升趋势；我国居民慢性病死亡率为 533/10 万，占总死亡人数的 86.6%，心脑血管疾病、癌症与慢性呼吸系统疾病为主要死因，占总死亡人数的 79.4%。《中国心血管病报告 2015》的最新数据显示：心血管病患病率处于持续上升阶段，目前估计我国有心血管病患者 2.9 亿，其中高血压 2.7 亿，脑卒中至少 700 万，心肌梗死 250 万[69]。

我国居民膳食结构不合理、食物供给与居民营养健康需求不符等现象是造成我国居民肥胖率高，心血管疾病、糖尿病等慢性病患病率高的主要原因。目前我国食物生产尚不能适应营养需求，居民存在营养不足、过剩及膳食结构不平衡等现象。同时，工业化、城镇化、人口老龄化、生态环境及生活方式变化等，也给维护和促进健康带来一系列新的挑战，健康服务供给总体不足与需求不断增长之间的矛盾依然突出。

海洋生物源食品不仅可为人类提供优质的蛋白质，以富含多种结构独特且具有保健功能的活性成分为基础开发的营养功能性海洋食品还可提供功能特异的健康营养物质，满足人们对健康的需求。营养功能性海洋食品科技创新发展与产品开发在引导我国居民合理膳食、满足特殊人群营养改善需求、推动营养相关慢性病的营养防治等方面具有重要意义。因此，基于我国丰富的海洋生物资源，以海洋食品为载体的营养功能性食品能够迎合新时期健康格局、顺应大健康理念且更符合我国居民消费需求，是解决新时期国民营养健康问题的一种有效手段，将成为未来食品市场新的亮点。

三、营养功能性海洋食品将成为海洋食品产业发展新的增长点

我国海域辽阔，海岸线长，海洋生物资源丰富，种类繁多。我国海洋物种约

20 278 种, 其中黄海、渤海 1140 种, 东海 4167 种, 南海 5613 种, 浅海滩涂生物约 2600 种[70]。据统计, 2016 年我国水产品捕捞产量为 1758.86 万 t, 占总产量的 25.49%, 其中远洋渔业产量 198.75 万 t[71]。丰富的海洋生物资源成为我国海洋食品业发展的重要物质基础。海洋水产品能够提供优质丰富的蛋白质、多不饱和脂肪酸和藻类多糖等营养物质, 丰富优化我国居民营养膳食结构, 被誉为"蓝色粮仓", 不仅可以满足我国粮食安全与总量需求, 也是我国面向 21 世纪健康需求的粮食高地。

近年来, 我国沿海地区认真贯彻落实"海洋强国"和"建设 21 世纪海上丝绸之路"国家重大战略, 全面实施《全国海洋经济发展"十三五"规划》, 海洋经济产业结构调整步伐明显加快。据统计, 2016 年我国海洋生产总值达到了 7.1 万亿元, 同比增长 6.8%, 在新常态下总体保持着平稳的增长态势。其中, 海洋渔业增加值为 5.9 万亿元, 约占 16.2%; 而海洋生物制品增加值则为 1300 亿元, 仅占 2.2%(同比增长 0.2%)[72]。海洋食品深加工比例逐年提高, 海洋食品加工副产物资源高值化利用逐步受到重视, 利用海洋食品加工副产物开发的营养功能性海洋食品种类日益增多, 市场需求量持续增长。我国居民亦逐渐重视营养功能性海洋食品的消费, 其市场份额逐年稳步提升, 以海洋生物资源为原料开发营养功能性海洋食品, 将成为我国海洋食品产业发展新的增长点。

以鱼油为例, 根据美国透明市场研究公司发布的市场调查报告, 在未来几年(从 2012 年开始), 全球鱼油市场将会保持强劲增长态势。2011 年, 全球鱼油产量与市值分别为 103.5 万 t 与 11 亿美元, 2012～2018 年, 分别以 1.22%与 5.05%的复合年增长率计算[73], 预计到 2018 年全球鱼油产量与市值将达到 103.5 万 t 与 17 亿美元。然而受厄尔尼诺现象与部分国家原料鱼捕捞配额控制的影响, 近年来全球鱼油产量并未逐年增长, 且 2016 年产量出现拐点, 随后至 2019 年鱼油产量逐渐回升并基本维持在 100 万 t。

此外, 以生物量巨大的南极磷虾为原料提取的南极磷虾油产品亦具有优异的市场前景。2014 年磷虾油通过了我国国家卫生和计划生育委员会的审核, 取得了"新食品原料"认证, 磷虾油被批准为一种新食品原料[74]; 2015 年国内企业生产的磷虾油产品也推入市场[75]。越来越多的营养功能性海洋食品涌入市场, 产品形式多样, 市场潜力巨大。

据弗若斯特沙利文咨询公司报道, 2012 年全球人工养殖海藻中提取的高 DHA 长链不饱和脂肪酸总产量已达 4614t, 总价值高达 3.5 亿美元。目前国际市场对 DHA 类 ω-3 长链不饱和脂肪酸需求量巨大, 2017 年全球 ω-3 EPA 与 DHA 原料市场达到 21.8 亿美元, 同比增长 3.9%。据世界水产协会的统计, 2014 年, 我国提取 DHA 产量已超越欧美居全球第一。我国有多家产量较大的海藻养殖企业的海藻养殖与 DHA 提取也已具备一定规模, 并有产品出口海外市场。由于传统鱼油具有鱼腥味、易被氧化及 EPA 和 DHA 含量较低等缺点，藻油 DHA 在特殊人群膳食补充剂、婴幼儿配方乳品等方面应用广泛，具有广阔的市场前景。

以胶原蛋白为例，据相关数据统计，目前我国整体胶原蛋白市场已达 1000 亿元，胶原蛋白市场正在快速升温，是目前食品补充剂产品中使用度最广的产品。随着生活品质的提高，人们对胶原蛋白的需求会越来越多，有专业机构预测，2018～2022 年，我国将是全球销量最大的胶原蛋白市场，中国的胶原蛋白市场可谓潜力巨大[76]。目前我国水产品加工业每年处理的鱼类废弃物逾 200 万 t，其中鱼皮、鱼骨及鱼鳞等部位含有大量的胶原蛋白，以此为原料提取胶原蛋白，并开发具有生理活性功能的肽类营养功能性海洋食品，既可提高水产品加工综合利用率，又可提高企业利润率，具有重大的社会和经济效益。

综上所述，以科技创新引领营养功能性海洋食品业发展，符合国家战略发展要求，满足我国居民消费需求，是实施国家"海洋强国"战略、促进海洋食品营养提质的有力保障。我国营养功能性海洋食品产业既面临保障国民营养与健康、改善国民膳食结构、提高国民生活水平方面的巨大压力，同时也恰逢全面建成小康社会等时代机遇，具有广阔的发展前景。

第二节　营养功能性海洋食品产业现状分析

一、产业发展现状

我国海洋生物资源丰富，其为人类提供食物的能力相当于全世界所有耕地提供食物能力的 1000 倍，其是人类食品和药品原料的重要来源，更被誉为人类的"蓝色粮仓"。更重要的是，海洋食品还为人类提供丰富的蛋白质、高不饱和脂肪酸、多糖及寡糖、矿物元素等各种高质量的营养物质。因此，"蓝色粮仓"不仅是粮食安全总量需求的重要组成部分，也是我国面向未来健康需求的粮食战略高地。

20 世纪 80 年代以来，随着现代分离系统、核磁共振波谱、高分辨质谱、色谱层析等精密仪器的应用，以及海洋生物技术、分子快速筛选方法等高新技术的运用，世界范围内已从海洋生物资源中获得了 6000 多种天然功能性物质，如牛磺酸、多不饱和脂肪酸、壳聚糖、活性低聚糖、维生素、膳食纤维和矿物质等，研究发现其具有预防肿瘤、提高免疫力、抗病毒、抗菌、降血脂、降血压、益智和预防阿尔茨海默病等生物功效。目前，国内外产业化的营养功能性海洋食品按照功能物质种类划分，主要包含多肽类功能性食品、油脂类功能性食品、糖类功能性食品及维生素和矿物质食品等。

（一）主要产品种类

目前市场上常见的营养功能性海洋食品按功能划分主要有：健脑益智类（如

鱼油、藻油等)、预防肿瘤类 (藻类与棘皮动物提取物等)、预防心脑血管疾病类
(如鱼油、磷虾油等)、调节血压与血糖类 (如降血压肽类、海藻多糖等)、抑菌抗
病毒类 (藻类与贝类提取物等)、免疫调节类 (海洋贝类、藻类及棘皮动物类)、
抗衰老类 (藻类提取物、鱼精蛋白等)、抗疲劳类 (如角鲨烯、牛磺酸等),以及
抗辐射与癌症患者放、化疗保护类 (藻类类菌胞素样氨基酸提取物、墨多糖) 等。
目前,我国主要水产保健食品的功能分布与剂型分布分别见表 8.1 和表 8.2[77],主
要营养功能性海洋食品原料如图 8.2 所示。

表 8.1　我国主要水产保健食品的功能分布

保健功能	数量	比例/%
增强免疫力	281	19.2
辅助降血脂	198	13.5
美容	145	9.9
营养素补充剂	110	7.5
辅助改善记忆	99	6.8
增加骨密度	79	5.4
改善睡眠	71	4.9
延缓衰老	68	4.7
减肥	54	3.7
提高缺氧耐受力	42	2.9
抗氧化	37	2.5
辅助降血糖	35	2.4
化学性肝损伤辅助保护功能	35	2.4
缓解视疲劳	34	2.3
通便	26	1.8
缓解体力疲劳	22	1.5
辐射危害辅助保护功能	16	1.1
促进排铅	15	1
辅助降血压	14	1
改善生长发育	12	0.8
改善营养性贫血	12	0.8
胃黏膜辅助保护功能	11	0.8
抗突变	5	0.3
促进消化	1	0.1
其他	39	2.7

表 8.2　我国主要水产保健食品的剂型分布

剂型	数量	比例/%
胶囊	869	59.5
片剂	279	19.1
口服液	109	7.5
酒剂	48	3.3
颗粒、粉末（含冲剂）	101	6.9
丸剂	30	2.0
膏剂	4	0.3
普通食品形态	21	1.4

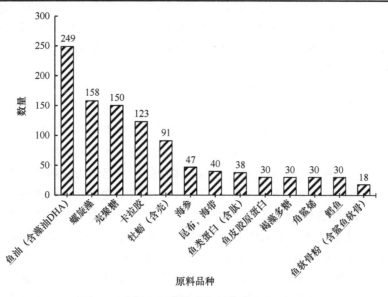

图 8.2　我国主要营养功能性海洋食品原料

（二）功能新海洋肽类

多肽类化合物是组成海洋功能化合物的主要结构类型，每年发现的海洋多肽类化合物在海洋天然活性物质中占有很大比例，是海洋活性物质研究与应用开发的重要组成部分。目前报道的活性肽生理功能主要包括通过螯合金属元素控制饮食、抗龋齿等作用，调节胃肠系统功能；通过抑菌、免疫及细胞调节等作用，增强机体免疫系统功能；通过钙结合作用，调节机体肌肉与骨骼系统功能；通过抗高血压、抗氧化、降胆固醇、降血脂等作用，调节心血管系统功能。目前，被广泛研究并应用的海洋功能蛋白质和肽主要有：抗菌肽、抗病毒多肽、预防肿瘤肽、降压肽、抗氧化肽、心血管活性肽、免疫调节肽、神经保护肽、抗糖尿病肽、镇痛肽、食欲控制肽等。目前，国内主要海洋功能性蛋白类产品有海水鱼胶原蛋白

（粉、胶囊）、海洋低聚肽（粉）等。

（三）海洋功能性脂类

富含 ω-3 PUFA 的多脂鱼类主要有鲭鱼、金枪鱼、三文鱼、鲟鱼、凤尾鱼、沙丁鱼、鲱鱼等。ω-3 PUFA 的生物活性包括：维持细胞正常生理功能，降低血胆固醇和甘油三酯水平，增强脑细胞记忆力和思维能力，合成人体内前列腺素和凝血恶烷前体物质等。2014 年，全球 EPA 及 DHA ω-3 组织（Global Organization for EPA and DHA Omega-3）首次发布了正常成年人 EPA+DHA 推荐摄入量为 500mg/d。目前，全球鱼油总产量约 110 万 t，74% 来自于整鱼，26% 来自于加工副产物。近年来，保健食品行业和其他食品加工业对鱼油的需求不断上升，已将 25% 海洋功能性油脂用于保健食品和其他食品，75% 用于水产养殖业。2015 年，DHA 和 EPA 海洋油脂类相关产品的全球市场价值约为 31.4 亿美元，以亚洲市场占有率最大，约占全球市场的 36%。

（四）海洋功能性糖类

海洋多糖具有抗凝、溶栓、抗氧化、抗炎、抗病毒等多种生物活性。常见的功能性海洋多糖主要有甲壳素、褐藻多糖、卡拉胶、琼胶及硫酸多糖等。目前，对于甲壳素、硫酸软骨素、海藻胶等海洋多糖的研究已较为成熟，并形成了较为庞大的产业基础。例如，甲壳素广泛存在于甲壳纲动物、软体动物和海藻等海洋生物中，是地球上仅次于植物纤维的第二大生物有机资源，被誉为"人体免疫卫士"、人体必需的"第六生命要素"。据估计，从海洋生物中提取的甲壳素年产量就高达 10 亿 t，主要用于生产具有减肥、降血糖、抗骨关节炎功效的药品和保健食品，并可作为食品增稠剂、被膜剂等。而对于褐藻糖胶、海参多糖、鲍鱼多糖等新兴海洋多糖的研究，目前还处于起步阶段，伴随科技进步其产品定位与工艺技术也日趋完善。目前发现的其他多种糖类同样具有显著的生物活性，如牡蛎多糖、海胆多糖及各种海洋低聚糖（寡糖）等，但由于存在技术瓶颈问题，目前尚未实现产业化。

（五）其他类

常见海洋食品中维生素 A、维生素 D 等含量均高于猪肉、牛肉与羊肉，是人类摄取维生素 A、维生素 D 的重要来源。南极磷虾全虾中矿物质含量约为 3.37%，其中钙含量达 327.1mg/100g，磷含量达 913.2mg/100g，均可满足美国农业部推荐的人类各个年龄阶段每日膳食营养素的供给量。又如，海藻中维生素类物质维生素 E、维生素 C 及维生素 A 含量丰富，检测发现我国北方部分地区紫菜中维生素 C 含量可高达 35～53mg/100g 湿重。此外，在绿藻、蓝藻、褐藻中，也含有较多抗氧化成分，如黄酮类物质、β-胡萝卜素、维生素 A 及维生素 E 等物质。另外，海洋食品还含有多种人体所需的矿物质，主要有钾、铁、锌等，特别富含硒、镁、碘等多种矿物质元素。

二、科技发展现状

（一）基础研究

1. 海洋功能性肽类

海洋食品肽类功效成分主要包括活性蛋白质（如糖蛋白、酶等）、活性肽及活性氨基酸（如牛磺酸）。近年来，海洋食品活性肽的研究受到重视，通过提取或酶解等手段，人们现已从海洋食品原料中获得众多具有降血压、抗氧化、免疫调节、抗凝血、抗菌等生理功能的活性肽。

在抗氧化肽研究方面，大量实验证明，多种海洋生物如扇贝、鱿鱼、牡蛎、鳕鱼及金枪鱼等蛋白水解产物均含有抗氧化肽成分。此外，许多氨基酸及其衍生物具有抗氧化能力，如具有供氢能力的色氨酸、酪氨酸将氢原子给予自由基后，自身形成的自由基中间体苯氧自由基和吲哚自由基能借助共振求得稳定，导致自由基链式反应减慢或终止。此外，还有研究者从大黄鱼内脏、鲨鱼皮、梭子蟹加工副产物等中提取出了具有较高活性的抗氧化肽。

在降血压肽研究方面，目前研究者已经从海洋生物中分离获得多种血管紧张肽 I 转化酶抑制肽，如从鳕鱼皮、金枪鱼、紫贻贝、厚壳贻贝、马氏珠母贝、紫菜等获得降血压肽；在预防肿瘤功能方面，海洋生物活性肽因其分子量小，易被人体吸收和渗透到组织中，与一般的药物相比，海洋生物活性肽对肿瘤细胞具有更强的亲和力与特异性，还有毒副作用小、治疗效果好、稳定性高等优点，因而近几年备受关注。从海洋食品中分离获得的活性多肽，对正常细胞无毒副作用，但能明显抑制克隆癌细胞的生长，此外，多肽的预防肿瘤活性还与其分子结构中的碱性氨基酸、肽链的 α-螺旋结构等密切相关。

在抗菌肽研究方面，海洋生物种类众多，其中海洋无脊椎动物由于其单独依靠体内免疫机制抵抗入侵细菌或病原体，因此内源性抗菌肽丰富，也成为开发天然抗菌肽的重要资源。目前已报道从蜘蛛蟹、牡蛎、美洲龙虾、绿海胆及青蟹等海洋无脊椎动物的血淋巴中分离出抗菌肽。

在其他活性肽类研究方面，高 F 值寡肽是一种具有高支链氨基酸含量和低芳香族氨基酸含量的小肽混合物，具有缓解肝性脑病症状、抗疲劳、治疗苯丙酮尿症、改善手术后及卧床患者的蛋白质营养状况，以及解酒等功能。抗凝血肽是通过影响凝血过程中的某些凝血因子阻止凝血过程的活性多肽，可用于防止血栓形成，例如，从紫贻贝肉中获得抗凝血肽，可以延长凝血酶作用时间，从而使得机体抗凝血功能增强。海洋胶原多肽能促进皮肤成纤维细胞分化，增强细胞增殖，促进人皮肤成纤维细胞胶原和透明质酸合成，具有改善皮肤弹性的功能。在各种老化模型实验中，如紫外线诱导和亚急性衰老模型，胶原蛋白水解物对皮肤都具有积极的保护作用。此外，在海洋生物资源中发现的生物活性肽还具有降血脂、降血糖、免疫调节、镇痛等功效。

2. 海洋功能性脂类

海洋功能性脂类最主要的结构特征是富含多不饱和脂肪酸，按照其醇基不同可分为游离脂肪酸型、乙酯型、甘油酯型及鞘脂型等酯结合类型，其中具有磷酸酯化修饰的磷脂及具有糖基修饰的鞘糖脂等新型功能脂质逐渐受到关注。现已证明，海洋食品脂类功效成分在预防心脑血管疾病、健脑、增强记忆力、增强视力及增强人体免疫功能等方面具有显著的功效，其活性受酯结合类型、脂肪酸种类与连接位置、基团修饰等结构特征的影响。

在多不饱和脂肪酸研究方面，游离脂肪酸型、乙酯型及甘油三酯型 EPA 和DHA 在人体内的生物利用度、消化吸收与功能特性差异显著。此外，脂肪酸的种类对脂质功效的影响极为关键。2-DHA 磷脂对于视黄酸及联丁酰基环一磷酸腺苷引导的白细胞分化具有协同增效作用，而 Sn-1 及 Sn-2 位上结合油酸（C18:1 n-9）的磷脂则无效果。海参中也富含 EPA 磷脂，进一步利用高脂饮食诱导的肥胖模型小鼠对海参 EPA 磷脂的减肥作用进行探究，结果表明，与以亚油酸（C18:2 n-6）和 α-亚麻酸（C18:3 n-3）为主的大豆磷脂相比，海参 EPA 磷脂在改善脂肪代谢和糖代谢方面均具有优势。

在鞘糖脂研究方面，作为一类结构特殊的新型脂质，目前海洋食品鞘糖脂中研究较多的包括脑苷脂、神经节苷脂等。其中，脑苷脂是神经酰胺的单糖基衍生物，由长链脂肪酸、鞘氨醇及糖基三部分组成，结构中存在大量的不饱和双键，且多存在于鞘氨醇的长链碱部分。目前在海参、海胆及海星等中均发现了脑苷脂。脑苷脂的功能特性与糖苷键立体结构、长链碱长度及支链化程度、羟基和双键的个数及位置等密切相关。

3. 海洋功能性糖类

与其他来源糖类相比，海洋食品中糖类物质多存在硫酸基、酰胺基及氨基等修饰基团，其较为特殊的结构特征使其展现出独特的生理功能，如抗凝血、降血脂、增强免疫力、延缓衰老、预防胃溃疡等。目前，研究较为深入的海洋食品糖类功效因子包括硫酸酯化或羧基取代的酸性多糖，如岩藻聚糖硫酸酯、半乳聚糖硫酸酯（如卡拉胶、琼胶）与褐藻胶等，以及氨基、酰胺基修饰的壳多糖（如甲壳素、壳聚糖）。

在海藻多糖研究方面，多糖是海藻中重要的生物活性组分，海藻多糖具有抗氧化、提高机体免疫力、抗炎和预防肿瘤等重要的生物学功能，而受到了人们的广泛关注。依据来源不同，海藻多糖大致可分为 4 类，即褐藻多糖、红藻多糖、绿藻多糖和蓝藻多糖；还有其他海洋糖类如琼胶多糖、卡拉胶多糖等。海藻多糖能抑制活性氧自由基生成并促进其清除，能有效降低脂质过氧化物含量，提高过氧化物酶与超氧化物歧化酶的活性，起到清除过多自由基与抗脂质过氧化的作用。海藻多糖大多含有硫酸基，其抗病毒作用与硫酸根含量呈正相关，并在体外环境下对单纯疱疹病毒（HSV-1）、人巨细胞病毒和人类免疫缺陷病毒（HIV-1）表现出强抑制作用。随着对海藻多糖的深入研究，海藻多糖抗衰老、降血压、抗辐射等生物活性也逐渐被发现。海洋酸性多糖（如岩藻聚糖硫酸酯）的功能特性与其相对分子质量、糖基组成、硫酸化位点、支链等结构特征有关。大量研究表明，岩藻聚糖硫酸酯还具有抗炎、预防肿瘤、抗氧化、抗病毒、抗菌、免疫调节、降血脂、降血糖、抗补体及促进肠道益生菌生长等多种药理学活性。

在壳多糖研究方面，壳多糖是唯一大量存在于天然糖中的带正电荷的碱性氨基糖，主要存在于虾蟹类、昆虫等动物的外壳及真菌藻类细胞壁中。壳寡糖作为壳聚糖的降解物，同样具有优良的生物活性，如在预防肿瘤、调节胆固醇、提高机体免疫力、降血脂、降血压及降血糖等领域表现出良好的功能特性。高浓度的壳寡糖可促进骨髓细胞的增殖和 CD34+细胞诱导巨核细胞的增殖，骨髓能够分化成多种免疫细胞，从而增强机体的免疫效应。此外，壳寡糖金属配合物抗氧化作用显著，其对 DPPH 自由基、超氧阴离子自由基具有较强的清除能力。

在硫酸软骨素研究方面，硫酸软骨素是由重复二糖单位组成的结构多样化的阴离子多糖链，其可与许多蛋白发生相互作用，从而参与细胞分化、增殖、迁移，细胞间的相互识别、炎症调节、神经网络发育等许多生物学过程及病理过程的调控。此外，许多研究证实，硫酸软骨素能够减少自由基及相关氧化反应引起的分子损伤。CCl_4 所致的肝损伤是常见化学性肝损伤模型，硫酸软骨素能够抑制 CCl_4 引起的不饱和脂肪酸的过氧化，降低基质金属蛋白酶（MMP）和天冬氨酸特异性半胱氨酸蛋白酶的活性及其 mRNA 的表达，修复内源性抗氧化剂，抑制多形核中性粒细胞（PMN）的蓄积和肝组织损伤。

在糖胺聚糖研究方面，糖胺聚糖是一类由己糖醛酸和己糖胺组成的二糖结构单元聚合而成的长链多聚物，是海洋贝类中一类重要的生物活性物质，因具有特殊的结构和广泛的生物活性，其已成为当前研究的热点。目前，研究者已经从多种海洋贝类，如菲律宾蛤仔、蛏子、马氏珠母贝及翡翠贻贝等中提取分离出多种糖胺聚糖。研究表明，海洋贝类糖胺聚糖在抗凝血、降血脂、预防肿瘤、抗氧化、增强免疫力等方面都呈现出了较强的活性，有望成为潜在的海洋创新药物和新型功能因子。

4. 海洋功能性皂苷类

目前，海洋皂苷研究主要集中于海星、海参等棘皮动物皂苷。海参皂苷为三萜皂苷，是海参中重要的次级代谢产物，其已被证实具有预防肿瘤、溶血、抗真菌、调节生殖发育等多种生理功能。海参皂苷可与生物膜上的甾醇分子结合形成复合物，从而在膜上形成水孔和单一离子通道，导致生物膜的溶解。当海参皂苷的浓度比较低时，细胞被破坏处的 K^+ 将会流失，进而影响细胞膜的转运作用，甚至引起整个细胞的破坏；而在皂苷浓度较高时，氨基酸和核苷酸物质将流失，导致整个细胞的溶解。

海参皂苷的化学结构呈现多样性，引起苷元结构变化的因素包括侧链的结构、内酯环的变化、双键的位置，以及 12 位、16 位、17 位上的取代基，引起寡糖链结构变化的因素包括单糖的连接位置和顺序、单糖的组成和数目、硫酸酯基的连接位置和数目等，这些结构性质的变化会给海参皂苷的生理功能带来不同程度的影响。大多数海参皂苷都具有较强的溶血活性，该活性与糖链的组成、硫酸酯化情况及苷元的结构有着非常重要的关系。

5. 其他海洋功能性物质

萜类化合物为一类最常见的海洋天然有机化合物，主要来自海藻、海绵、腔肠动物和软体动物。在海洋生物中，主要为单萜、倍半萜、二萜、二倍半萜，有些种属还存在三萜及四萜等多萜化合物。海绵中提取到的一种倍半萜化合物具有良好的镇痛、抗炎活性，其是磷脂酶 A2 的强效不可逆抑制剂，能干扰磷脂膜释放类二十烷酸类物质。海洋二萜化合物的化学结构变化比倍半萜更多。二倍半萜由 5 个异戊二烯单位聚合而成，主要存在于海绵动物中，而陆地生物中较少发现，如从 *Ircinia* 属海绵中发现一种三碳环二倍半萜。从台湾柳珊瑚提取的二萜化合物能够抑制 LPS 诱导的 RAW 264.7 小鼠巨噬细胞中促炎因子 COX-2 和 iNOS mRNA 的表达，能够显著减轻卡拉胶引发的炎症反应，减轻机械痛敏、热痛敏和足肿等。

生物碱是一大类结构多样化的次级代谢物，氮的存在赋予了其强大的生物活性，近年来研究者从海洋放线菌中发现了许多结构独特、高活性的生物碱类化合物，如吡咯类生物碱、吡啶类生物碱、吡嗪类生物碱、吲哚类生物碱、喹啉类生物碱等。例如，Convolutamydine A 是从海洋苔藓中提取的羟吲哚生物碱，在小鼠福尔马林致痛实验中，其能显著抑制白细胞浸润，减少 NO、IL-6、PGE-2 和 TNF-α 的生成，抑制 COX-2 和 iNOS 的表达，表明该种生物碱具有一定的抗炎和镇痛作用。Lamellarin D 是从海洋软体动物（*Lamellaria* sp.）中提取的六环吡咯生物碱，其是一种新的拓扑异构酶 I 抑制剂，可插入到 DNA 双螺旋分子之间，强烈刺激超螺旋 DNA 分子向缺刻 DNA 分子转换，促进拓扑异构酶 I 介导 DNA 分子的切割，对一些顽固性肿瘤细胞具有细胞毒作用。

海洋甾醇类化合物是以环戊烷多氢菲为基本结构的、含有醇基的一类固醇类化合物，广泛存在于海洋生物资源中，如硅藻、海绵、腔肠动物、被囊动物、环节动物、软体动物、棘皮动物等，其中尤以海绵类为多。研究表明，海洋生物甾醇在抑制肿瘤、防治前列腺肥大、抑制乳腺增生和调节免疫等方面都有重要的生理作用。海绵中存在两种类型的甾醇硫酸盐，其均可表现出体外抗猫白血病病毒作用，还兼具有体外抗 HIV 活性；末端带呋喃基的多羟基甾醇硫酸盐不仅具有广谱抗细菌作用，还具有抗真菌作用。从软珊瑚中提取的孕烷甾醇能够有效抑制 LPS 诱导的巨噬细胞 RAW 264.7 中 COX-2 的积累，表现出较好的抗炎作用。

（二）前沿技术

2016 年，《"十三五"国家战略性新兴产业发展规划》中提出以全球视野前瞻布局前沿技术研发，不断催生新产业，重点在海洋等核心领域取得突破。该规划提出，应高度关注颠覆性技术，在若干战略必争领域形成独特优势，掌握未来产业发展主动权，为经济社会持续发展提供战略储备、拓展战略空间。近年来，随着我国对海洋领域探索的不断深入，这一领域也成为我国"十三五"期间战略性新兴产业前沿技术研发的重点布局领域。"十二五"国家科技支撑计划项目"功能食品设计及制造关键技术与产品"包含"功能食品资源优化及评价共性关键技术研究""功能食品质量安全保障关键技术研究""食源性功能肽生物制备技术研究"等 11 个子课题，通过技术攻关建立了"增强免疫功能""代谢综合征防治""改善胃肠道功能"等多项功能因子制备关键技术；探明了"膳食纤维""顺式构型番茄红素""海洋极性脂"等功能因子代谢与动力学规律，完善或构建功能评价方法；建立了"谷胱甘肽""全氟类化合物""2-烷基环丁酮"等多项功能成分鉴别技术，通过产业化生产进行技术验证，为未来功能食品产业科技创新提供重要支撑。

1. 海洋功能物质的高效制备技术

微波与超声波等物理制备技术。主要是超声波、微波、超/亚临界流体、超高压、分子印迹技术的应用或几种方法偶联等。国内外研究完成了海洋蛋白质、多糖及寡糖、脂质等活性物质的现代高效辅助萃取技术、超临界流体萃取技术、分子蒸馏技术、精细膜分离技术等的探索，建立了多因素多类型的传质模型，获得了具有相对普适性的提取分离工艺。但综合来看，相对于应用研究，海洋活性物质物理制备方法和技术基础研究还较为薄弱。

现代生物酶解与微生物发酵等生物学制备技术。近年来，通过现代生物酶解、动植物细胞大规模培养生产次级代谢产物、微生物发酵法等技术制备功能活性物质应用较为广泛。酶解技术在海产品活性肽、多糖及寡糖深加工中被广泛使用，其水解效率高、条件温和可控、无副反应、适用面广、酶用量少且来源广，与酸碱降解相比具有不可比拟的优势。通过培养基优化、环境胁迫、发酵工艺控制、生物反应器开发技术等，从海洋微生物发酵产物中获得结构新颖的、具有显著活性的含氮和卤代等海洋天然活性产物，具体如多烯类、核苷类、萜类、聚酯类、氨基糖苷类、蒽环类、多肽类和糖肽类等。此外，随着现代科技的发展，研究者目前已用分子生物学、生物基因工程技术等来研究与开发海洋功能性食品。目前，我国海洋功能活性物质的制备技术已在传统单一方法基础上，逐渐发展为多方法协同增效的复合生物制备技术，但还需统筹考虑海洋生物原料和功效成分的理化特点，在制备工艺整合、技术参数优化等方面进一步发挥协同融合技术的优势，以显著提高制备效率，缩短工艺时间，促进海洋活性物质制备技术向高效、经济、环保等方向发展。

溶剂萃取等化学制备技术。海洋活性物质提取制备时，传统化学提取法应用最多，其提取制备流程操作简单且成本较低，适用于大规模工业生产，但此类方法的缺点是低效、耗时，尤其是其中的酸碱提取法对设备要求较高，且废液对环境污染也较大。因此，联合提取法如化学浸提辅助酶法酶解、超声波及微波辅助提取法等，由于其提取条件相对较为温和，同时能缩短提取时间并提高提取率，具有较为广阔的应用前景。

2. 海洋功能物质的结构修饰技术

海洋功能物质结构修饰的主要目的在于提高活性、选择性与稳定性，降低毒性与副作用，改善活性物质的理化特性，以及更加充分而有效地利用活性物质等。通过对活性物质或其先导化合物进行适当的结构修饰，为解决功能物质活性不稳定、活性较弱或具有一定副作用的弊端和开发具新颖功能特性的活性物质提供了新的途径。目前，结构修饰技术主要有化学、物理与生物修饰3种。

作为最普遍的分子结构修饰方法，化学修饰主要进行的修饰反应有酯化、烷基化、酰基化等。目前，国内外对海洋低聚糖和寡糖类化学修饰研究及应用较为成熟，如针对壳聚糖及其寡糖进行酰化、羧基化、羟基化、氰化、醚化、烷化、酯化、接枝化、交联化、成盐、螯合等反应，而增强或改善其相关生物活性，进而研发了系列壳聚糖类功能性产品，如壳聚糖季铵盐、壳聚糖香草醛席夫碱、壳寡糖-金属配合物、不饱和脂肪酸酰化壳寡糖、酯化壳寡糖、壳聚糖缩脲代氨基脲衍生物等。此外，部分海洋多糖经硫酸化修饰后，其免疫活性显著增强，主要体现在促进脾淋巴细胞和巨噬细胞的增殖、刺激细胞因子的分泌等方面，如龙须菜多糖经硫酸化修饰后，可显著促进免疫抑制小鼠溶血素和溶血空斑的形成。针对海洋脂类物质，如鱼油的甲酯化或乙酯化研究与应用也较为广泛。一般的鱼油酸值较低，可直接用碱催化酯交换得到鱼油乙酯，但也有一些种类的鱼油存在酸值偏高的问题，如金枪鱼、鱿鱼等。对于酸值偏高的鱼油，可采用浓硫酸催化一步法酯交换得到鱼油乙酯；还可采用皂化-酸化-酯化方法制备鱼油乙酯。此外，对于海洋活性物质的化学修饰，还可采用酶和化学修饰方法结合、物理强化化学修饰技术等，如微波技术、超声波辅助、反应挤出改性技术等。对活性物质功能基团进行修饰，可以使其具有更多样化的应用，但需要指出的是化学修饰在某种程度上不仅会导致更多的不确定性和更少的专一性，而且对修饰后结构和功能关系解析方面的研究也是一个挑战。

物理修饰法是采用物理学的方法截断原多糖分子主链，得到分子量较低的片段。目前，常用的物理修饰法有超声波处理、离子辐射、高压微射流法等。该方法通常能保证多糖基本结构不受破坏，而只是引起构象发生变化。尤其在海洋食品和医药领域，采用超声波降解、离子辐射、超微粉碎及超高压处理等，可以避免化学降解方法对活性物质的污染及有机溶剂的残留，以及功能成分或活性成分的损失等问题。例如，超声波处理技术广泛应用于多种生物大分子的结构修饰，其通过增强质点振动能量来切断生物大分子中的某些化学键，从而降低分子量，增加活性物质水溶性，同时提高其生物活性。又如，超微粉碎修饰处理可使颗粒更加微细化，致使物料比表面积和孔隙率大幅增加，进而使硬度较大的活性物质如海洋源膳食纤维、功能性低聚糖及寡糖分子中的亲水基团暴露概率增大，从而增加活性物质的溶解性、分散性、吸附性及化学活性等。

生物修饰是主要利用生物体系或其产生的酶制剂对活性物质进行结构修饰的生物化学过程，具体包含微生物转化修饰和酶法修饰。其中，微生物转化修饰是利用微生物易于培养、生长迅速、代谢旺盛的特点，产生大量具有生物活性的次生代谢产物。可利用分子生物学、遗传学和 DNA 重组技术对培养微生物进行干预驯化，从而提高功能物质的微生物转化能力。另外，酶修饰法即酶降解法，与化学修饰相比，酶法修饰具有专一性、高效性、易控制、无副反应发生等优点，日益成为人们专注的重点。多糖分子修饰中所用的酶属糖苷酶类，主要作用于多糖的主链，起到降解的作用，提高多糖的溶解度，从而更有利于多糖活性的发挥。也有研究指出，通过酶法修饰黄酮类化合物，其保肝功能显著提高，同时其抗氧化、抗炎作用明显增强。由于酶修饰法的高效性、专一性及高转化率等特点，该方法有望在黄酮化合物工业化转化大生产中被广泛应用。

3. 海洋功能物质的功能评价技术

目前，活性物质或功能因子的功能评价包括动物体外、体内和人体试食评价，活性物质的筛选和研发多采用体外评价与动物评价技术，而功能食品的功能评价主要采用动物模型和人体试验。

体外活性评价主要用于功能物质体外抗氧化、预防及改善亚健康、改善慢性疾病效果及其作用机制研究等。体外活性评价常采用以下方法：功能物质体外吸收代谢模拟研究，如人结肠癌上皮细胞 Caco-2 细胞模型、α-葡萄糖苷酶抑制作用的体外研究模型；功能物质糖脂代谢研究的体外模型，如 3T3-L1 前脂肪细胞、肝癌 HepG2 细胞、人正常肝细胞 L02 等；体外抗氧化实验研究，如清除自由基能力检测、对细胞氧化损伤的修复作用等；预防肿瘤细胞活性实验，如人结肠癌细胞 HCT116、人肝癌细胞 7721、人胶质瘤细胞 U251 和人肾癌细胞 A498 等。

为获得海洋功能物质有关生物学、医学等方面的新知识或功能活性效果，研究者常使用实验动物进行科学评价研究。海洋生物活性物质的多种生理功能已经得到了人们的重视，如降血脂、预防肿瘤、抗病毒、抗衰老、调节免疫力、降血糖等，系列相关的动物实验模型及评价方法也相继建立并应用。例如，体内抗氧化评价可采用老龄动物模型、D-半乳糖诱导模型、辐射造模模型等，以上几种模型针对不同类型的抗氧化效果进行评价，但各有优势和不足，其中以 D-半乳糖诱导模型所致的亚急性衰老模型在活性评价应用中最为广泛。辅助降血糖活性评价可采用降低空腹血糖实验、高脂饲料诱发高脂血症动物模型、辅助降压功能检验等方法，其中以高脂饲料诱发高脂血症动物模型应用较为广泛。增加骨密度功能评价可采用低钙饮食小鼠模型、切除卵巢大鼠模型、钙吸收实验等进行评价。化学性肝损伤功能评价可采用 CCl$_4$ 肝损伤模型、酒精肝损伤模型及免疫性肝损伤实验进行评价，其中以 CCl$_4$ 肝损伤模型应用较为广泛。改善记忆功能评价可采用抑制性（被动）回避实验、主动回避实验、辨识学习（水迷宫实验）等方法进行评价。

海洋功能活性物质主要具有辅助降脂、辅助降糖、抗氧化、辅助改善记忆力、促进排铅、改善营养性贫血、调节肠道菌群等功能，均可通过人体试验进行效果评价。"十一五"国家科技支撑计划"功能性食品的研制和开发"重点项目课题之一"功能性食品评价技术的研究"中，建立了降血糖、辅助降血脂、减肥、抗氧化和辅助降血压 5 项功能的体内、体外评价模型及判断指标。近年来，功能活性物质的人体评价研究发展较快，但定型的保健食品在一些功能性评价中要求进行人体试食试验，而目前人群体内的研究报道仍不多。此外，针对基于功能活性因子的功能食品评价技术、功能活性因子量效和构效关系、人体内作用靶点及代谢过程机制、功能活性因子对人体健康和亚健康及慢性疾病的功能影响机制等方面尚需进一步深入研究。

4. 海洋功能物质的分析检测技术

目前，仪器分析技术、免疫学技术、分子生物学技术、指纹图谱技术等现代分析手段在海洋功能物质检测中的应用已较为成熟，也有效提升了我国功能活性物质的检测技术水平，为加强功能性海洋食品监管、规范化生产及促进海洋食品产业健康可持续发展提供了坚实的技术保障。化学检测技术是功能成分检测和真伪鉴别的最常用技术。研究者采用 HPLC、GC、GC-MS、HPLC-MS、ELISA、ICP-MS 等先进分析技术，针对功能性海洋食品中的不饱和脂肪酸类、多糖及寡糖类、皂苷类、活性氨基酸类、多肽类、萜类、矿物元素类等有效成分进行了检测与分析。目前已建立了多不饱和脂肪酸与挥发性功能因子的气相色谱及质谱检测技术，海洋糖类的吡唑啉酮柱前衍生化及 HPLC 检测技术，海洋糖类化合物的作用靶点、亲和力及糖类抗体等的表面等离子共振分析技术，皂甙类化合物的 HPLC-ELSD 测定技术，活性氨基酸类化合物的 GC-MS 分析技术，萜类化合物的质谱检测技术等海洋活性物质检测方法。

（三）成果转化与集成示范

2016 年，《中华人民共和国促进科技成果转化法》凸显了当前促进科技成果转化对我国创新驱动发展的重要性。将功能性海洋生物资源进行产业集成示范和成果转化，可显著推动我国海洋领域重大成果产业化，全面提升我国功能性海洋食品产业的技术创新能力和科技水平。目前，关于营养功能性海洋食品的开发及成果转化情况主要有以下几个方面。

1. 海洋蛋白系列

目前，国内实现集成示范与成果转化的海洋蛋白主要为水解蛋白系列产品，其一般是从低值海产品及其加工的下脚料中提取，这些海洋水解蛋白具有抗高血压、抗血栓形成、预防肿瘤、增强免疫力和抗氧化等活性功能。目前，人们对低值鱼及下脚料副产物的直接使用量较少，大多下脚料被直接丢弃或者制成动物饲料。因此，对这些鱼及副产物进行高新加工，根据其具功能活性及原料低廉等优点，开发功能食品及食品添加剂等是国内外研究的热点。现在市场上有研究者从低值鱼贝类中提取乳化性水解蛋白，根据其功能性加工制成有利于高血压和心血管病患者、促进儿童生长发育及增强免疫力和抗氧化的水解蛋白类辅助食品、营养强化食品及其他的食品辅料等。

2. 海洋脂系列

从鱼类及一些海洋生物油脂中提取出的 ω-3 PUFA 的主要成分是 EPA 和 DHA。研究表明，鱼油具有预防心血管疾病、降血压、降血脂和胆固醇、抑制血小板凝结、预防阿尔茨海默病、保护视力、增强记忆力、健脑益智、提高免疫力、抗炎作用等，对癌症也有一定抑制作用。鱼油功能具多样性且海洋动物中富含 PUFA，因而引起了国内外开发鱼油功能食品的热潮。鱼油制品 EPA 和 DHA 通常有 3 种存在形式,即甘油酸型、游离脂肪酸型和酯型。日本是个鱼油生产大国,生产的鱼油产品形式很多,如粉末制品、EPA 和/或 DHA 强化食品、EPA 乳化剂、复方胶丸和鱼油补剂等。目前,我国鱼油已实现产业化,鱼油年产量维持在 3 万 t 左右,生产的粗鱼油大量应用于水产养殖业和化工业,精制鱼油则主要应用于保健食品行业[78]。市场上出售的产品基本以深海鱼油、DHA 健脑液、多烯康胶丸和脑黄金等为主。国内厂家生产的鱼油产品主要有降血脂鱼油胶囊、鱼油天然维生素胶囊与鱼油牛磺酸软胶囊等。截至 2018 年 3 月 1 日,国家食品药品监督管理总局批准的保健食品有 17 835 种,其中含有鱼油原料的产品有 261 种,产品类型以鱼油及鱼油类复合产品为主(数据来源:http://qy1.sfda.gov.cn/datasearch/face3/dir.html)。

3. 海洋糖类系列

甲壳素。主要存在于甲壳纲的虾、蟹和水生藻类中,人类每年仅从海洋生物中提取的甲壳素都在 10 亿 t 以上。甲壳素具有增强免疫力、抗氧化、降低胆固醇、改善消化机能和抗菌、抗病毒等功能。由于甲壳素是天然高分子物,且没有毒性,因此甲壳素资源被广泛利用在保健品或药品制作上。在甲壳素提取上,采用的方法有用酸脱碳酸钙,用碱脱蛋白,用酶和有机酸共同作用分解碳酸钙与蛋白质,以及发酵法等。近十几年来,全球几乎所有的国家都在研究甲壳素资源,而关于甲壳素类保健品的数量也在逐年增长,国内生产甲壳素的厂家有几十家之多。在保健食品中,甲壳素可作为功能食品添加剂,产品种类主要有减肥食品、降血压食品、糖尿病防治食品、心脑血管疾病防治食品和调节菌群食品等。市场上的产品形式主要有壳聚糖与壳寡糖胶囊等,产品开发与应用较为成熟。截至 2018 年 3 月 1 日,国家食品药品监督管理总局批准的含有甲壳素类原料的保健品中,含有甲壳素(或几丁质)的食品为 67 种、壳聚糖系列 108 种,产品类型主要有甲壳素类胶囊和片制剂。

硫酸软骨素。鲨鱼是一种具有完善免疫系统的大型软骨动物,很早就有人对它做了药用价值探索。鲨鱼软骨中主要活性成分有硫酸软骨素,用于治疗心血管疾病、抗动脉硬化、抗凝血和降血脂;以及鲨鱼软骨多糖,具有降血脂作用;鲨鱼软骨中还含有预防肿瘤的活性物质等。制作鲨鱼类保健品成本较高,但功效独特且对人体无副作用。目前,鲨鱼软骨研发技术比较成熟,但是其他软骨鱼类如鳐、魟等产业化应用产品较少。硫酸软骨素在市场上的产品形式主要有鲨鱼软骨胶囊与硫酸软骨素胶囊或片剂等。截至 2018 年 3 月 1 日,国家食品药品监督管理总局批准的含有鲨鱼类原料的保健品有 38 种,含有硫酸软骨素类的产品有 192 种,产品类型主要有鲨鱼软骨胶囊、鲨鱼软骨粉和鲨鱼软骨剂等(数据来源:http://qy1.sfda.gov.cn/datasearch/face3/dir.html)。

4. 其他系列

藻类系列。海洋藻类在海洋中分布广泛，其种类繁多，包括大型藻类和微型藻类。海藻具有丰富的营养价值及特殊的风味，且是一种高蛋白低热量绿色食品。它含有丰富的蛋白质、维生素、脂肪酸，以及人体必需的矿物质和微量元素等营养物质，并且含有海藻多糖、多不饱和脂肪酸、β-胡萝卜素、海带氨酸、牛磺酸、多卤多萜类等生物活性物质。研究表明，海藻具有降血糖、降血脂、抗氧化、抗病毒、预防血栓形成、预防动脉硬化和预防肥胖等多种活性功能。目前，根据海藻营养成分与生物活性，已经实施产业化开发的海洋保健食品有海带滋补浸膏、海带片、海带膳食纤维、裙带菜丝、螺旋藻等。近些年，风靡全球的海藻食品还有海带饮料、海带软糖、螺旋藻胶囊、赛鲨力补氧胶丸、海藻晶、海带晶、海螺晶、减肥霜、抗皱霜、护发保健品的原料，以及螺旋藻营养面、肽藻营养粉等产品。国内企业生产的产品主要有螺旋藻咀嚼片、螺旋藻氨基酸胶囊、螺旋藻茶多酚胶囊等。截至 2018 年 3 月 1 日，国家食品药品监督管理总局批准的含有藻类原料的产品有 235 种，产品类型主要有螺旋藻片、藻类胶囊、藻类咀嚼片和藻类冲剂等。

贝类系列。海洋生物贝类种类繁多，有文蛤、牡蛎、毛蚶、蛤蜊、贻贝及扇贝等。贝类含有丰富的活性肽、蛋白质和氨基酸，且其生物活性肽具有预防肿瘤和抗氧化活性。研究表明，牡蛎肉提取物中含有丰富的氨基酸、蛋白质、维生素、微量元素等营养成分。氨基酸中的牛磺酸、谷氨酸、甘氨酸等有效氨基酸的协同作用，为牡蛎肉的抗氧化作用提供了重要帮助。对牡蛎蛋白酶解后，经系列色谱分析技术纯化出具有高效抗氧化活性的多肽，能有效清除体外羟自由基和过氧化物自由基，且对于自由基引起的 DNA 损伤可起到很好的保护作用。应用酶解技术从贻贝等物中提取出具有抗菌、抑菌、抗氧化等活性的物质，然后添加辅助物制成各类的功能食品，在国内已实现产业化生产，如今市场上有流行的"金牡蛎"、海珍口服液和海脉冲等。企业生产的产品主要有海参牡蛎胶囊、壳聚糖牡蛎片、紫贻贝宜清胶囊与牡蛎大豆肽肉碱口服液等。截至 2018 年 3 月 1 日，国家食品药品监督管理总局批准的含有贝类原料的保健品中，含有牡蛎的为 104 种、扇贝 1 种、贻贝 3 种、蚌类 2 种，产品类型主要有贝类胶囊、贝类粉制剂和贝类冲剂等。

此外，海参类、海水鱼类和海洋软体动物中都含有积极的生物活性物质。用蛋白酶将海参的明胶水解，获取的水解液具有良好的清除自由基的功能。我国有以海参为原料制作的"刺参玉液"；以海胆为原料制作的"海胆王"；以海星为原料制作的"海珍粉"。市场上产品主要有海参胶囊及其复合保健品与海参海胆口服液等。截至 2018 年 3 月 1 日，国家食品药品监督管理总局批准的含有海参原料的保健食品有 48 种，含有海胆类产品 2 种，含有海星类产品 1 种（数据来源：

http://tsspxx.gsxt.gov.cn//gcbjp/page.xhtml?currentPage=1）。

三、问题与需求分析

（一）营养功能研究刚刚起步，有待进一步深入和细化

营养功能性海洋食品的物质基础是活性物质的制备及对活性功效的深入解析。目前，针对已获得的各种生物活性成分，在分离制备及初步活性测定层面上的研究较多，而针对其功效特性、构效与量效关系及活性发生机理的研究仍需继续加强，为提高后续功能性海洋食品的开发速度和丰富产品种类提供理论基础。

（二）海洋资源种类繁多，营养功能性海洋产品类型较单一

近年来研究者从海洋中发现了不少结构新颖、生物活性很强的新型功能性物质，但是多数仍处于应用前或实验研究阶段，上市应用的种类较少。目前开发的营养功能性海洋食品原料仍主要集中在珍珠、壳多糖、螺旋藻、牡蛎和鱼油等方面，且含海洋资源原料的功能性食品占保健食品总数的比例仍较低，产品类型较单一。

（三）精深加工技术欠缺，营养功能性海洋产品附加值不高

营养功能性海洋食品的开发依赖于新型精深加工技术和仪器装备的应用。我国营养功能性海洋食品加工起步较晚，目前仍停留在初加工阶段，且产业化程度低，对真空冷冻干燥、生物发酵、高纯度制备等新技术的应用仍相对较少，主要产品还是半成品及原料级产品，以此为基料直接用于开发营养功能性海洋食品所占比例较低，产品附加值不高。

（四）营养功能性海洋产品同质化问题较多，品牌效应不强

我国营养功能性海洋食品种类较单一，其功能特性较为集中，主要集中于机体免疫调节、抗疲劳和调节血脂。此外，我国营养功能性海洋食品产业呈现总体规模小、品牌多、影响力小及生产成本高等特点，产品同质化现象较多，缺乏大型龙头企业的引导力量和强势品牌的认知力量，难以形成竞争优势。此外，部分地区市场消费者的认知程度还相对较低，仍处于多数人知道、少数人了解的尴尬境地。

（五）加工技术科技贡献率较低，特定营养功能性海洋产品开发有待加强

我国海洋功能性食品加工技术创新成果转化率和科技贡献率相对较低，技术创新成果市场转化率亟待提高。对于营养素及活性功能的需求，因消费者的年龄

不同、地域不同、身体素质不同及所处的特殊环境而差异很大。目前，我国功能性海洋食品种类及功能较为单一，研发产品功效大量重复并不能满足人们对海洋功能食品多样性、多层次的需求。

第三节　营养功能性海洋食品产业发展趋势

一、产业发展趋势

随着现代科技进步和社会发展，人们对于食品营养和健康的需求不断增加，营养功能性海洋食品成为食品领域发展的新方向。以"药食同源"为理论基础，结合我国海洋生物资源，运用生物制备、先进提取和分离技术、构效理论与营养基因组学，围绕功能性海洋糖类、蛋白质、脂质等展开深入研究，初步形成了具有中国特色并符合国际潮流的现代功能性海洋食品体系，其产业发展近年来也呈现出许多新的特点和发展趋势。

（一）营养功能性海洋食品消费将逐渐受到人们的重视

随着人类对自身健康的日益关注，许多发达国家营养学的观念已从强调生存、饱腹感、无副作用，转向利用功能性食品保持和促进营养健康并降低发病危害。新兴健康功能食品备受推崇，以营养功能性海洋食品为代表的健康产业在世界范围内呈现良好的发展势头。从功能性海洋食品发展史来看，人们越来越重视食品的功能及其有效成分，因此加强对功效成分的营养及作用效果研究，必将成为大力发展我国第三代功能性海洋食品的主要需求。功能性海洋食品行业将向天然、安全、有效的方向发展，新资源、高技术、方便剂型的功能性海洋食品将成为主流，也将是今后全球发展最为强劲的一个食品门类。

（二）高新技术不断向功能性海洋食品加工业渗透融合

近年来，与高新技术不断渗透融合的海洋食品加工业已经从经验走向科学，并且正从追逐生产率和优化产品的可制造性走向可预测性的高品质、高营养、高技术含量产品的研发及制造。生物制造技术在过去几十年中发展很快，给功能性海洋食品工业带来了显著的变革，在未来这仍然是发展的重点之一。例如，以酶工程、基因工程、细胞工程及现代发酵工程技术为特征的海洋食品生物技术，逐渐引领现代营养与海洋食品技术发展进入全新阶段。酶工程技术正成为海洋食品生物技术中影响最大、涉及面最广和发展最为迅速的技术领域。基于代谢调控的细胞工厂技术和不断开发的微生物资源，可采用生物技术制备更多的海洋功能因子，替代传统的耗时、耗力且不环保的提取工艺。此外，运用现代分离、提取、稳定、评价及制造技术，如膜分离、超临界 CO_2 萃取、微胶囊及包装和保鲜技术等，实现从海洋生物资源中提取有效成分，剔除加工过程的有害成分，再以各种功能有效成分为原料，据上述不同的科学配方和产品要求，确定合理的加工工艺，进行科学配制、重组和调味等加工处理，生产出一系列名副其实、科学营养、健康卫生和食用方便的功能性海洋食品，也将成为重要发展趋势之一。

（三）装备制造业成为推动功能性海洋食品产业创新发展的重要领域

装备制造业的发展水平直接影响着一个国家食品行业经济的竞争力，决定着一个国家现代化的进程。进入 21 世纪后，主要发达国家均把装备制造业置于优先发展和占据全球新一轮竞争布局的重要地位。近年来，围绕功能性海洋食品加工制备，我国已经开发出了许多新技术和新装置，并逐渐应用到海洋食品加工中。我国海洋食品加工装备制造业在实用技术上逐步加强了机、电、光、液、气等一体化技术的集成，在产品结构上采用模块化、智能化、信息化等先进设计和制造技术，功能性海洋食品产业经济连续实现高速增长。海洋功能性因子制备、功能食品制造的工艺集成及配套设备研发，实现功能性海洋食品制造的自动化、标准化和智能化，开发一线多用的智能化生产线是未来功能性海洋食品配套设备研发的主要趋势。

（四）功能性海洋食品创新与产品向多元化方向发展

随着科学技术发展与食品加工工艺创新，功能性海洋食品将向多元化方向发展，具体表现为原料更具目标性，如功能因子含量高、品质优的各种功能性海洋动植物品种；功能更加明确性，如降血压、抗疲劳、抗抑郁、减肥、美容等专用特殊功能食品；配方更具科学性与针对性，如针对婴儿、儿童、老年人的运动功能海洋食品及休闲功能食品等；加工趋势更加精细化，如形式多样的片剂、胶囊、冲剂、口服液、饮料等；食用更具便捷性，如一些冻干、烘焙、膨化、挤压类等新形式功能食品。此外，将根据消费者年龄、性别、饮食状况、健康状况、生活水平的不同，开发个性化功能性海洋食品。利用电子信息技术建立个人健康状况档案也成为发展趋势，根据个人提供的参数可制订适合个人的保健明细单，这就需要产品具有较强的针对性，能符合不同年龄、不同人群的需求。总之，为满足人们各方面的需求，富含天然生物活性物质的多功能食品也将日益丰富。

（五）基于大数据分析的功能性海洋食品创新逐步兴起

移动互联技术的普及为大健康工程的实现提供了可能，同时也为功能性海洋食品产业升级提供了大数据支撑，以保障其商业价值的可持续增值。功能性海洋食品的价值体现，归根结底是要以满足消费者的健康需求为目标，其价值的可持续增值是建立在客户体验上的持续消费。在传统产业链条中，从基础研究到消费者体验要经历漫长过程，从消费者体验再到产品升级和更迭更是遥不可及，而其商业价值的实现更多是通过营销达到。大数据的应用将研发和消费者的体验与需求直接地连接起来，从而改变了功能性海洋食品的产业模式。例如，代谢组学研究发现了生物标记物与疾病发生的关系，由此建立的数据库如 Metabo Lights 为功能因子营养研究提供了大样本数据。又如，国内某公司开发的疾病预测工具可以提供热点地图式的发病分布图，人们可清楚地看到国内糖尿病高发地区，进而通过结合这些地区人们的饮食习惯，开发低血糖指数（glycemic index，GI）功能性海洋食品和辅助降血糖食品。此外，采用一种完善的适合企业的电子商务销售模式，对于降低功能性海洋食品价格是十分必要的，可以形成在物流、信息化、人才等后台建设方面的实力，也有利于功能性海洋食品企业的长远发展。

　　综上，海洋生物资源高值利用研究的道路任重而道远，新型功能性海洋食品的开发已成为实现海洋食品资源高值利用的重要途径，是当今极具发展潜力的海洋食品新领域。随着功能成分研究的深入、新型加工技术的完善、社会认知程度的提高及市场环境的日趋成熟，功能性海洋食品将成为海洋食品加工业的发展趋势。

二、科技创新发展趋势

　　营养不良已成为全人类所面临的隐性危机。中国营养品产业已初具规模，"十二五"规划中第一次将营养和保健食品纳入其中。2013 年，国务院《关于加快发展养老服务业的若干意见》《关于促进健康服务业发展的若干意见》中，提及五大支撑产业涵盖保健用品、保健食品、健身器材等产业。2014 年，国务院发布的《中国食物与营养发展纲要（2014—2020 年）》中明确提出，要充分发挥市场机制作用，以现代营养理念来引导食品消费，形成以营养需求为先导的现代食品产业体系，以促进生产、消费、营养、健康协调发展。海洋生物资源不仅可以为人类提供优质的蛋白质，还提供结构新颖、功能特异的健康营养物质，满足人们对健康的需求。由于海洋生物自身生长环境的特殊，其体内代谢合成和酶系途径与陆生生物存在着显著差别，富含多种结构独特且具有保健功能的活性成分。因此，基于我国丰富的海洋生物资源，以海洋食品为载体的功能性食品将成为未来食品市场新的亮点。

（一）海洋食品新资源及营养功能因子挖掘

　　功能性海洋食品的关键是其包含的天然生物活性物质对人体生理机能具有调节作用，要实现多学科的基础研究与创新性产品的开发，就必须不断开发和挖掘新的海洋资源及功能因子。国家海洋局统计,海洋中仅生物资源就有 20 多万种,其中植物 2.5 万多种,动物 18 万种。海洋中的生物活性物质资源非常巨大,应用现代先进科学技术全面开展资源鉴定评价,包括功效成分及活性物质的鉴定、生理活性机制的探究等,深入挖掘新型功能因子的结构特性、活性机制、海洋活性物质修饰和改造技术、海洋产品稳定化复配、活性多肽和小分子肽的可控酶解、活性成分构效关系、功能成分的协同作用评价等,以丰富、保护、创新利用海洋生物资源。在深入利用海洋资源、研发高效专用功能性食品的同时,还要开展高产、优质、全营养素海洋生物资源功能遗传背景和优良品种选育研究,以满足日常消费的需求。例如,海洋生物中活性功能因子有 80%来自于海鞘、海绵、苔藓虫、海蛞蝓等海洋无脊椎动物的次生代谢物。这些生物功能因子具有抗菌、抗病毒、抗寄生虫、抗炎、抗纤维化和预防肿瘤等作用,同时还是关键酶和转录因子的激活剂或抑制剂,调节各种生理代谢途径[79]。

（二）海洋功能性物质提取分离技术创新

提取分离的最终目的是既去除杂质,又最大限度地保留天然活性物质的生物活性和稳定性,即要求探讨提取方法的最佳条件,优化海洋活性物质无害化绿色分离工艺与纯化技术,为深入开展制备工艺改进、特性应用与改性产品及专用功能食品的研制提供技术指导,更好地发挥海洋功能性食品的绿色、保健功效。在海洋生物活性物质的提取中,应广泛采用现代制备科学技术,如低温粉碎技术、超微粉碎技术、超临界萃取技术等;分离纯化工程中采用膜片分离技术、分子蒸馏技术、纳米技术等;在追求科学营养、绿色海洋食品的消费趋势中,还应根据生物资源品种特性,采用无菌包装技术、微胶囊技术、干燥技术（冷冻干燥和升华干燥）等高新技术,生产高含量、高活性、高纯度、高稳定性的海洋功能性食品。例如,利用膜分离、稳定化复配、超临界萃取、分子蒸馏、微胶囊化、包埋技术等加工新技术,可获得海洋壳聚糖、几丁质、活性肽、呈味物质和香味成分等许多种有益于人体营养与健康的活性物质;还有,采用美拉德赋香矫味、微波干燥灭菌等技术,可制备出具有浓厚鲜味的功能性海洋调味剂;再者,利用分子蒸馏技术通过去腥、脱色、提纯加工精制鱼油,利用现代分离技术从鱼骨中分离软骨素、黏多糖等功能成分,可进一步加工出高附加值的海洋功能性食品,利用包埋技术和微胶囊技术加工鱼油,能够制成更便于携带和使用且更具保健功能的粉末油脂等。

（三）海洋食品功能性评价与作用机制研究

以各种海洋动植物为原料提取的活性物质,一般为多种功能成分的混合物,在分离纯化的基础上,应采用现代科学方法和实验手段对其组分结构、功效及作用机制等进行深入研究。首先，通过以细胞工程、基因工程、酶工程为主体的现代生物技术手段，从分子、细胞及器官水平上探讨其作用机理和可能存在的毒副作用，评价功能因子的功效、安全性和稳定性。其次，研究多种天然生物活性物质的联合作用效果及机制，包括多种天然生物活性成分间的协同、拮抗作用或独立表现作用，为来源于多层次、多方面资源的深加工和综合开发提供理论基础，也为制定功能食品的管理规范提供依据。最后，利用量子化学、分子动力学、生物物理学、统计学及计算机分子图形学等前沿学科的思路与技术辅助研究，借助LC-MS/MS 等现代仪器分析技术，建立精细结构快速分析平台，利用合理的细胞模型、体外反应模型、生物大分子相互作用模型等构建高通量的活性筛选体系，利用分子生物学技术从分子水平探究作用机制，这些尝试都将有利于海洋食品功能性研究技术水平的提高，并推动研究程度的深入。此外，生物制造技术在过去几十年中发展很快，给功能性海洋食品工业带来了显著的变革。未来，以酶工程、基因工程、细胞工程及现代发酵工程技术为特征的海洋食品生物技术的发展将更受重视，并有望逐渐引领现代营养与海洋食品技术发展进入全新阶段。

（四）海洋食品营养素代谢与人类健康的关系

随着科学研究方法的发展和进步，以及基因组学、代谢组学、转录组学和蛋白质组学等组学技术研究的成熟，食品营养学不再局限于对营养素的消化、吸收、代谢、需求量等方面的研究，而更注重营养素生理功能和与人类各种疾病发生发展的关系研究。因此，生命科学前沿研究的飞速发展为食品营养科学基础研究提供了动力源泉。目前，肠道菌群与人类健康关系的研究成为新热点。现有研究发现，肠道微生物可能通过两种方式参与癌症发生：一是通过代谢产物或自身成分直接促进肿瘤发生；二是通过作用于免疫系统等，间接产生对肿瘤的刺激作用。海洋食品营养素具有独特的性质，其本身及其代谢与人类健康的关系研究日益受到关注。

不同人群对营养素的需求是不同的，例如：婴幼儿需注重摄取 DHA、牛磺酸、叶黄素、维生素等营养素；老年人则更注重 EPA、钙、维生素 D 的摄取；孕妇膳食中需添加 DHA、胆碱、叶酸、维生素 D 等营养素；甲亢患者膳食应忌碘、高热量、高蛋白、高维生素；运动员食物应以碳水化合物为主，少脂肪；航天员的食物需能经受住航天特殊环境因素的影响。因此，要针对不同人群开发不同的海洋营养食品，以满足个性化的健康需求。应积极建立海洋食品营养与功能库，对鱼、虾、蟹、贝、藻、头足类、棘皮类的营养素进行系统分析；对不同年龄、不同地域、不同身体素质的人群建立营养模型，有针对性地开发功能性海洋食品；建立营养素代谢模型，利用组学技术研究海洋食品营养素代谢产物与特殊膳食人群健康的关系。

（五）海洋食品营养学研究由传统宏观营养转向现代分子营养学

以基因组学、分子生物学、营养组学和代谢组学为基础而发展起来的现代分子营养学已成为营养学研究的重要内容。从分子水平上研究海洋食品营养学，也就是从 DNA 水平或基因乃至蛋白质水平研究海洋食品营养学。将来的研究内容遍及营养科学的各个领域，海洋食品营养主要研究热点包含营养与基因表达调控、营养与遗传变异、营养与基因组的稳定性、营养与个体基因多态性对相关疾病的影响等。通过营养素-基因-环境相互作用的系统研究，不仅能深刻认识海洋食品营养素对身体健康的影响，而且能进一步认识到个体基因差异对营养素的不同反应，从而真正实现个体化营养，有效预防疾病的发生和提高健康水平。基于分子生物学技术，制定个体化的海洋食品营养素需要量及相应的推荐摄入量，将在今后功能性海洋食品研究中起举足轻重的作用，也将为海洋食品膳食标准的制定、营养相关疾病的治疗、营养与功能性海洋食品的研发奠定重要的理论基础。

开发功能性海洋食品前沿研发和技术创新，是提升功能性海洋食品整体技术水平的核心内容。我国未来功能性海洋食品开发必将朝着资源多样化、功能因子评价深入细化、加工工艺更加完善、产品类型丰富多元化、可满足各类人群需求等多方向发展。

第四节　主要任务与发展重点

一、发展思路与目标

加快发展营养功能性海洋食品产业是保障国民营养与健康、改善国民膳食结构、提高国民生活水平的有力措施，是实施"海洋食品营养提质工程"战略的重要保障。基于营养功能性海洋食品产业特点，应把握国内外营养功能性海洋食品基础研究与科技发展前沿动态，充分发挥科技创新在营养功能性海洋食品产业发展中的引领作用，创新发展营养功能性海洋食品产业应重视营养功能性海洋食品相关基础研究，进一步提高与完善相关学科建设工作，进一步加强前沿技术与技术创新在促进营养功能性海洋食品产业发展方面的引领作用，促进关键技术应用的集成示范与成果转化。

到 2035 年，构建完成营养功能性海洋食品营养提质绿色加工技术与产品质量安全保障技术体系，在沿海省区建成多个营养功能性海洋食品区域性产业基地，并建设加工产业化示范生产线；提高营养功能性海洋食品专用加工装备创制能力，加快营养功能性海洋食品加工关键技术与专用加工装备产业化示范，形成完整的营养功能性海洋食品产业链，使海洋功能食品与特殊膳食海洋食品产业达国际先进水平；通过营养功能性海洋食品产业的发展，将现阶段海洋水产品加工综合利用率提高 20% 以上、技术成果转化率提高 50% 以上，联合国内营养功能性海洋食品研发与生产优势单位，构建若干营养功能性海洋食品协同创新平台与产业技术创新联盟。

二、主要任务

（一）基础研究

1. 蛋白类营养功能性海洋食品

海洋来源蛋白质含有丰富的必需氨基酸，营养均衡、吸收率高，并具有许多独特的生理活性，有着陆地蛋白资源不可取代的优越性。蛋白类功能性海洋食品产业基础研究的主要任务如下。

1）蛋白类营养功能性海洋食品功能因子赋存形态及制备过程中生物活性变化、活性保护方法等研究。

2）加强海洋生物蛋白功能因子摄入量、结构状态和影响吸收机制及优势因子协同作用与营养增效机制研究，识别和表征蛋白功能因子的分子结构，开展适用于不同人群的特殊膳食保健食品配方研究。

3）蛋白类功能因子（氨基酸、活性肽及蛋白质）绿色制备技术与高效分离纯化技术开发、体外化学活性评价、细胞活性评价或体内生理活性评价。

2. 脂类营养功能性海洋食品

脂质的摄入与营养健康的研究仍然是食品学科、预防医学研究的热点，我国近年来在油脂摄入与慢性病预防方面已与国际接轨。从基础研究的角度，我国对以 n-3 多不饱和脂肪酸为代表的功能性脂质的研究起步较晚，2000 年以后研究逐年增加。基础研究的主要任务如下。

1）针对中国居民一般食用人群、不同生长发育阶段、不同年龄阶段和不同职业人群的日常 DHA、EPA 适宜摄入量及推荐摄入量问题。

2）新功能脂质的发掘（抗疲劳、抗阿尔茨海默病等新用途）、天然 TG 型与乙酯型 DHA/EPA 的构效差异、TG 型中 DHA/EPA 含量高低对功效的影响。

3）新型 DHA/EPA 分子形式与传统分子形式构效之间的差异及新用途研究；基于 DHA 与 EPA 生理活性差异的保健食品研发。

3. 糖类营养功能性海洋食品

我国食源性海洋多糖资源蕴藏量丰富，在食品工业领域应用广泛，其中海藻酸钠、甲壳素、琼胶、卡拉胶等食用胶多糖产量居世界前列，主要作为增稠剂、胶凝剂、稳定剂等。随着海洋功能多糖研究开发不断深入，高活性、高纯度海洋功能多糖和寡糖的大规模制备将是糖类功能性海洋食品发展的趋势与主要任务。基础研究的主要任务如下。

1）新型海洋活性多糖资源的发掘、海洋活性多糖可控性降解酶类筛选、高纯度海洋活性多糖的大规模制备与复配研究。

2）天然海洋多糖生物、物理改性修饰与生物利用度提高作用机制研究。

3）海洋活性多糖的作用机制、构效关系及海藻胶多糖的胶凝机理研究。

4. 其他类营养功能性海洋食品

海洋食品色素、生物碱、矿物质、维生素、萜类化合物及多酚类化合物等具有多种生物活性，是营养功能性海洋食品的重要原料来源。基础研究的主要任务如下。

1）深入研究海洋食品色素的生物功能活性，明确构效关系，研究海洋食品色素在食品加工和贮藏过程中的变化，深入挖掘海洋食品色素资源，研究海洋食品色素的生物合成路径，利用系统代谢工程手段构建其高产菌株，实现海洋食品色素的高效生产。

2）研究生物碱的胺型氮功能基和复杂的碳骨架环系与功能活性之间的构效关系，通过结构改造和修饰，研究生物碱作为预防肿瘤、抗病毒等药物先导化合物的可行性等。

3）探讨有机矿物质的生理活性及生物利用度，进一步明确海洋碘、硒、锌、铬等人体必需微量元素的生物利用途径、生理活性及其生物安全性。

4）研究海洋维生素的生理活性，明确其构效关系、量效关系，探索高效提纯海洋维生素资源的技术方法及维生素的乳化、微胶囊化对其生物利用度的影响。

5）海洋食品中萜类化合物的结构鉴定及其功能活性研究、不同类型萜类化合物的生物利用度及其体内的代谢动力学研究，通过明确阐述海洋生物萜类化合物合成代谢途径，利用合成生物学手段构建其高产菌株或高产藻类，实现海洋萜类化合物的高效生产。

6）开展基于肠道吸收的多酚类物质功能活性及代谢动力学研究，以及多酚类物质与食品中其他组分（如蛋白质、多糖等）之间的相互作用对食品感官特性、食品生物利用度的影响研究。

7）结合营养功能性化合物的分子结构鉴定和功能活性研究，对皂苷和甾醇中功能性分子的构效关系、量效关系进行深入探讨，对结构明确的皂苷、甾醇类功能性分子深入探究其合成代谢途径，进而应用合成生物学、基因工程手段进行生物合成，从而提升产量，深入研究功能性分子的稳态化技术。例如，通过皂苷与环糊精相互作用提升水溶性、稳定性及生物利用度，阐明其中的分子机制。

（二）前沿技术与技术创新

1. 蛋白类营养功能性海洋食品

蛋白类营养功能性海洋食品领域前沿技术与技术创新的主要任务如下。

1）针对目前我国食品加工前原料存在的质量"瓶颈"问题，建立蛋白类原料质量鉴别与安全性评价技术，从加工前原料环节保障蛋白类营养健康海洋食品的优质、安全。

2）在加工、贮藏、运输、保鲜方面，探索并建立蛋白类营养健康海洋食品的营养保持技术与品质提升技术；在食品设计方面，针对特定人群个性化需求，探索分子食品设计与创制技术，填补高端市场空白。

3）建立海洋生物蛋白类功能因子的高效分离与制备技术、高通量筛查技术、有效成分检测技术及安全性评价技术，开展绿色、环保、便于工业化生产的集成制备技术研究。

4）完善海洋生物蛋白类功能因子的活性评价技术，采用多学科交叉融合技术和方法，建立海洋生物蛋白类功能因子的功能学和安全学快速评价技术、动物短期评价与人体试食的中长期科学评价体系。

2. 脂类营养功能性海洋食品

脂类营养功能性海洋食品领域前沿技术与技术创新的主要任务如下。

1）探索并建立新的分子形式和来源的鱼油 DHA 制造方法，探索普通食品形态鱼油类产品的制造技术，代替软胶囊、滴剂、软糖果等非普通食品形态，填补市场空缺。

2）建立高通量海洋生物中新型活性脂质的筛查技术、海洋生物活性脂质的规模化高效提取和制备技术，特别是基于绿色环保的亚临界、开关溶剂等新型提取技术，以及无溶剂活性脂质的酶法合成及生物转化技术，发掘一批具有新颖活性和保健功能及应用前景的化合物。

3）建立海洋生物活性脂质的结构修饰及稳定化技术，采用化学、物理和生物转化相结合的技术手段，解决海洋生物活性脂质在保健食品制造过程中所面临的瓶颈问题。

4）探索并建立海洋微生物酯酶和磷脂酶的制造技术，开发专门用于脂类营养健康海洋食品制造的工具酶。

5）针对海洋生物活性脂质的普通食品形态研发技术问题，如稳定性技术、固态纳米稳定性的问题。

6）注重磷脂型 DHA/EPA 的生物制备技术和质量标准体系与新保健功能的申报所必需的评价体系构建等。

3. 糖类营养功能性海洋食品

糖类营养功能性海洋食品领域前沿技术与技术创新的主要任务如下。

1）研发具有自主知识产权的高效绿色制备技术、分级精制技术和改性技术、功能组分保持及稳定技术，利用酶法/化学法降解结合膜过滤等高新技术开发海洋多糖可控性降解技术，实现活性海洋多糖及低聚糖的大规模制备生产。

2）建立活性海洋多糖及低聚糖的规模化高效提取制备技术，研发生物提取及物理提取等绿色环保高新技术，建立基于生物质谱（mass spectrum，MS）技术和高分辨核磁共振（nulcear magnetic resonance，NMR）技术的活性海洋多糖与低聚糖的规模化分析鉴定技术及结构修饰技术。

3）建立活性海洋多糖数据库构建技术，利用宏基因组学技术大规模筛选糖苷酶用于可控性降解，为系统研究活性海洋多糖结构与功能的关系提供技术支撑。

4）建立活性海洋多糖及低聚糖的功能筛选、评价和质量控制体系，发掘一批新的海洋活性多糖与低聚糖。

4. 其他类营养功能性海洋食品

其他类营养功能性海洋食品领域前沿技术与技术创新的主要任务如下。

1）研究营养功能性小分子化合物的高效提取、分离与纯化技术，实现从传统工艺向新型清洁、高效制备工艺的转变，建立标志性成分的精准分离、低能耗、低排放的工业化制备技术。

2）结合近来迅速发展的二维核磁技术及软离子质谱技术（如 FAB-MS/MS 和 FD-MS/MS）等，建立标准化、高通量的小分子化合物结构快速鉴定技术，以此为基础进一步鉴定一些结构比较复杂的海洋天然活性物质，为结构修饰及构效关系研究奠定良好的基础。

3）在明确营养功能性小分子化合物的结构基础上，深入研究其生物合成代谢途径，进而应用合成生物学手段、基因工程技术构建基因工程海藻植株或海洋微生物菌株，实现营养功能性小分子化合物的藻类合成或微生物合成技术，进而提升其产量。

4）针对功能性小分子普遍较不稳定的特点，深入研究功能性小分子的微囊化包埋技术、稳态化技术、化学修饰、酶法修饰等相关技术，实现功能营养物质的有效递送，提升其生物活性稳定性和生物利用度。

（三）集成示范与成果转化

我国目前功能性海洋食品成果转化率低，大量的生产技术没有形成现实生产力，产业化程度低，为解决科研成果转化率低的问题应从成果转化产业链条的主题入手。集成示范与成果转化方面的主要任务如下。

1. 加强政策引导

制定相关政策引导功能性海洋食品产业健康发展，加大建立海洋经济发展重大示范项目、海洋科技成果转化与产业化示范等项目支持力度，推广营养功能性突出、具有示范效应的产品；着力在重点技术领域、优势特色产业领域遴选组建一批对产业发展引领作用显著的省级示范工程技术研究中心。通过加强政策扶持和引导，使省级示范工程中心成为承担国家、省级重大科技攻关任务的重要载体，突破关键技术、主导产业发展的主力军，以及科技人才发挥特长的重要平台和推进产学研协同创新、辐射带动区域创新发展的示范。

2. 以产业为导向完善创新链条

科研机构的研究工作要以生产实际为导向，形成技术、装备、理论完整的研究链条，大力发展中试基地的建设，避免技术创新完成不了"最后一公里"的现象。功能性海洋食品加工企业应与科研机构广泛、深入合作，以市场为导向，引导科研机构的研究方向，同时可以作为科研成果的产业化示范基地，促进成果转化。

3. 加强生产质量管理规范、危害分析和关键控制点体系等规范实施

加快标准化、规模化营养功能性海洋食品生产基地的布局与发展，注重生产主体在人、机、法三个环节的培训和管理。通过危害分析和关键控制点（hazard analysis critical control point，HACCP）体系的实施，在分析从原料到消费者消费之前的整个链条中实际存在和潜在危害的基础上，找出对最终产品的质量有重大影响的关键控制点，采取相应措施，在危害发生之前进行控制，最大限度地减少不合格品，实现对产品质量的有效控制。推广电子标签、食品中危害物溯源技术等质量保障系统，确保从产品加工过程中的每道工序到原料产地的可溯源性，以便在产品出现问题时快捷地查明原因。同时辅之以先进、完善的检测设备、方法和技术，多层次、立体性地保证产品质量。

三、发展重点

（一）基础研究

1. 营养功能性海洋食品功效成分发掘与功能评价研究

开展海洋蛋白（肽）、脂类、多糖、矿物质、维生素、色素、生物碱、酚类、皂苷、萜类等活性物质的发掘、鉴定、营养功能性评价、各组分合理配比研究；为新的原料来源提供支撑的海洋活性脂质的资源探查、含量与结构的系统解析及数据库的构建；构建磷脂型 DHA/EPA 的生物制备技术与质量标准体系；推进传统及新型海洋活性脂类作为《保健食品原料目录（一）》中可使用原料的科学支撑研究；开展海洋活性物质结构与物性的关系研究，不同修饰及改性方法对其物性的改善研究；开展营养功能性海洋食品功效评价机制研究，从动物水平、细胞水平和分子水平深入研究功能性海洋食品的功效、构效、量效、代谢、生物利用度及作用机制。

2. 营养功能性海洋食品功效成分加工过程变化规律研究

开展营养功能性海洋食品营养品质变化机制研究，降低贮藏、运输、加工过程对产品品质的影响；重点开展营养功能性组分与食品组分之间的相互作用关系及变化规律研究，引入结构化和量化的理论与方法，研究营养功能性组分在加工贮藏过程中的变化，探索加工贮藏过程中食品微观分子和宏观功能性的变化规律及影响机制；开展营养功能性海洋食品与健康调控基础研究，利用微生物学、营养学、生物信息学及现代组学技术，研究营养功能性海洋食品与健康之间的相互关系，通过代谢规律和量效关系研究、代谢动力学及生物转化研究，阐明营养功能性海洋食品的代谢途径和作用机理，从细胞和分子水平研究确定营养功能性海洋食品功效成分的吸收、分布、存留及代谢规律，探明主要功效成分的生物转化过程。

3. 海洋特殊膳食食品活性组分配伍研究与功能定制研究

开展营养功能性海洋食品的营养强化研究与组方配伍研究，针对特殊人群（婴幼儿、老人、孕妇、糖尿病患者、运动员、航天员等）需要的营养功能性海洋食品进行定向创制；开展不同人群生理发育各阶段营养组分需求及合理膳食补充量相关的基础研究；通过不同的营养素及活性成分配比满足不同特殊人群的需求，开展新组方及新配方研究，形成特定功能活性的针对性营养功能食品。

（二）前沿技术与技术创新

1. 营养功能性海洋食品功效成分高效制备与稳态化技术研究

开展海洋生物功效成分的绿色分离与制备技术研究，研究集大规模物料反应和提取于一体的高效、连续式集成技术与设备，开发生产专用技术、生产配套装备关键技术，研制"智能化""信息化""数字化""自动化"的新型加工装备；重点开展低值海产品原料（藻类、内脏等下脚料）中功能性小分子的分离纯化及工程耦合化等关键技术研究，研发成体系的营养功能性小分子的低成本工业化制备技术；开展营养功能性海洋食品功效成分稳态化技术研究，如传统鱼油和藻油固态油脂制备的微胶囊技术、液态乳剂的微乳化技术等共性技术，开拓传统鱼油和藻油在普通食品中的应用范围；开展新型活性脂质的生物合成与转化技术研究，重点建立高 DHA/EPA 含量的甘油三酯型脂质的无溶剂酶法合成技术；建立海藻酸钠、壳聚糖等海洋多糖高效绿色提取制备技术，开发分级精制技术，满足精细化应用要求；研发高胶凝性海藻酸钠多糖产品，扩展海藻酸钠及壳聚糖在普通食品中的使用范围。

2. 营养功能性海洋食品功效成分识别与高通量鉴定技术研究

应用现代组学技术筛查和识别新型海洋生物功效成分，结合高通量、高分辨率色谱-质谱联用技术建立体外高通量筛选模型，开发表征海洋生物功能因子特征分子结构的检测技术，构建海洋生物功效成分数据库；深入研究海洋生物功效成分分子修饰技术，提升其生物活性与生物利用度，实现功能活性成分有效递送；利用合理的细胞模型、体外反应模型、动物模型和生物大分子相互作用模型等，建立体外细胞活性评价和体内动物活性评价相结合的保健功能高效评价技术体系，系统开展新型海洋活性成分的营养保健功效的筛选、评价研究。

3. 营养功能性海洋食品营养功能质量强化与定向创制技术研究

开展营养功能性海洋食品品质保持与营养强化技术研究，建立新型控菌技术、非热加工技术、干制加工技术、化学保鲜技术、生物修饰技术、物理改性技术及模拟重组技术；开展营养功能性海洋食品定向创制技术研究，通过营养组分定向调控技术、分子设计修饰技术与 3D 打印技术制备出新口味、新形状的个性化食品；针对消费者的特征设计营养功能性海洋食品。开展不同年龄、身体状况及职业需求的营养功能性食品定向创制技术研究，在功能性小分子化合物构效关系、量效关系研究的基础上，重点研发针对特定人群的个性化需求产品，根据营养需求进行多种功能因子的合理复配，如针对孕妇、婴幼儿、学生、老人、军人、运动员等的营养功能性海洋食品，针对临床患者具有辅助治疗作用的特殊医学用途配方食品。

4. 营养功能性海洋食品质量安全保障技术研究

建立营养功能性海洋食品质量安全保障体系，开展基于红外光谱技术、同位素分析技术、DNA 条形码技术的原料质量鉴别与溯源技术研究；开展营养功能风险评估研究，研究营养功能性海洋食品原料中危害物质的快速检测与消减控制技术，筛查可能存在的抗营养因子，构建风险识别与分子溯源数据库；开展海洋功能性活性成分作为普通食品原料在各种人群中应用的研究及相关标准的制定，为海洋保健食品提供新的原料和新的应用范围与质量安全保障。

（三）集成示范与成果转化

创新发展营养功能性海洋食品，在集成示范与成果转化方面应重点选择营养、功能性突出且市场前景广阔的拳头产品进行示范和转化，发展重点如下。

1）开展海洋生物蛋白功能因子的高效靶向制备、腥味脱除、结构修饰技术，以及活性肽定向酶解和高效分离纯化技术集成与转化。

2）开展高品质海洋活性多糖的规模化与精细化制备技术研究，促进天然海洋多糖生物/物理改性修饰技术集成与转化。

3）海藻多酚、海参皂苷和海星甾醇等的提取与工业化生产。建立一批能够进行资源综合性利用的示范性项目，为海洋资源综合利用、功能性海洋食品开发创造一个宣传平台，引导海洋食品产业的健康发展。

第五节　保障措施与政策建议

科学监管、正确引导是营养功能性海洋食品产业健康发展的关键。围绕我国营养功能性海洋食品产业消费需求，在基础研究、学科建设、前沿技术、成果转化与集成示范等方面，针对营养功能性海洋食品产业和科技的发展特性，参考国家相关科技部署策略，形成相关保障措施与政策建议，以期为国家的科学决策和总体布局提供参考依据。

一、营养功能性海洋食品产业发展的保障措施

（一）重视我国营养功能性海洋食品科技创新引领与知识产权保护，提高自主创新能力

我国营养功能性海洋食品领域在营养健康海洋食品、功能性海洋食品、特膳海洋食品、营养配餐等方面已取得一批重要的成果，因此必须继续坚持科技创新对产业发展的强劲引领作用，鼓励和引导营养功能性海洋食品科技创新，注重高附加值营养功能性海洋食品精深加工技术的研究与开发，丰富营养功能性海洋食品结构与种类。迅速提高掌握和运用知识产权的能力及水平，加强营养功能性海洋食品领域新技术、新方法和新产品的知识产权保护，以防止知识产权资产流失和浪费。营养功能性海洋食品新兴产业具有创新要素密集、发展国际化及国际竞争激烈等特点，对知识产权创造和运用的依赖性强。积极创造知识产权，是抢占营养功能性海洋食品科技发展制高点、化解战略性新兴产业发展风险的基础；有效运用知识产权，是培育战略性新兴产业创新链和产业链、推动创新成果产业化与市场化的重要途径。

（二）深化营养功能性海洋食品领域的国际科技合作，提升国际竞争力

营养功能性海洋食品产业是一项全球性的战略产业，要借鉴和吸收发达国家

的先进技术、成果与成功经验，积极寻求共同发展的有效途径。通过在开发新产品、开拓新市场等方面开展国际合作研究，建立良好的战略伙伴关系，加强营养功能性海洋食品科技及其产业发展领域的国际科技合作。通过深化国际合作，尽快掌握前沿技术与关键核心技术，提高营养功能性海洋食品产业综合生产能力、可持续发展能力，大力加强营养功能性海洋食品人才队伍建设，培养和引进一批高水平学科带头人和企业管理型人才，提升我国营养功能性食品领域自主发展能力与核心竞争力。同时，支持和鼓励企业走出国门，建立海外研发基地和产业化基地，开拓我国营养功能性海洋食品的国际市场。

（三）加快营养功能性海洋食品创新型人才队伍建设，培育科技创新及产业化领军人才

　　人才是科技创新和产业发展最根本的驱动力，人才队伍建设关系着食品科技和产业发展的成败。围绕国家战略发展的重大需求，遴选和培育营养功能性海洋食品产业与科技发展不同层次的人才及团队，给予长期稳定支持。要坚持走出去、引进来的方针，高度重视国内外人才的有计划流动，制定优惠的人才政策，形成开放、流动、人尽其才的用人机制，为人才的发展创造机会和环境，使他们更好地参与营养功能性海洋食品科技创新。要落实鼓励技术要素参与收益分配的政策，激励科技人才创新、创业。鼓励与发达国家及企业间建立稳定的技术交流及人才培训机制，不断提高人才素质，着重培育营养功能性海洋食品科技创新和产业化领军人才，打造一支高素质的人才队伍。

（四）推进营养功能性海洋食品平台建设，增强产业科技创新能力

　　制定优惠政策，吸引和鼓励资本市场、企业及社会积极参与营养功能性海洋食品产业创新中心建设，形成一批有重要影响力和支撑能力的国家重点实验室与国家工程技术研究中心及区域科技创新平台，促进相关行业、产业的信息共享、资源整合。通过项目、人才和产业创新基地建设的统筹，有效整合强势企业和优势科技的资源，充分发挥部门、地方、企业和科技等各方特色，成立营养功能性海洋食品产业与科技创新战略联盟，整体推进我国营养功能性海洋食品产业科技创新能力建设工作。

（五）建立营养功能性海洋食品产业化基地和产学研联盟，创建科技创新体系

　　按照当前国家科技创新的总体要求，加快推进我国营养功能性海洋食品产业结构优化升级和科技创新体系建设，进一步优化结构布局，积极转变机制，逐步建立以企业为主体、以市场为导向、产学研结合的营养功能性海洋食品科技创新体系。科学规划、合理布局，重点选择创新能力强的地区，在重点产品、关键工

艺及技术装备上取得技术突破，促进传统加工技术水平的提高，淘汰高能耗、高污染的落后技术，开发一批具有自主知识产权的关键技术，获得一批营养功能性海洋食品，形成一批能与国际接轨的技术标准和规范。通过组建产学研联盟，充分发挥不同领域的优势，提高产品的研发、生产及安全评价水平，使我国营养功能性海洋食品产业形成生产规模化、开发产业化、技术高新化、质量控制全程化与产品品牌化的新格局，构建与环境相适应的最佳商业模式，使技术支撑能力满足市场需要并具有竞争力，从而实现依靠自主创新完成营养功能性海洋食品产业升级的战略目标。

二、营养功能性海洋食品产业发展的政策建议

（一）积极开展顶层设计，统筹规划营养功能食品产业发展重点

紧跟大健康产业的步伐和基调，合理规划产业发展方向与重点，在政策和资金上予以支持，进行有重点、有目标的投资；规划投资品种和区域，加强统筹规模化生产能力，淘汰落后产能，培育一批具有国际影响力的营养功能性海洋食品行业的民族品牌，通过产业布局解决南北方生产企业区域和高低端市场品种不平衡的问题。

（二）健全监管体制，促进营养功能性海洋食品产业发展

现有的营养功能性海洋食品往往是审批严于监管，特殊膳食海洋食品等刚刚起步，应注重产品安全的评价、市场的秩序和监管生产企业的守法性，而将营养功能的有效性交与市场和消费者，共同促进营养功能性海洋食品产业的发展。

（三）建立多元化投入保障机制，扶持营养功能性海洋食品企业自主创新

目前，营养功能性海洋食品产业规模较小，行业共性技术开发水平投入不足，依靠企业自身力量难以进行技术升级、改造。因此，需合理配置国家科技资源，加大对营养功能性海洋食品的研发投入，重点支持战略性、公益性、产业共性等重大自主创新成果产业化及相关能力建设，同时对于应用前景好的营养功能性海洋食品产业化应用项目，鼓励地方政府、企业和社会资金投入，建立和完善以政府为主体、社会力量广泛参与的多元化投入机制。通过制定相关政策，支持有关部门和地方设立创业风险投资引导基金，进一步完善投融资体系，通过贷款贴息、资金补助、参股税收优惠政策等方式，灵活吸纳各类社会资金、引导商业金融机构等投入营养功能性海洋食品自主创新集成及成果转化，形成多层次、多形式的营养功能性海洋食品产业化投融资体系，扶持企业的成长。

（四）加强品牌建设与消费宣传，促进营养功能性海洋食品产业健康发展

鼓励营养功能性海洋食品企业加强自身品牌建设与销售模式管理，准确定位消费人群，加强法律法规教育，引导相关企业守法经营、诚信经营，增强销售人员的专业知识教育，避免企业或销售人员对产品的错误宣传导向，以致影响营养功能性海洋食品的社会声誉。政府或协会有义务定期或适时地进行健康教育宣传，通过多形式、多渠道、多角度加强对公众的安全意识教育和消费观念引导，改变科普滞后导致营养功能性海洋食品基本常识匮乏的普遍社会现象。

课题主要研究人员

	姓名	单位	职称/职务
统稿人	李来好	中国水产科学研究院南海水产研究所	研究员/副所长
	赵永强		副研究员
参与人	邓尚贵	浙江海洋大学	教授/院长
	周德庆	中国水产科学研究院黄海水产研究所	研究员/主任
	王仲孚	西北大学	教授
	杜明	大连工业大学	教授/院长
	吉宏武	广东海洋大学	教授
	王玉明	中国海洋大学	教授
	申铉日	海南大学	教授/副院长
	王彦波	浙江工商大学	教授/副主任

第九章 海洋食品保鲜与保活科技创新发展战略研究

第一节 引 言

市场上水产品一般分为活、鲜、冻、干腌制品等产品种类，销售价格依次递减，比较而言鲜活水产品价格是冻品价格的几倍甚至十几倍。随着我国社会经济的快速发展和人民生活水平的不断提高，人们对饮食的需求由数量满足逐渐转向安全、营养、品质、健康、天然享受，对海洋食品鲜度和品质的要求也越来越高，鲜活海洋食品不仅具有较高的营养和感官品质，而且具有较高的食用安全性和销售价格。人们对活体和高品质海洋食品的需求越来越大，主要表现在：内陆地区对海洋食品的需求日益增加，沿海地区海洋食品活体的相互调运增长迅速，我国海洋食品进入国际市场日益增多。因此，开发适宜、高效、便捷的海洋食品保鲜保活技术及其冷链物流技术与装备备受关注[3]。

一、鲜活销售是海洋食品供给的主要方式

海洋食品是一类经济价值高、开发潜力大的优质产品，其品种多样、美味独特，含有丰富的营养物质并具有良好的生理功效，深受广大消费者喜爱。近年来，全球的海鲜市场产销稳定增长，海鲜产量从 2007 年的 1.007 亿 t 增长至 2014 年的 1.098 亿 t，消费量从 2007 年的 9260 万 t 增长至 2014 年的 1.014 亿 t。

随着我国食物供给的有效保证，消费者对于食品关注的重点从"吃饱"转向"吃好"，从单纯追求数量充足转向同时要求质量、安全、营养、品质等各项指标。中国是世界上水产养殖捕捞生产和鲜活海鲜消费大国，水产养殖面积和产量居世界首位，海鲜产品批发、零售市场遍布全国各地。随着我国经济的迅速发展、科学技术水平逐步提升、消费生活水平的不断提高，水产品的人均消费量迅速上升，与此同时，消费者对水产品的需求正在发生着质的变化，即从对"冻、腌、干"等传统产品的需求转变为对"鲜、活"特色产品的迫切需求。

长期以来，我国居民喜欢食用鲜、活水产品，水产品中有超过 60%被用于鲜活销售，其中海水产品中 40%以上用于鲜活销售（图 9.1）；加工品中冷冻品占 60%以上，且其中 50%为原料直接冻藏（图 9.2），可见鲜活海洋食品是我国居民消费水产品的主要形式，冻藏保鲜或加工为水产品的主要保藏方式[1]。世界范围内，生鲜或冷藏水产品是市场上最受欢迎、价值最高的产品形式；2016 年，鲜活和冷

藏水产品占人类消费鱼品总量的 45%（6800 万 t）[80]。

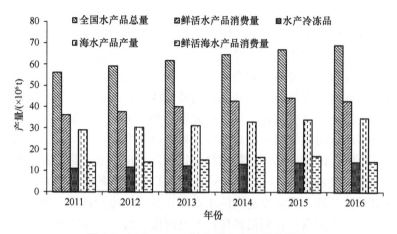

图 9.1　2011～2016 年我国水产品消费概况

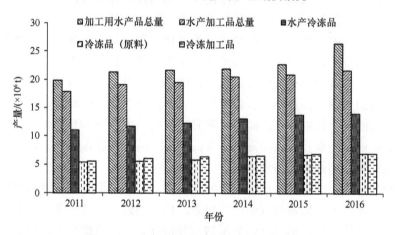

图 9.2　2011～2016 年我国水产冷冻品概况

二、保鲜保活是高品质海洋食品的获取手段

　　水产品的品质不仅直接决定产品的最终价值，而且对原料的后期加工适性有着巨大的影响。发达国家非常重视食用农产品保鲜加工业，70%农业总投资用于农产品产后保鲜与贮藏，以保证食用农产品附加值的实现和资源的充分利用。据统计，我国目前食用农产品由于流通（贮藏、运输、销售）过程引起的食物损失比例平均约为 20%，其中水产品损失率也在 15%左右，远高于发达国家 5%左右的平均损失率[81]。通过保鲜理论系统深入研究，开发新的保鲜技术手段，减少海洋食品损失具有重要现实意义。

　　食品原料特性的研究及其贮藏保鲜理论是食品科学基础研究的热点之一，从食品原料本身的表观品质变化研究转化为品质的形成机制解析，可以对改善食品品质、减少食品损耗起到理论指导作用。水产品原料的生物学特征鲜明，蛋白质、脂肪等营养物质含量丰富，但其结缔组织少、组织较脆弱，水分、高度不饱和脂肪酸等含量高，内源组织酶活性较强，且在生产和流通过程中极易受到微生物的污染等，由此导致其鲜度品质劣变，其是最容易导致变质腐败的一类食品原料。因此，如何保证海洋食品原料的鲜度和品质就成为在捕捞、加工和流通等产业链环节的技术关键，其具有重要的理论研究意义和产业应用价值。目前，主要在水产品的保鲜和保活两大领域开展基础研究与应用开发。

水产品保鲜，即基于水产品的原料学特性，利用物理、化学、生物等方法对原料进行必要的技术处理，从而保持或尽量保持其原有的新鲜程度。鲜度是水产品原料的最重要品质，新鲜度越高的水产品，其价格也会越高。因此，海洋食品从渔获开始，就应采取一系列措施保持其新鲜度。海洋食品的保鲜方法主要有低温保鲜、化学保鲜、气调保鲜、高压保鲜、电离辐射保鲜等，其中使用最早、应用最广的是低温保鲜。每一种保鲜技术都有不同的原理方法，主要是通过抑制海洋生物体内源酶的活性、化学组成成分的氧化性和污染微生物的生长繁殖等来达到保鲜保藏的目的，针对动物性和植物性等不同的原料采用不同的保鲜方法，以达到必要的保鲜效果和相关鲜度指标。目前，采用单一保鲜技术的方案较多，研究显示这样的处理往往达不到人们期望的保鲜保藏效果，因此有必要针对不同原料采用不同的复合保鲜技术，同时，突破传统的技术瓶颈和质量标准，研发低成本、高效能的保鲜新技术，提高海洋食品品质，延长产品保鲜期，降低腐败变质率，实现海洋生物资源经济价值最大化。

水产品保活，即基于水产品的生物学特性，采用低温、充氧或麻醉等技术，减少水产品在贮藏、运输过程中的死亡率，使其不死亡或者少死亡。保活过程中主要营养成分的保持是衡量保活效果的重要指标之一。我国水产品保活运输已经有很长一段历史，随着社会经济的发展和人民生活水平的提高，消费者更希望能食用到鲜活的鱼、虾、贝和蟹类，其消费比例不断增加、市场份额不断扩大。但是，由于海洋捕捞作业和海洋生物习性的特点，很难有海洋活体原料上市。然而，随着海洋生物养殖技术的突破，海产品养殖业得到了迅速的发展，食用鲜活海洋食品成为可能，其中保活成为技术瓶颈，保活运输是海洋食品从产地到餐桌的关键环节。

三、冷链物流是海洋食品保鲜的技术保障

冷链物流是以冷冻工艺学为基础，以人工制冷技术为手段，使冷冻类食品在生产、贮藏、运输、销售到消费前的各个环节中始终处于规定的低温环境下，以

保证食品的质量安全、减少食品腐败损耗的一项系统工程。海洋食品冷藏链物流就是海产品从捕捞起水,到海上、陆地贮藏,周转运输直至销售等各个环节,连续性地在低温设备下流通,以保证其鲜度和质量的低温流通体系[82]。

美国在 20 世纪 60 年代就已普及冷链技术,低温食品的年销售量和人均占有量均遥遥领先于世界各国,冷冻食品的年产量达 2000 万 t、品种达 3000 种,人均年占有量达 60kg 以上;日本自 20 世纪 60 年代开始研究冷链物流技术,80 年代完成了全国范围现代化冷链系统的建设。目前,美国、加拿大、德国及日本等发达国家已形成了生产、加工、贮藏、运输、销售等一整套完备的食品冷链物流体系,有些国家的食品冷链物流量已经占到销售总量的 50%。

我国制冷学术界的专家早在 1982 年就提出了建立和健全食品冷藏链的建议,但直到 20 世纪 90 年代食品冷藏链技术才真正起步,经过多年的科学研究和技术研发,我国的食品冷藏链作为一项系统工程得到了较大发展。我国的水产品冷链物流形成了依托公路、铁路、水路、航空等交通网络和各类运输工具(冷藏汽车、冷藏集装箱),以生产性、分配性水产冷库为主,加工基地船、渔业作业船为辅的冷藏链。近年来,我国冷链市场需求逐年扩大,2016 年我国冷链物流需求总量达到 12 500 万 t,冷链物流总额达 3.4 万亿元,冷链物流业总收入达 2250 亿元;全国冷库比 2015 年增加 460 万 t,总量达到 4200 万 t(折合 10 500 万 m³);冷藏车保有量比 2015 年增加 21 600 辆,达到 115 000 辆;但冷链物流百强企业市场份额没有明显扩大,占整个冷链市场份额的 10%左右,说明我国冷链物流行业市场规模仍旧不大,且行业集中度不高。目前我国冷库贮藏的商品品类以果蔬、肉制品和水产品为主,分别占 30%、24%和 17%。近年来,冷链运输市场呈现快速发展变化的局面,多种冷链运输方式间竞争加大,逐步摆脱以往以公路冷链运输为绝对主力的固有格局,2016 年公路、铁路、航运和航空冷链运输分别占比 75%、12%、8%和 5%,并且各种冷链运输方式间出现了组合式搭配,进一步提高了冷链运输效率,降低了冷链运输成本[83]。

但是我国食品冷藏链与发达国家相比,无论在冷链设备及技术水平上,还是在科学研究及技术研发上都还存在较大差距,冷链物流是确保贮运过程中水产品质量与安全的关键手段和重要保障。水产品损耗主要包括贮藏和运输的温度无法保证、操作时间控制不当及转运衔接不好引起的变质腐败等,这都是造成我国水产品流通成本一直居高不下的主要原因,目前大约 90%的肉类、80%的水产品、大量的牛奶和豆制品基本上是在没有冷链保证的情况下运销,因此,海洋食品的冷链物流建设和发展仍将任重而道远。

2016 年,商务部和国家标准化管理委员会共同出台了《关于开展农产品冷链流通标准化示范工作的通知》,联合开展食用农产品冷链流通标准化示范工作,将按照"以点代链,由易到难"的总体思路,重点围绕肉类、水产和果蔬等生鲜农产品，培育一批设施先进、标准严格、操作规范、运营稳定的农产品冷链流通标准化示范企业和示范城市，推动完善农产品冷链流通标准体系，标志着我国冷链标准化迈入了一个全新的历史阶段[83]。

第二节　海洋食品保鲜与保活产业科技创新现状分析

海洋食品营养丰富且风味独特，在世界食品生产和贸易中地位愈来愈重要。与禽类、畜类等动物相比，水产品较易发生变质腐败，这主要与水产品的组织结构、污染细菌和处理方式等有关，货架期较短的缺陷严重影响了鲜活水产品的长期、广域销售，因此，海洋食品保鲜保活技术开发及冷链物流研究成为国内外研究者关注的焦点。

一、基础研究

近年来，我国不断加大对海洋食品保鲜保活研究的科研投入。在国家自然科学基金的资助项目中，与海洋食品保鲜保活密切相关的代码包括两个（水产食品原料学和水产食品贮藏与保鲜），2011～2017 年，在水产食品原料学代码共资助项目 24 项，其中面上项目 16 项、青年科学基金项目 8 项；在水产食品贮藏与保鲜代码共资助项目 37 项，其中重点项目 1 项、面上项目 17 项、青年科学基金项目 19 项。研究内容主要集中在腐败菌对水产品品质影响机制、贮藏过程中水产品品质变化机理及调控、贮藏过程中水产品中危害因子的产生与控制、水产品中蛋白质和脂质等营养成分的生物活性及构效关系等方面，这些项目的资助较大地促进了水产品保鲜领域的基础研究工作，初步探明了部分海洋食品贮藏过程中的营养成分、品质变化规律和特征性风味成分，初步明确了危害因子氟、甲醛等的产生和调控机制等，但是与食品学科其他领域相比，资助项目总体较少，制约了海洋食品保鲜领域基础研究工作的深入开展。

目前国内单独设立的海洋食品保鲜保活科技创新平台较少，但在 2008 年我国首次建立了现代农业产业技术体系，涵盖了我国 47 种主要的食用农产品，其中虾、贝类和鲆鲽类等相关海洋食品设立了保鲜贮运岗位；2017 年启动的"十三五"现代农业产业技术体系又新增了"蟹加工与保鲜""海水鱼保鲜与贮运"等岗位，较好地促进了海洋食品保鲜与保活的技术开发。除现代农业产业技术体系外，一些国家级项目的实施，如 863 计划"大洋性金枪鱼围网捕捞与超低温保鲜关键技术研究"、国家科技支撑计划"远洋捕捞技术与渔业新资源开发"、农业部 948 项目"水产品温和加工关键技术研究"和"主要经济贝类加工技术引进与产业化"等保鲜课题研究积极推动了我国水产品保鲜及加工的发展，并有"大洋金枪鱼资源开发关键技术及应用"和"金枪鱼质量保真与精深加工关键技术及产业化"分别获得 2010 年度和 2016 年度国家科技进步奖二等奖,这些海洋食品保鲜与保活相关项目和成果均具有较高的学术水平,部分研究成果已达到或超过国际先进水平,且已进行产业推广应用,创造了显著的经济、社会和生态效益,为促进渔业科技创新、推动我国海洋渔业可持续健康发展做出重大贡献。

二、前沿技术

随着海洋食品产业的快速发展和科技水平的不断增强,高新技术在水产品的保鲜加工和贮藏运输方面得到广泛的应用,有良好的发展前景。海洋食品的保鲜方法主要有低温保鲜、化学保鲜、气调保鲜、高压保鲜、电离辐射保鲜等;保活技术主要有低温保活、无水保活、麻醉保活、充氧保活等。目前国内在上述技术开发与应用上与国外差距不大,但相关技术对海洋食品品质影响机理方面的深入研究不够多。近年来,在海洋食品保鲜与保活领域发展较快且有较好应用前景的技术主要有以下几个方面。

(一)超高压杀菌保鲜技术

超高压保鲜技术是利用高静水压力具有杀菌和灭酶等作用,将其应用于食品的高品质保鲜。食品经高压(100MPa 以上)处理后仍可保持其原有的色泽、气味和滋味,只是外观和质地略有改变,同时,高压处理还能杀灭食品中的微生物(不含芽孢),并使其组织酶失活。目前超高压保鲜技术已在海产品保鲜(如 400~600MPa 处理)中得到了广泛应用。超高压技术不仅可以用于水产品的保鲜杀菌,还可用于水产品的保鲜加工和品质改良。有研究结果表明,超高压能促进秘鲁鱿鱼鱼糜和鳕鱼鱼糜的凝胶形成,进而获得更好的品质,在鱼糜加工中具有良好的应用前景[3]。

(二)流化冰保鲜技术

流化冰是指由微小的冰粒子(通常直径为 0.2~0.8mm)和载液组成的均匀混合物。使用流化冰冷却速率很快,与水或其他单相液体相比,流化冰还能在冷却过程中利用其相变热使低温水平维持更长时间;另外由于流化冰冰晶微小且呈球状体,因而在用于食物冷却保鲜时,不会造成被保鲜食物的机械损伤,且可经泵由管道输送,尤其适合于食品工业领域。流化冰保鲜技术业已被纳入许多国家的水产品处理指南,如爱尔兰海洋渔业委员会(2007)的"海鲜产业质量指南大纲"中明确指出:①流化冰对某些鱼种的保藏意义重大,如金枪鱼,可瞄准高端水产市场;②流化冰能使鱼体快速降温,与传统块冰、片冰相比,能更好地与鱼体接触;③流化冰对鱼体造成的刮伤和压力损坏最小。流化冰在应用于海鲜产品保鲜冷藏时，还具有其他优势，如能够直接利用海水制取，无需设置专用制冰用水设施，因而可节省开支和淡水资源；流化冰设备体积仅是其他种类制冰机的 1/3，设备能耗可节省 20%以上，十分便于船用；流体冰的含冰量、温度、含盐浓度及冰粒子大小，都可根据鱼种的不同来加以调整，以确保取得最佳的保鲜效果[84]。

（三）栅栏保鲜技术

栅栏技术由德国 Kulmbach 肉类研究中心的科学家 Leistner 和 Roble 在 1976 年首先提出，是根据食品内不同栅栏因子的协同作用或交互效应，使食品中微生物得到有效控制的食品防腐保鲜技术。主要的栅栏因子有：温度、pH、水分活度（Aw）、氧化还原电势（Eh）、气调、包装和压力等，研究表明各栅栏因子之间具有协同作用，当有两个或两个以上的栅栏因子共同作用时，其作用效果强于这些因子单独作用的叠加，这主要是因为不同栅栏因子进攻微生物细胞的不同部位，如细胞壁、DNA、酶系统等，改变细胞内的 pH 和氧化还原电位等，使微生物体内的动态平衡被破坏。应用栅栏技术不仅可以在温和的条件下将食品保鲜，同时还能获得良好的产品感官品质及营养价值，其作为一个防腐保鲜的新理念，具有安全、稳定、高效、低能耗等优点，栅栏技术在海洋食品保鲜中具有较广泛的应用[3]。

（四）快速冻结及解冻技术

食品在冻结时由于其水分结成了冰晶，会发生一系列的物理变化、化学变化、组织变化、微生物变化等，对于海洋食品来说，冻结过程对其品质影响较一般食品更大，冻结方式和速率对海洋食品的品质有很大影响；由于冰结晶的机械损伤，解冻升温后，食品更容易受到内源酶与微生物的作用，冰融化成的水如不能很好地被食品吸收，将会增加汁液流失，解冻后脂肪氧化加剧，水分更容易蒸发等，因此解冻速率和方法与解冻后食品的质量也有密切关系。为符合绿色低碳、安全高效、标准化、智能化和可溯化的海洋食品保鲜储运物流产业发展需求，针对常规冷冻保鲜加工的冻结过程速度缓慢，形成的冰晶较大且分布不匀，导致海洋食品品质劣变的问题，为提高冻结过程中海洋食品的品质，主要开展液体浸渍冻结和连续式液氮快速冷冻技术与装备研究，研发连续式速冻设备，并产业化应用；针对传统解冻方法容易造成海洋食品品质下降的问题，研究高压电场解冻、通电加热解冻、射频解冻等新技术及不同技术对海洋食品品质的影响，并研发相应的解冻设备。

（五）生态冰温保活技术

水产品保活的目的是竭力减少其在流通过程中的死亡率，维持体重和安全健康。依据水产品的生态临界温度（一个区分生死的生态冰温零点），采用精密的温控技术使环境温度缓慢梯度降至生态冰温区（从临界温度到结冰点的这段温度范围），从而降低其新陈代谢等生理生化反应，使其处于半休眠或完全休眠状态，从而大幅度延长存活时间。该法不仅适用于鱼类，且适用于虾类、蟹类和贝类等。水产品属于冷血动物，生活环境温度降低可使其新陈代谢明显地减弱，从而降低其耗氧量，减少体内营养物质的消耗，以及水产品活体对环境（水质、溶氧及运输密度等因素）胁迫而产生的应激反应。当环境温度降到其生态临界温度时，呼吸和代谢就降到了最低点，且处于休眠状态。与此同时，低温下，水产品体内血液及水中的溶氧量增加，能够有效地抑制机体与水中有害微生物的活力及各种酶的活性。因此，选择适当的降温方法和科学的贮藏运输条件，并把温度降低至生态临界温度区间以内，就能使其在脱离原有的生活环境后，仍能存活一段时期，达到保活运输目的。目前生态冰温保活已在海水鱼类、贝类中得到应用。

（六）新型保鲜保活装备及系统开发

目前国内保鲜与保活装备已经得到较大发展，从早期的向运输箱中加冰发展到后期的向保活运输车和运输箱中充氧并配有制冷及循环水处理装置。目前，围绕绿色低碳、安全高效、标准化、智能化和可溯化海洋食品保鲜贮运物流产业的发展需求，在长距离保活运输过程已广泛采用保活运输车和运输箱，并形成了较好的水产品保活系统[85]，包括可控环境水循环净化装置和水产品活体流通保活设备。可控环境水循环净化装置主要净化水质；流通保活设备系统由水产品活体运输箱通过双回路循环系统与泡沫分离系统连接，活体运输箱的上方有气体排放调节孔，用于二氧化碳等废气排放；从活体运输箱中流出的水经动力系统、过滤系统、制氧系统、生物处理系统、控温系统、泡沫分离系统及紫外杀菌系统净化处理后返回再循环；制氧系统与内循环水泵结合，将高压纯氧充分溶解到水体中[85]；短途保活运输采用分送包装容器等，保活时间长且操作简便、成本低廉、适于大规模推广。国内已在海洋食品冰温保鲜、无水保活运输、生态冰温保活运输，以及保活物流设施装备、环境调控及实时动态监测控制技术等方面进行了较好的实践，初步解决了海洋食品货架期短、鲜活水产品物流环节成活率低、易发病等问题，在保证海洋食品存活率和鲜活度的同时避免各类违禁药物，保障水产品质量安全。

（七）冷链物流实时动态监测系统开发

水产品的易腐特性是威胁其品质安全的本质要素，而冷链物流是用于确保贮运过程中水产品质量安全的关键手段。许多发达国家已完成冷链物流技术的研究，并形成了装备、设施、信息管理等完善的整套冷链系统。加强对整个冷链物流系统的控制必须要确定质量控制的关键点，而温度就是最易把握控制的关键点。实现对温度实时监测和调控既是水产品质量安全监管的要求，也是冷链物流技术发展的需要，更是保证食品质量安全的关键因素。因此，如何在水产品的冷链物流中对温度进行实时准确的监控成为研究的重点。结合我国现有的冷链物流技术，分析冷链物流体系，完善水产品品质保障系统，针对冷藏流通过程中海洋食品品质和微生物等变化，研发海洋食品物流的实时动态监控系统，对运输途中车厢环境实施全程温控监测、实时数据传输，通过无线网络实现水产品运输、贮藏、销售全过程的质量安全监控，为海洋食品的高效流通进行技术储备，并开发基于射频识别（radio frequency identification，RFID）和产品电子代码（electronic product code，EPC）物联网的水产品供应链追溯平台，实现海洋食品冷链物流的效率化、精准化和安全化。

三、海洋食品保鲜保活技术应用实例

（一）养殖大黄鱼栅栏保鲜技术

大黄鱼作为一种名贵经济鱼类，过去常见于我国东部沿海一带，目前野生大黄鱼数量很少。随着海洋战略性新兴产业的提出，深海水养殖日渐发展，2017年我国养殖大黄鱼产量达17.8万t，居养殖海水鱼之首[1]，已成为一个新的经济增加点。传统碎冰保鲜大黄鱼保质期只有4天，国内已通过生态冰温保鲜、冰点调节、酸性电解水杀菌等方法优化大黄鱼保鲜提质技术，将大黄鱼一级鲜度保鲜天数增加到16天，大大延长了养殖大黄鱼的货架期，并提高了其在流通过程中的品质。

（二）金枪鱼液氮速冻技术

冻结速率是影响海洋食品冻藏过程中品质的主要因素之一，液氮速冻技术能在较短时间内使海洋食品快速通过最大冰晶生成带，从而明显提高食品品质。国内科研团队与企业共同合作，通过研究金枪鱼液氮深冷速冻技术与相关装备技术，并对冰晶形成大小及过程进行分析，针对海洋食品原料学特性，对目前的液氮速冻设备进行了改型，成功实现速冻过程中产品内部冰晶的有效控制，在提高金枪鱼品质的同时，降低了液氮消耗量并节约了成本；形成了多项液氮速冻海洋食品操作规程，产生了良好的产业示范作用，可在其他高价值海洋食品保鲜中应用。

（三）贝类生态冰温保活流通技术

为了让海产品满足市场需求转变，国内已实现了扇贝从产地到销售终端的全过程活水运输，在第一时间将采捕上来的鲜活扇贝通过活水运输船运往贝类净化中心进行蓄养、分选；其生产过程已实现了自动化，吊装、搬运、冲洗等原先完

全依靠人力的生产如今已由吊车、传送带、自动清洗机所代替完成，不仅有效地减轻了工人的劳动强度，而且提升了分选的标准和产品的质量。贝类的净化技术主要是采用紫外杀菌海水暂养式净化技术，部分贝类还辅助采用臭氧杀菌处理；净化处理后的贝类保活流通主要采用生态冰温无水保活技术，目前已形成了牡蛎、扇贝等贝类无水保活技术规范和地方标准等；贝类保活相关设备研发也取得了较大进展。福建省共拥有 5 家规模较大的贝类净化工厂（每个批次的净化能力为10t），通过引进德国及加拿大先进的水处理系统和先进的贝类净化工艺，净化后的贝类可达到欧盟 91/492/EEC 标准，2006 年福建全省上市销售的贝类全部实行强制净化，取得了显著的效果；2005 年大连建立了亚洲最大的海洋贝类净化和交易中心，可将捕捞的贝类海产品进行净化处理，每日可净化处理 200t 扇贝，近几年实际年处理量最大为 2 万 t。

四、主要问题及原因分析

（一）保鲜保活基础研究薄弱，缺乏系统性和整体性

世界发达国家非常重视对水产品基础理论的研究，通过对基础理论方面系统性的突破研究可以显著地带动产业的发展。由于水产原料易变质腐败、个体不均一且种类多等特殊性，其研究对象广泛，因此研究相对分散。目前，水产食品基础领域的研究较多停留在对加工和贮藏过程食品品质、组分及有害物等形成与变化的研究上，缺乏基于加工共性问题而凝练的科学目标与思维，研究内容往往关注表面现象的探讨，深度不够；保鲜保活新技术仅限于在水产品保鲜保活中的应用，学科交叉不够，缺乏对保鲜保活机制的深入研究。

（二）海洋食品种类繁多，保鲜保活技术开发难度大

海洋食品品种繁多，保鲜方法时常各异，但主要的共性问题有：①保鲜成本高，不能广泛应用于生产，如纯天然的生物保鲜剂制作成本高、技术复杂；②保鲜时间短，不能大幅度延长水产品的货架期，如一般的冰温和冷藏保鲜并不能有效延长水产品的货架期；③保鲜过程中水产品营养流失大，如经过冻藏的水产品口感降低、营养价值受损。水产品的保鲜方法因品种、产地不同而异，因此选择合理有效的保鲜方法才是关键。目前，能够被广泛应用的保鲜技术比较少，保鲜技术使用较多的是气调保鲜和冷藏保鲜。单一保鲜技术的成效不显著，将具有不同优点的保鲜技术相互结合，充分发挥各种保鲜技术的优势，可以增强保鲜效果、提高水产品品质、延长其货架期，因此复合保鲜剂将成为生物保鲜研究的创新方向。此外，各种新保鲜技术在水产品中的应用及其保鲜机理研究有待进一步深入，尤其是保鲜过程中水产原料的生化特性、品质变化及优势菌群的探明，将有助于

从根本上对水产品的鲜度进行有效的控制。

保活运输是鱼类从产地到餐桌的关键环节。鱼类品种繁多，有海、淡水鱼；有热、温、冷水性鱼类；等等。即使是同一品种的鱼，也有亲鱼、成鱼、雌鱼和雄鱼之别。它们对水环境条件如温度、盐度、溶氧、氨氮、亚硝酸盐等水质指标，水的流态，以及适宜的运输密度等都有着不同的要求。有的要求还相差甚远，如除温度、盐度外，有的鱼耐低氧，而有的鱼需要高溶氧；有的鱼对氨氮不敏感，而有的鱼则十分敏感。目前我国活鱼无水保活运输的基础理论研究薄弱、技术条件尚不成熟及运输设备配套不完善等，导致活鱼无水运输未能得到推广应用，无法满足现代化渔业发展的要求。

目前保活运输主要对象是内陆产淡水鱼、虾、蟹和贝类，且主要采用充氧、低温等方法，然而海水鱼类的生存环境与淡水鱼类有一定的差别，相关的基础理论研究相对薄弱，技术尚不成熟，以及运输设备配套不完善，导致目前鲜活海水鱼类、虾、蟹和贝类很少采用活体运输技术进行流通，从而很难实现南鱼北运（海水鱼活体调往内陆）、北鱼南调（冷水性鱼类调往沿海）的愿望。目前，可以应用在海水产品活体运输中的方法有低温保活法、生态冰温保活法、无水保活运输法、气体保活运输法、化学药物麻醉运输法等，根据生物原料特点采用不同的保活方法。早在20世纪90年代，日本三菱重工业株式会社对低温有水保活运输技术进行了大量试验研究，鲍鱼活体运输存活率可达94%。也有不同学者采用生态冰温法对河豚、牙鲆、鲭鱼、沙丁鱼、鲷鱼和鲽鱼进行保活研究，采用 CO_2 麻醉技术对鲈鱼和鲑鱼进行保活运输，其主要机理是创造较适宜的鲜活水产品生存环境，通过一系列的物理或化学措施降低其新陈代谢活动，抑制水体环境微生物的生长，从而延长保活水产品的存活时间，提高水产品价值。

目前贝类生态冰温无水保活技术研究较多，但不同区域的贝类品种与特性不同，生态冰温区域不同，对温度、溶氧的耐受性不同，因此对于不同贝类的无水保活技术还需要深入研究。名贵贝类在低温条件下的生存、代谢、冬眠规律等将是今后贝类保活的重要研究方向。贝类无水保活过程中的应激反应及调控机制也需要进一步的研究。贝类生活位置比较稳定，以微小生物为饵料进行滤食活动，由于贝类的非选择性，若其生存环境受到污染，会将水中的泥沙、化学污染物、细菌、病毒等吸入体内，通过富集作用，积累高浓度的肠道致病菌、贝类毒素和其他有害物质，对食用者的身体健康甚至生命构成威胁。因此，贝类保活的同时有效开展暂养、净化处理十分重要。

（三）海洋食品保鲜与保活标准及法规滞后，企业参与度有待提高

我国水产品保鲜标准工作启动较晚，标准项目大多数集中在低温保鲜和保鲜剂应用方面，涉及辐照保鲜和气调保鲜的则严重不足。生产企业参与标准化工作

积极性不高，而标准是企业组织生产、检验和经营的依据。企业必须建立以产品标准为中心的技术标准体系，这个体系应由相关法律法规、技术基础标准及从原材料进厂到产品出厂全过程的相关技术标准所构成。由于标准化生产的监督管理缺乏有效激励措施，按照标准化要求组织渔业生产难度大，运行成本高，因此生产者参与制定和使用标准的积极性与主动性不高，缺乏按照标准化要求组织生产经营的理念。生产企业对标准的注意力尚未达到设立我国的水产品技术性贸易措施、防范国外低质水产品进入、保护我国渔民利益和保证公平市场竞争的高度，对国际标准化活动的参与尚处在较初级阶段，国际标准制定过程中的反馈少、影响力小，给标准制定、推广和实施带来了不利影响。

我国水产品保鲜标准最突出的问题是现行的标准与当前的实际行业应用情况不相符，如保鲜剂标准中允许使用的品种与生产实际差异较大，没有根据当前国内的研究技术水平进行标准的研究立项；在保鲜装备标准方面，由于生产过程的工艺流程和实际生产设备落后，所定的标准缺乏先进性；现行有效的低温保鲜标准大多是一些冷冻产品标准，与低温保鲜的科研和生产没有紧密衔接，再加上标准复审、修订不及时，致使不少标准与国外先进标准相比水平明显偏低。标准覆盖面较低，缺少基础性研究。由于水产品保鲜涉及的范围较广，现有标准主要针对生产规模较大、产值高的产品进行规定，因此现有标准不能覆盖现有市场上销售的所有产品，标准的缺口相对较大。例如：目前针对一般进口水产冻品，保质期为 18～24 个月，但进口带鱼时会因保质期问题而被海关扣柜；海关依据我国出台的相关国家标准，带鱼等冷冻品从捕捞到餐桌不能超过 9 个月，但时过境迁，国内渔获物已经枯竭，90%以上的野生海产冻品得依靠远洋捕捞进口至国内，而远洋产品从捕捞到装柜要花 3～5 个月的时间，海运途中又消耗 1～2 个月，仅留有 2～5 个月来完成销售近乎苛刻。

（四）保鲜保活企业规模普遍较小，技术创新动力不足

目前国内市场上所销售的海产品绝大多数来自于远洋捕捞，即国外经济海域或公海所捕捞的海产品。此类产品目前可分为两大类，一类是船冻产品，其捕捞后即速冻，因此其品质普遍被市场认可，但目前缺乏相关贮藏过程中品质变化的研究；另一类是陆冻产品，不同的捕捞日期、运输时间、冰鲜措施、加工效率等一系列因素决定了其最终品质，因此产品接受度参差不齐。保藏和运输条件两个影响因素十分关键，但又相对简单，只要温度够低、包装够完善，基本上能保证品质，但仍会存在干耗、氧化和微生物污染等影响品质的因素。总体来说，海洋食品保鲜仍有较大的提升空间，但由于目前我国很多水产品保鲜、保活和加工企业是中小型企业，生产者仍然使用中、低端的技术，只是满足产品的品质现状，缺乏进一步提升产品品质的动力和资金；而相关技术提升需要高额经费的投入，

因此中小型企业在创业初期存在解决技术难题的迫切愿望与无法支付高额技术开发费用之间的矛盾。

企业技术创新是一项长期性的战略任务，需要投入大量资金。水产品加工企业资金不足一直是困扰其进行技术创新的一大问题；人才缺乏也是制约企业创新的一个关键，由于相对于其他食品行业，水产品加工企业规模偏小，产品品质较大程度依赖于产品设备（一般只要贮藏温度达到要求即可），因此缺乏对人才的重视；对于海洋食品保鲜保活来说，目前的技术能够使产品保持一定的品质，企业也缺乏投入资金提升技术的需求；此外，由于中小企业法律法规尚不健全和完善，对知识产权保护和重视不够，因此无法激励水产品加工企业进行技术创新。

（五）水产品冷链构建较分散，缺乏统一性

目前我国水产品冷链以集团性或企业独自性的配置居多，离区域性、全国性的冷链网络还有较大的差距。片段分散式的冷链系统使得冷链标准无法连贯地执行，全程冷链温度记录无法发挥作用，冷链交替过程比较复杂；一般市场上冷链配置建设不完整，水产品物流设备比较落后，冷冻水产品终端运输方式采用人力运输车还比较普遍，造成水产品品质损失较大；运输过程中缺乏统一化的包装配置和物流形态，例如，活鱼运输桶内 3/4 装水，只有 1/4 是活鱼产品，大大提高了水产品物流成本；冷链物流全程温度控制管理不仅需要先进的信息技术应用，还要加强水产品保鲜库、冷藏库的建设和增加温控设备[83]。

（六）水产品冷链专业技术不完善，冷链物流缺乏整体规划

我国食品冷链尚未形成统一的流程模式体系，关键技术薄弱，设施配套不完善，冷链流通体系中大部分环节仍处于较低水平，设施建设低水平重复，以及运行管理效率低下等问题制约了海洋食品行业的进一步发展和海洋食品的国际化进程。冷链硬件设施建设不足，即使采用现有的冷链设施，也会在贮藏运输中对易腐食品造成大量的损耗，导致我国食品安全存在巨大隐患；冷链体系不够完善，食品浪费和损失每年高达数百亿元，80%的水产品基本上是在没有冷链保证的情况下运销。食品冷链物流缺乏整体规划，缺乏与食品冷链相关的法律法规、标准和食品冷链物流的综合性专业人才。食品冷链中冷藏专业技术不完善，致使冷链物流建设成本、运营成本高，且资金回收慢；信息技术落后，没有建立起完善的冷链信息系统；物流技术落后，自动化、智能化水平低，导致效率不高；组织管理运行落后，没有建立起战略联盟，无法实现上下游企业互利共赢。目前需要在冷链物流行业的标准制定、第三方物流的发展壮大、专业潜心人才的培养、物流信息系统的建设、冷链技术的创新等方面进行积极推进，以提升我国冷链物流水平。

第三节　海洋食品保鲜与保活科技创新发展趋势

海洋食品保鲜与保活科技创新应立足于海洋食品原料学特征，开展水产品保鲜技术的机理和净化提质与运输应激机制等应用基础研究，攻克食品保鲜与保活共性技术难题，开发基于新型非热杀菌和船上海产品快速降温冷却等生产一线的保鲜技术，以及基于栅栏因子及其协同作用等原理的新型保鲜技术，并结合研发水产品物流在线监控技术和装备，构建面向家庭的安全流通体系，实现海洋食品绿色保鲜保活与现代物流、信息技术的综合集成，显著提高海洋食品品质。

一、保鲜理论的重大突破是品质提升的基石

基于海洋食品原料学特性及其品质劣变的机理研究，探明不同保鲜技术对海洋食品品质的影响，尤其是超冷保鲜、冷冻干燥保鲜、无冰保鲜、流化冰保鲜、玻璃化转移保鲜等新型技术对海洋食品鲜度保持的优势与局限性；研发高效的水产品保鲜技术，特别是开发绿色天然、无毒无害生物保鲜剂（如乳酸链球菌素、壳聚糖、茶多酚等有效成分），针对不同海洋食品原料学特性，基于生物保鲜剂抑制微生物生长的机理，针对性地研制保鲜效果更佳的新型复合保鲜剂。此外，气调保鲜、超高压保鲜、臭氧保鲜及辐照保鲜等高新保鲜技术的开发利用，有利于全面提升海洋食品的保藏品质和新鲜程度，延长其货架期，扩大销售范围，满足市场需求，发展前景广阔。

未来保鲜技术将逐渐趋向于综合化、系统化、全面化，将多种保鲜方法优化集成正在成为水产品保鲜技术的主要研究方向。因此，海洋食品保鲜技术的发展趋势是以低温保鲜和保鲜剂保鲜为基础，采用气调保鲜、辐照保鲜、臭氧保鲜及超高压保鲜等新型保鲜技术，建立基于栅栏因子及其协同作用等原理的有效保鲜技术体系，从而使海洋食品的鲜度品质达到最佳，经济效益最大化。

二、无水保活技术的完善是海洋食品高效运输的保证

目前国内鱼类活体运输基本采用有水的方式，传统保活运输方法普遍存在保活时间短、运输量小、存活率低、成本高等问题，且在运输过程中会造成鱼类产品品质的劣化，同时产生食用安全隐患。随着现代科技的不断发展进步，以及节水、节能、环保、生态理念的强化，我国水产品的保活运输已从早期的水箱法逐步发展到现在的高速、高密度专用车船和集装箱运输，直至充氧运输、麻醉运输及冰温无水保活运输技术。对于麻醉保活技术，国内外学者多侧重于研究麻醉保活效果及其对血液成分的影响，而麻醉在水产动物体内的诱导期、代谢途径、作

用机制和麻醉剂量的安全范围、反复麻醉对水产动物的危害及开发出安全可靠的绿色麻醉剂等方面将是重要的研究方向。

无水保活运输技术研发是对水箱、帆布桶传统运输方式的一次革新，尤其是生态冰温无水保活运输技术，其因具有成本低、质量好、无污染、安全度高等优点，逐渐成为今后水产品保活运输的主要形式，具有良好的应用前景。以往冰温保活技术主要研究影响保活时间和存活率的因素，如暂养时间、温度、溶氧等最佳条件；未来保活运输技术可以考虑将冰温保活与其他保活方法如麻醉保活等相结合，研究效果较好的新型保活技术，这不仅能提高成活率，节约成本，而且对我国水产养殖和加工业的发展起到巨大的促进作用。海洋食品无水保活具有广阔的市场前景，节水型和节能型的无水生态冰温保活技术是未来海洋食品物流的发展趋势。

三、冷链物流技术的优化是海洋食品品质保障的基础

在水产品冷链物流过程中，温度是延长水产品货架期最重要的因素。目前，随着传感器技术的发展，特别是生物传感器、微生物型时间-温度指示器（time-temperature indicator，TTI）技术的研发，监测冷链物流的环境参数逐渐趋向全面化。冷链物流技术的未来发展趋势是集成无线传感网络与人工智能技术的智能化冷链物流，并探索冷链物流环境的监控模型，从而保障冷链物流过程中水产品的品质安全，提高冷链物流效率，提升我国冷链物流的服务品质和智能化水平。

冷藏链基础设施薄弱是我国目前水产品低温物流建设的主要障碍，为此我国大力引进国际先进技术与装备，学习国外加工生产技术，快速提高冷链物流水平，并积极开发、研制和生产各类先进冷藏链设备，以满足市场需要；对现有的陈旧冷库设备进行节能改造，增加装配式冷藏库及新型保温材料的应用，从降低能耗、噪声，提高设备自动化程度与可靠性方面提升国产设备的质量；2012 年 4 月《活鱼运输技术规范》（GB/T 27638—2011）、2018 年 12 月《活水产品运输技术规范》（GB/T 36192—2018）等标准实施，2016 年 2 月《鲜活海产品冷链物流运输规范》、2016 年 8 月《水产品冷链物流服务规范》等国家标准征求意见出台，相关标准及法规和制度在全国的实施将加快水产品低温冷链物流安全保障体系的构建，从而建立起一个完善的水产品冷链物流体系，实现水产品冷链物流行业的健康可持续高质量发展。

第四节　主要任务与发展重点

一、发展思路

瞄准国际食品产业科技发展前沿，构建以市场为导向、以企业为主体、以高校和科研院所为依托、政产学研紧密结合的产业技术创新和技术服务体系，形成以消费引导生产、技术保障消费的海洋食品保鲜保活及冷链物流发展新模式，解决制约我国海洋食品保鲜与保活科技发展的问题，并加强新技术保鲜和保活过程中生物学变化等基础理论研究；针对海洋食品种类多的现状，建立我国大宗捕捞和养殖海洋食品原料学数据库，研究其贮藏过程中的品质变化规律，开发其保鲜与保活技术工艺参数；基于养殖、暂养（净化）、保鲜（保活）、流通及消费海产品全产业链思维，制定典型高质、高值养殖海洋食品的冷藏链全程操作规范，建立冷链物流过程中的作业标准和完备的实时动态监测系统，为我国居民或加工企业获得高品质海洋食品（或加工原料）提供技术支撑。

二、发展目标

到 2025 年，完成我国大宗近海渔业资源和远洋渔业资源的原料学数据库构建；完成 10 种我国大宗海洋食品从养殖水域（捕捞水域）到市场（或加工企业）的保活、保鲜及冷链物流技术质量保障体系的建设；建立区域性的水产品冷链物流网络，建立主要远洋渔业资源的船上高品质保鲜技术，将保鲜贮藏过程中水产品损失率控制在 10%以内；加大专业化潜心人才的培养和海洋食品研发平台建设的力度，构建一批有国际影响力的海洋食品研发团队和研发平台。

到 2035 年，完成 20 种我国大宗海洋食品从养殖水域（或捕捞海域）到市场（或加工企业）的保活、保鲜及冷链物流技术质量保障体系的建设；建立全国性的水产品冷链物流网络，将保鲜贮藏过程中水产品损失率控制在 5%以内；建立远洋渔业资源的捕捞、保鲜和加工一体化的船上保鲜与加工模式，开发出适于大宗海洋食品的船上保鲜和加工的关键装备，并建立相应的示范生产线；海洋食品保鲜与保活领域达到国际领先水平，冷链物流技术及装备开发居世界前列。

三、发展任务及重点

针对海洋食品科技与产业发展需求，围绕蓝色海洋经济可持续发展，明确"聚焦深海，拓展远海，深耕近海"三大发展方向，以提高海洋食品品质为主要目标，重点研究保鲜与保活技术对海洋食品品质保持及调控的作用机制，并制定相应生产技术和标准，提高海洋食品在流通过程中的品质，降低保鲜贮藏过程中海洋食品的损失率。

（一）基础研究方面

1. 海洋食品品质评价、保持及调控机制

以我国近海主要经济水产品（鱼、虾、贝、蟹）为对象，系统分析评价其营养、品质指标及其变化规律，针对不同鱼、虾、贝、蟹及其特色加工品确定其对应的品质评价指标；研究海洋食品在保活（暂养、净化、育肥等）、保鲜、贮运流通过程中主要营养成分含量及生化变化和风味物质形成机制等，探明内源酶、微生物及其组分（水分、不饱和脂肪酸、核苷酸等）等对水产品贮藏过程中鲜度变化的影响机制；利用组学研究海洋食品在流通和加工过程中其蛋白质、脂肪等大分子的降解与氧化机制，探究品质劣变及改善机制，构建典型鱼虾贝蟹等的品质保障的栅栏保鲜技术；对风味成分进行定性、定量分析，构建典型特色水产品的特征风味数据库。

2. 保活技术中海洋食品生物学变化机制

基于水体的温度、溶氧、运输密度等环境因素都会对水产动物造成胁迫而使其产生应激反应，监测保活运输过程中海产品体内糖原、血清学等生物学指标，并研究温度、溶氧、运输密度等对生物学指标的影响机制。此外，通过低温安全贮运技术的研究解决高密度、车载条件下由于鱼类相互碰撞、挤压造成的损伤问题；通过臭氧紫外联合杀菌消毒技术的研究，解决流通过程中由于水质恶化、细菌滋生造成的高发病率问题；通过节能型高效溶氧技术的研究，解决由于鱼类运输密度高产生的高溶氧需求。研究麻醉保活效果及其对血液成分的影响，尤其需研究麻醉在鱼体内的诱导期、代谢途径、作用机制和麻醉剂量的安全范围、反复麻醉对鱼体的危害，开发出安全可靠的绿色麻醉剂。探明保活过程中典型海水鱼、贝和蟹的生物学变化机制，运输过程中温度、溶氧和密度等因素与生物学指标的相关性，从而为制定合理的保活技术提供理论指导。

3. 冷链物流中海洋食品的品质保障机制

冷链物流技术的提高和完善对于保障水产品质量安全、增加有效供给起到重要作用。在水产品冷链物流过程中，温度是延长水产品货架期最重要的因素。实际冷链过程中对商品整个货架期中的一些关键参数进行监控和记录，通过时间温度积累效应指示食品的温度变化历程和剩余货架期信息。例如：TTI 主要用于反映冻藏时对贮藏温度敏感的食品的时间-温度历程，同时也可以反映食品的剩余货架期，以便控制食品的销售。水产品化学成分的变化与温度之间存在着密切的联系，可以通过实验的方式确定不同温度下水产品体内蛋白质、脂肪等营养成分的变化速率，从而确定水产品在不同温度下的货架期。

重点研究以温度为主要因素对流通过程中海洋食品营养成分及质构和风味等品质的影响规律，利用现代仪器分析、分子生物学、蛋白质组学、代谢组学等技术在不同层次上研究流通过程中海洋食品的蛋白质、脂肪及其他品质变化与内源酶活性和温度间的相关性，研究各组分结构与营养品质间的变化机制与调控机制，明确

10 种典型海洋食品在流通过程中的品质变化规律，并确定合适的品质保障机制。

（二）技术研究与创新方面

1. 船上保鲜加工与保藏技术开发

与陆基保鲜加工相比，船上保鲜加工有其特殊性：①渔获量大且品质易劣变；②船上冷库（空间）和携带燃油量（能耗）受限。大力发展船上保鲜加工与保藏技术，一方面可确保海上一线水产品拥有较高的鲜度品质，保障其质量安全性；另一方面船上保鲜加工也是构成现代渔业产业链的重要环节，对水产品后续的贮藏加工和物流运输起到关键作用。

针对远洋渔业资源特点及船上特殊性要求，应系统开展南极磷虾、金枪鱼、鱿鱼等典型远洋渔业资源的原料学特性和船上保鲜研究，根据不同渔业资源的原料学特性确定合适的鲜度（品质）评价指标；结合资源获取方式与船上预处理获得高品质远洋渔业资源；研究贮藏过程中内源酶活性、极端微生物、水分含量（水分活度）和温度等因素在典型水产品中脂肪氧化、蛋白质变性与水解、干耗、冰晶变化、色泽变化、出肉率下降、风味变化、重金属迁移等品质劣变中的作用，阐明贮藏过程中品质劣变的机制，以低温保鲜为基础，采用气调保鲜、保鲜剂保鲜、辐照保鲜、臭氧保鲜及超高压保鲜等新型保鲜技术，并结合栅栏原理将其进行复配，开发适合船上的预处理与保鲜技术并制定相应的操作技术规范，控制其品质劣变。

2. 陆基保鲜加工与保藏技术开发

陆基保鲜主要围绕新型生物保鲜剂、水产品速冻、非热杀菌技术、包装技术等主要加工与保藏技术的基本理论及其应用，研发新型保鲜加工与保藏技术；发展高效的水产品保鲜技术，主要是加大对新型保鲜方法的研究，特别是对于天然、无毒无害生物保鲜剂，如乳酸链球菌素、壳聚糖、茶多酚等有效成分的探究，加大开发力度，研制出保鲜效果最佳的新型复合保鲜剂；针对常规冷冻保鲜加工冻结过程速度缓慢、冻结过程中冰晶破坏海洋食品品质的问题，为提高冻结过程中海洋食品的品质，主要开展液体浸渍冻结和连续式液氮快速冷冻技术对冻结过程中海洋食品品质的影响；应针对传统解冻方法容易造成海洋食品品质下降的问题，研究高压电场解冻、通电加热解冻、射频解冻等解冻技术对海洋食品品质的影响；开展超高压杀菌技术对海洋食品中有害微生物的抑制效果及机理研究，建立针对海洋食品的超高压杀菌操作规范；开展环境友好的具有抑菌效果的海洋食品包装材料和技术研究。

3. 海洋食品高值原料无水保活技术开发

水产品保活技术根据保活原理与方法的不同可分为低温保活、无水保活、麻醉保活、充氧保活等。现代水产活体流通的运输往往是几种方式的结合，只有综合利用好各种运输方式才能最大限度地提高保活运输的密度、延长运输距离和时间、降低运输成本。

开发以我国典型海洋食品高值原料（海水鱼、贝、蟹等）为对象的无水保活运输技术，分析无水保活技术对其营养成分、感官特征及风味等食用品质保持的影响，分析保活运输过程中水产品品质的变化机制，优化水产营养成分、感官特征及风味等食用品质保障技术；明确水产品长距离运输过程中营养品质的变化，研发新型水产品保活运输技术；开发价格低的专用包装材料和装置，提高有效装载量，降低包装成本。重点研究冰温和麻醉保活技术工艺，探明不同水产动物特有的生态冰温，研究不同冰温条件处理下水产动物肌肉中的磷酸化酶、丙酮酸激酶、己糖激酶等酶的活性，比较其新陈代谢特点（厌氧能力和氧化能力）；探明不同水产动物合适的麻醉工艺条件，有效地降低海产品的新陈代谢水平，从而延长海洋食品保活时间；研究冰温保活与其他保活方式如麻醉保活集成技术，并应用于水产动物的保活运输；研发适合一些名贵水产动物单体包装的保活箱，保证水产动物在转运途中的存活、成本较低且便于携带。

4. 海洋食品冷链物流实时动态监测系统开发

目前，我国水产品冷链物流主要依托公路铁路等交通网络及运输工具进行。虽然目前我国的水产品冷链物流技术已经得到了较好的发展，但是与西方发达国家相比，仍然存在着许多不足。目前我国还需要积极引进人工智能技术及信息技术进行实时的跟踪，使得物流信息能够更加高效快捷地传递，从而进一步促进水产品冷链物流技术的有效发展。

结合我国现有的冷链物流技术，分析冷链物流体系，完善水产品品质保障系统，针对冷藏流通过程中海洋食品品质和微生物等变化，研发海洋食品物流实时动态监测系统，开发基于 RFID 和 EPC 物联网的水产品供应链追溯平台，通过无线网络实现水产品运输、贮藏、销售全过程的质量安全监控，保证管理人员实时了解对象生存状况和水质变化情况，保障水产品安全，降低物流风险，以最少的成本投入，实现最经济有效的保活运输，为保活运输工艺和系统的构建提供基础理论依据。

由于实际环境中温度都是变化的，恒温情况下获得的模型难以满足实际需求，因此需要积极探索新的水产品质量安全监测方法和开发新模型，无论是在恒温还是温度波动情况下新方法都能够准确地预测货架期，新方法能够进行模拟，形成模型，模型应尽量简单，参数容易确定，数据容易获取，能够快速、准确地预测货架期，提高水产品冷链物流的效率。

5. 海洋食品保鲜与保活装备及设施开发

海洋食品保鲜与保活的发展需要大力发展新型高效保鲜保活装备。针对食品冷藏链设施和装备落后、相关的技术水平有待提高等现状，应对全国现有的陈旧冷库设备进行节能改造，增加装备式冷藏库及新型保温材料的应用，从降低能耗、噪声，提高设备自动化程度与可靠性方面提升国产设备的质量；扩大使用 NH_3、CO_2 和 R404A 等环保型制冷剂，提高制冷装置能效，通过节能来降低碳排放；通过仓库管理系统（warehouse management system，WMS）与现代物流技术的有机集成，进行冷库信息化系统建设，对冷库作业及管理进行全过程控制。

针对当前国际冷链物流发展趋势，积极发展小批量、多品种的小编组机冷车，开发适合我国冷藏运输行业发展特点的冷藏运输装备，如多温度冷藏车、蓄冷保温箱等，大力发展适合各种冷藏运输方式联合运输的冷藏集装箱，如隔热保温车、低温制冷剂冷藏车、气调车、蓄冷板冷藏车、多温度冷藏车等新型冷藏运输装备，解决公路与铁路、水路间及海铁联合运输过程中货物交接的难题。针对我国海洋食品冷链物流不完善、温度波动大、标准化程度低、品质劣变严重及物流损耗、能耗和成本过高等问题，开展海洋食品冷链物流关键技术与装备研究及产业化示范，重点开发船用与工厂化超低温制冷技术及节能化冷链流通装备技术，并进行产业化示范。

第五节　保障措施与政策建议

一、加大海洋食品保鲜保活基础研究领域科研投入

渔业发达国家都十分重视水产品贮藏与加工学科基础理论的研究，投入大量的科研力量，以重大理论的突破带动产业的发展。我国应在紧跟国外海洋食品保鲜与保活基础研究前沿的同时，根据自身的特点开展研究。加大科研经费的投入，提高该领域研究资金投入占 GDP 的比例。以充裕的科研资金减轻科研人员的后顾之忧，提高科研人员的积极性，保证科研项目顺利开展。未来应针对制约学科发展的关键技术深入研究，探讨水产品加工与贮藏中物理化学变化规律，解决基础理论研究匮乏等问题。同时还应深入开展一些实用技术的基础研究，如保鲜与保活过程中水产原料的生化特性和品质变化机理及分子机制，鱼肌肉蛋白质抗冻变性保护技术，鱼体脂肪氧化酸败及水分干耗问题，鲜度和品质的快速检测技术，水产品无冰保鲜技术及栅栏保鲜技术，水产品远距离运输保活的风味及品质的改良技术等，争取在大宗鱼类、贝类、甲壳类保鲜和保活基础研究方面取得具有国际前沿水平的研究成果，提升本学科的水平。

二、加强与水产养殖学等其他相关学科的合作交流

水产养殖学是水产品加工学科发展的基础，是水产品加工学科的源头，水产

品加工要取得长足发展，依赖于水产养殖学科的壮大，尤其是海洋食品保活和水产养殖紧密相关。通过和养殖学科的合作交流，有利于实现水产品保活运输过程中各环节的科学控制，解决水产品在长距离、长时间的保活运输过程中存活率低、品质差等难题，可以为水产品中农药残留的来源和控制提供指导。水产品冷链物流及装备系统开发不仅涉及水产品加工学科，还涉及生物科学、材料科学、信息技术、机械工程等学科。通过与相关学科的交流融合，水产品冷链物流及装备系统开发将会在冷链物流实时动态监测、保鲜保活装备开发、节能环保新型包装材料应用等方面得到科学指导，使海洋食品保鲜保活技术快速发展。

三、制定合理政策支持远洋渔业资源的船上保鲜与加工

远洋渔业是多部门、多行业相互协作的综合性产业，也属于国家的战略型产业，需要在国家层面提供综合性的支持政策推动远洋渔业的发展。针对远洋渔业生产成本的不断攀升，需适度提高对远洋渔业企业的燃油补贴发放标准，引导捕捞渔船转向远洋深海捕捞作业；以提升产业化水平为契机，强化远洋渔业产业化组织培育及产业链延伸与整合，大力培育渔业"龙头"企业；鼓励和引导远洋渔业龙头企业走出去拓展市场，加大远洋渔业水产品回运和精深加工力量；鼓励有实力的远洋渔业企业向冷藏运输、水产品加工、市场营销等产业链环节延伸；提升远洋渔船的船上保鲜加工技术装备水平，通过科技部或海洋渔业部门，设置一定数量的科研项目支持远洋食品保鲜技术的研发。

课题主要研究人员

	姓名	单位	职称/职务
统稿人	王锡昌	上海海洋大学	教授/执行院长
	施文正	上海海洋大学	教授
参与人	谢晶	上海海洋大学	教授/院长
	丁玉庭	浙江工业大学	教授/院长
	秦小明	广东海洋大学	教授
	刘淇	中国水产科学研究院黄海水产研究所	研究员
	娄永江	宁波大学	教授
	汪之和	上海海洋大学	教授
	张饮江	上海海洋大学	教授

注：本专题撰写过程中参考了中国水产有限公司、汇生活（上海）水产有限公司、上海海之兴进出口贸易有限公司和上海帆铭机械有限公司等企业提供的资料

第十章　动物源海洋食品产业科技创新发展战略研究

第一节　引　　言

动物源海洋食品是以海洋水产动物为原料的加工产品，是海洋食品的重要组成部分。"十二五"以来，我国海洋食品产业紧密围绕"自贸区"建设及"一带一路"倡议等国家政策，瞄准市场需求，产业区域集群化趋势日趋明显，产业发展态势良好。随着"十三五"规划的实施，以科技创新加快动物源海洋食品产业结构调整，突破产业发展瓶颈，驱动产业链全面升级，已成为落实国家"蓝色粮仓"、"海洋牧场建设"和"健康中国 2030"规划纲要的重要内容，对推动海洋食品产业健康发展，加快海洋经济建设步伐，实现我国经济可持续发展，全面建成小康社会具有重要的战略意义。

一、动物源海洋食品是我国食品产业的重要组成部分

动物源海洋食品的主要产品有冷冻品、鱼糜制品、干腌制品、调味品、罐制品及营养功能食品等。据统计，2016 年，我国动物源海洋水产品产量达 3270 万 t，是海洋食品产业发展与蓝色粮仓建设的原料基础，对保障国家粮食安全发挥着重要的战略作用。海洋食品的加工是整体产业链中的中心环节，是提高产业水平和提升产品价值的重要途径。2016 年，动物源海洋食品加工量为 1670 万 t，占全国水产品总加工量的 77.3%，是我国水产品加工业的主要组成部分。此外，水产品加工企业中以动物源海洋食品加工为主的企业达 8378 家，占全国水产品加工企业总数的 86.4%，其中规模以上加工企业 2313 家，占总数的 85.0%。这些企业主要分布于沿海省份（山东、广东、福建、浙江、辽宁等），呈现高度的产业区域集中趋势，创造年产值 3343.1 亿元，占全国水产品加工总产值的 81.7%[6, 86]。

动物源海洋食品不仅含有优质蛋白，其产量也仅次于猪肉产量，位居第二，远高于禽肉、牛肉、羊肉等畜肉食品，在保障我国粮食安全、提高人民健康水平、改善膳食结构等方面发挥重要作用。此外，动物源海洋食品在加工产值与加工率方面远高于其他肉类食品（除屠宰业外）[10]。因此，利用产业集群优势，大力推动产业结构调整升级，发展动物源海洋食品产业，对我国大食品工业具有重要的示范与引领作用。

二、动物源海洋食品是实现国民美好生活的重要食物保障

我国是人口大国，保障国家粮食安全是实现国家长治久安的根本。食品营养与健康不仅影响国民的生活质量，同时也反映出国家经济社会的发展水平。党的十九大提出了到 2020 年全面建成小康社会的目标，不仅要全面解决温饱问题，更要实现国民健康水平的全面提升，实现国民美好生活的共同愿景。随着经济的发展，我国的城市化进展将进一步加快，城市人口所占比重将增大，人均收入水平将显著提升，人们的生活方式、饮食习惯及对于"美好生活"内涵的追求也将发生相应的改变。在国家"海洋牧场建设"与"海洋渔业资源保护与可持续利用"等系列政策推动下，我国水产养殖业快速发展，动物源海洋食品已然成为我国国民不可或缺的重要食物蛋白来源。据联合国粮农组织预测，至 2026 年全球渔业产量将增至 19 400 万 t，我国人均水产品消费量将增至 50kg/年，动物源海洋食品将成为我国国民食物优质蛋白的重要来源，更有可能作为一种重要的战略性食物资源[87]。不仅如此，对于动物源海洋食品而言，实现国民的"美好生活"还体现在优质食物与营养健康两个方面。

（一）动物源海洋食品是重要的"舌尖上美食"

自古以来，"海鲜"就是动物源海洋食品的代名词，主要包括鱼类、甲壳类、贝类，其大多肉质细嫩、鲜美。动物源海洋食品在为人们提供日常所需营养与能量的同时，更能带来味蕾的满足与身心的愉悦，增加享受美食的幸福感。不仅如此，动物源海洋食品资源种类繁多，其加工与食用方式多样，能带给消费者更多味觉的新体验与视觉上的冲击。

（二）动物源海洋食品是理想的"健康食品"

随着社会经济发展，我国已经基本解决了温饱问题。然而，《中国居民营养与慢性病状况报告（2015 年）》显示，随着现代城市生活的紧张节奏及饮食结构的变化，一些慢性疾病（如高血压、心血管病、脑卒中等）对我国国民健康的威胁日益凸显[4]。当前，我国部分中青年的慢性心脑血管类疾病风险正在逐步呈现上升趋势，而肥胖也在严重影响着青少年儿童的身心健康发育[88-91]。由此可见，食物的营养与健康已成为我国食品开发的重要方向之一。动物源海洋食品含有丰富的优质蛋白与多不饱和脂肪酸，在满足人们对蛋白质营养需求的同时，还具有降低血脂、抑制血液凝集、清除血栓等功能，对预防脑卒中、冠心病、心肌梗死等心脑血管疾病具有重要作用。此外，动物源海洋食品还是生物活性肽、黏多糖、硫酸软骨素等其他海洋生物活性物质的重要来源，具有良好的降血糖、降血脂、

抑制肿瘤细胞生长、抗氧化等功效。随着《"健康中国2030"规划纲要》的实施，深度开发动物源海洋食品资源，也将成为保障我国国民身体健康的重要手段。

三、动物源海洋食品产业是我国食品产业国际贸易的中坚力量

当前，全球经济发展正处于深度调整时期，产业变革加快，市场格局发生较大变化，全球食品业正不断向多领域、全链条、深层次、可持续方向发展。在这种新局势下，我国食品工业发展也面临着新的机遇与挑战，如何适应食品工业的全球化转变，有效地参与世界食品战略资源与国际食品市场资源配置是我国食品工业面临的重大发展问题之一。而食品的进出口贸易情况则是衡量国家食品工业贸易竞争力、反映行业实力与影响力的标杆。我国是全球第一大水产品出口国，在国际市场上具有较强影响力，水产品是我国食品产业在国际贸易竞争中的支柱性产业（图10.1、图10.2）。据海关统计，2016年我国水产品出口量达423.76万t，价值207.38亿美元，占出口农产品总额的28.41%，实现贸易顺差113.64亿美元，是我国最大出口食品种类。从整体食品产业角度来看，动物源水产品产业关系着我国食品工业贸易竞争力，影响我国在世界食品战略资源与国际食品市场资源配置中的话语权，是打造海洋强国与食品强国目标的重要组成部分。

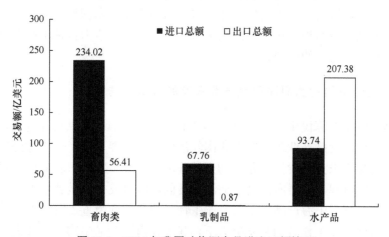

图10.1　2016年我国动物源食品进出口额情况

我国食品产业在进出口贸易上还存在较大的贸易逆差，2016年，贸易逆差达2170.7亿元[10]。其原因主要在于大部分进口食品在品质上高于国内同类产品，进口食品价格与市场需求度高于国内同类产品。另外，我国大部分出口食品主要为食品原料或初级加工品，而进口食品大多为精深加工成品，这也反映了我国食品行业整体实力相对于发达国家仍较为落后。当前，国际贸易竞争关键在于核心

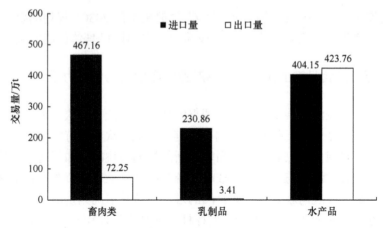

图 10.2　2016 年我国动物源食品进出口量情况

先端技术的竞争，只有掌握拥有自主知识产权的核心技术，才能在未来国际贸易争端与竞争中占据先机，把握话语权。动物源海洋食品虽然实现了较高的贸易顺差，但其出口产品也主要集中在初加工品与半加工品上。随着全球经济增速放缓、国内劳动力成本增加及国际贸易政策的变动，我国动物源海洋食品产业在进出口贸易中的劳动力成本优势将不复存在。如何把握新时代全球食品工业与市场的发展及变化趋势，以科学进步引导产业发展，增强产业技术创新，提升产品加工技术水平，推动产业结构优化，提高国际贸易中的核心竞争力将是未来动物源海洋食品产业必须要面对的问题。

四、科技创新是动物源海洋食品产业发展的根本驱动

　　食品产业是保障民生的战略性基础产业，肩负为国民提供营养健康、安全放心食品的重任。食品产业是新时期我国经济转型的重要引擎，在支撑经济社会发展、满足民生需求方面发挥着重要的支撑作用。近十多年来，随着国家对海洋食品产业的不断重视，对于海洋食品前沿科技创新的研发投入显著增加，"十一五"和"十二五"规划中海产品加工与海洋生物科技均被列为重点发展方向[92, 93]。近年来，在海洋科技工作者的共同努力下，我国在海洋食品生物资源开发（新品种引进、新品种培育、增养殖技术）等方面取得了重大突破；在海洋生物蛋白（肽）、多糖、油脂等主要营养功效成分高效利用前沿技术开发方面也取得重要进展，相关成果荣获多项国家级科技奖项，为海洋食品产业经济效益提升开拓了新的增长点，极大地推动了我国食品产业的可持续发展。"十三五"以来，我国海洋动物源食品产业转型升级加速推进，精深加工水平持续提升，2016 年我国水产品加工总产值 4090.2 亿元，与 2015 年相比增长 5.4%，但总体增长速度仍较缓，主要原因是产业创新驱动力不足，体现在产业发展依旧依赖于数量扩张型增长，产品初加

工比例大、精深加工少，副产物利用度低等问题上。在此背景下，动物源海洋食品产业面临良好的发展机遇与挑战，而增强科技创新能力，推动发展方式转变，将是未来动物源海洋食品产业发展的根本驱动力量。

科技创新是满足消费者对食品品质不断提升的需求的必然选择。2015 年，我国消费海产品总量占世界海产品消费总量的 35%，成为全球最大的海产品消费国。随着我国经济发展与生活水平提高，以及电子商务、物流配送、休闲旅游等新型消费方式的快速发展，消费者对动物源海洋食品的需求将发生重大变化。生活质量的不断提高使得人们对食品营养质量与安全给予了前所未有的关注，海洋食品产业的发展面临巨大的机遇与挑战。近年来，高品质、多元化、营养便捷的产品成为消费大趋势，特别是人口的高龄化程度提升，对动物源海洋食品加工技术也提出了更高的要求。

科技创新是实现产业结构调整与转型升级的必然要求。当前，我国国民的生活方式、饮食习惯及营养与健康需求正在发生重大变化，海洋食品产业也处于历史性的战略转型期，表现为产业价值链由低端向高端延伸，发展方式由高能耗、高排放向节能减排的绿色低碳方向转变，经营方式由粗放型向集约型、技术密集型调整，产业技术体系更加完整、更加开放。但是，我国动物源海洋食品产业中，初级加工、传统手工制作与经验加工仍占较高比例，工艺参数模糊，精深加工技术水平较低，产品品质不稳定，多数装备仍停留在 20 世纪 80 年代水平，自动化与智能化缺乏，创新驱动不足。产业整体工业化程度低，人力成本、能耗、物耗偏高，特别是对提高加工品质量和附加值有重要作用的酶工程技术、高压重组技术、冷杀菌技术及膜分离技术等高新技术与国外先进水平相比还有很大差距，亟待结构转型与现代化升级。随着我国经济社会格局的持续变革，城镇现代化改造进程加快，人口老龄化程度不断增高，对食品营养健康、方便性、产品多样化与个性化等提出更高更新的要求。在此背景之下，势必要求动物源海洋食品产业要以科技创新为驱动，对标发达国家的先进生产技术和管理水平，进一步深化供给侧结构性改革，优化产业结构，提高产业质量，提升产品质量，完善流通渠道，降低交易成本，提高有效经济总量，从根本上提升企业自身竞争力，促进可持续发展。

第二节　动物源海洋食品产业科技现状分析

一、基础研究

动物源海洋食品是海洋活性成分的重要资源库，在当前全民营养与健康的时代，基于海洋食品加工与利用的海洋活性物质开发已成为发展重点。长期以来，我国一直十分重视"药食同源"的饮食传统，但从现代科学的角度揭示海洋食物与营养健康的关系研究相对于欧美日等发达国家还较为落后。早在 20 世纪 90 年代，美国就已经把营养与健康列入食品研究的重点内容。日本、加拿大等国在海洋食物与营养健康领域的研究则一直处于世界领先水平。我国虽然在海洋活性物质的提取、分离和纯化及活性筛选方面做了大量的科学研究工作，各种动物源海洋生物的活性成分及其活性、结构和组成被不断揭示，但对它们的营养和功能成分的研究工作刚刚起步，特别是在动物源海洋食品加工副产物利用方面的基础研究还很缺乏，关键技术难题还未得到根本性解决。我国目前对大宗食品营养功能成分与健康的关系研究较为深入，但对于传统海洋食品加工过程中的食品营养功能成分变化的科学研究并未给予足够重视，其相应的科学研究体系尚未完善。近年来，动物源海洋食品的基础研究主要涉及以下方面。

　　加工与贮藏过程中的品质变化及其调控机制仍是基础研究的主要内容——无论是现有加工技术优化还是传统工艺的现代化升级改造，或是高新加工技术的开发，其核心内容无一不与食品品质及营养成分（蛋白、多糖、脂肪等）的调控机制相关。"十二五"以来，我国学者在动物源海洋食品加工与贮藏方面的基础研究取得长足进步，内源关键酶在不同贮藏或加工条件下对水产动物品质的影响及其作用机制研究仍然保持较高热度；肌肉蛋白分子间相互作用机制及变化规律研究进一步精细化；加工过程中食品质构、呈味物质与营养成分等品质相关因素的变化规律及其内在机制仍是关注的热点；超高压处理、高温瞬时加热、微波场、电子束冷杀菌等高新技术对食品品质提升的机制研究受到高度重视。

　　风味变化特性及其内在调控机制技术研究向新领域迈进——研究动物源海洋食品中挥发性风味物质的组成及含量，对于评价产品质量、指导生产、改进加工工艺等具有重要意义。随着风味检测分析技术装备的提升，如顶空固相微萃取气质联用技术、电子鼻、气味指纹分析图谱、全二维气相色谱-飞行时间质谱法等新技术在食品风味研究中的应用，食品风味的基础研究由最初的成分鉴定逐渐向风味化合物形成机制转变。基于指纹图谱和特征风味化合物数据库构建的风味形成基础，以及物理化学加工手段、生物发酵技术、酶解技术等对风味化合物的作用规律及其变化机制的研究已成为当前的热点。集中体现在动物源海洋食品腥味成分确定、结构鉴定和去除机理研究，热加工产品香味成分的鉴定、加工调控机理，加工过程中蛋白质、脂质、多糖等成分的变化及相互作用对产品风味的影响等核心问题的理论基础研究方面。

二、前沿发展与技术创新

（一）基于内源酶精准调控的品质提升技术取得重要进展

　　海洋生物种类多样、所处环境独特，在捕后、贮藏或加工过程中，内源酶仍保持较高活性，易导致自溶、褐变等品质下降问题。如何实现针对内源酶的高效调控是动物源海产品在加工、贮藏过程中普遍面临的技术瓶颈问题。近年来，基于特定海产品的系统酶学研究建立的内源酶精准调控技术取得重大进展。针对海参自溶问题，国内科研团队通过调控温度、时间、pH 等条件，并使用金属离子及射线照射等手段，可以实现对海参自溶的有效控制和双向调节。以此为核心，形成了一整套海参自溶酶控制技术，开辟了一条具有高科技含量的海珍品加工新途径，并获得国家技术发明奖二等奖（"海参自溶酶技术及其应用"）。

（二）现代生物技术在副产物高值化利用领域得到广泛应用

动物源海洋食品加工副产物占原料总重量的 1/3 以上。副产物中，鱼贝类的内脏含有丰富的蛋白质、多糖、脂类，但其加工方式仍以低值产品（鱼粉、饲料）为主，部分则直接废弃处理。近年来，酶解技术在水产品副产物高值化利用方面取得可喜进展。与传统压榨、溶剂提取、淡碱水解等方法相比，酶解提取过程简单、条件温和、能耗低、污染少，可以有效地实现蛋白质和油脂、多糖等成分的分离，高效提取有效成分，提高产品的附产值，对实现我国海洋食品绿色加工具有重要意义。利用蛋白酶水解鱼类加工副产物鱼皮、鱼鳞蛋白，联合膜组合分离等技术在以胶原蛋白肽为代表的产品制备方面已取得显著成效。海洋食品的脱腥效果决定了最终产品的市场可接受度，亦是当前副产物加工利用遇到的关键技术难题。通过生物工程手段，可有效去除水产品的腥臭等不良风味，其效果已得到明确验证。此外，通过生物工程手段联合连续美拉德反应从副产物中高效制备呈味基料与天然调味品共性关键技术亦取得重大突破，为大宗低值副产物的综合利用提供了有效解决办法。该领域的研究获得国家科技进步奖二等奖 2 项（"海洋水产蛋白、糖类及脂质资源高效利用关键技术研究与应用""大宗低值蛋白资源生产富含呈味肽的呈味基料及调味品共性关键技术"）。

（三）非热加工技术的组合应用初见成效

非热加工是一类新兴食品加工技术，最初主要应用于食品的杀菌和钝酶。食品非热加工具有杀菌温度低，能更好保持食品固有营养成分、质构、色泽和新鲜度等特点。同时，非热加工具有环境污染小、能耗低等优点，已成为国际食品加工业的新增长点。在动物源海洋食品产业中应用的食品非热加工技术主要有超高压、高压二氧化碳、高压脉冲电场、高压均质、超声波等技术。目前，食品非热加工技术在动物源海洋食品加工中的应用研究越来越广泛。例如：超高压技术应用于贝类脱壳、虾蟹脱壳、生食牡蛎杀菌、钝化酶类、水产蛋白的凝胶化、辅助提取海洋生物活性物质、快速解冻水产品等。高密度二氧化碳技术主要应用于海洋食品杀菌、钝化甲壳类多酚氧化酶、水产蛋白的凝胶化、分离水产蛋白、提取海洋生物活性物质（虾青素、鱼油等）、水产品的干燥等。高压脉冲电场主要用于海洋食品杀菌、辅助酶解水产蛋白、提取生物活性物质（鱼油、鱼骨钙、硫酸软骨素等）等。超声波技术主要应用于海洋食品杀菌、钝酶、水产蛋白辅助酶解、辅助水产蛋白的凝胶化、提取海洋生物活性物质、解冻水产品等。单一的食品非热加工技术均有其优缺点，为了充分利用每一种非热加工技术的优点而弥补其缺点，将多种非热加工技术联合利用，提高其应用效果已成为研究的主流，如超高压与高密度二氧化碳联合、超高压与超声波联合、高密度二氧化碳与超声波联合等。虽然食品非热加工技术在海洋食品领域的应用研究前景良好，但是非热加工技术目前还存在杀菌不稳定、不彻底、规模小、设备成本相对较高等问题，尚未得到广泛的工业化推广应用。

（四）风味调控技术取得重大突破

风味是评价动物源海洋食品品质的一种重要指标，风味主要由挥发性风味物质和非挥发性滋味物质组成，其中挥发性风味物质是指能由嗅觉感觉到的物质，主要包括香气、异味及具有挥发性但无明显气味的物质；非挥发性滋味物质由一些呈味物质（游离氨基酸、多肽、核苷酸、有机酸等）组成。"十一五"和"十二五"期间，高校和研究机构十分重视动物源海洋食品风味物质的鉴别、组成、含量，以及不同养殖、加工方式对挥发性风味物质影响的研究，包括让人愉悦的特有挥发性风味成分和鲜味物质，以及让人排斥的"鱼腥味""腥臭味""胺味"等不良风味。目前，关于卵形鲳鲹、大黄鱼、草鱼、鲢鱼等主要鱼类，凡纳滨对虾、南极磷虾、中国明对虾、刀额新对虾等主要虾类，牡蛎、扇贝、贻贝、珍珠贝等主要贝类，鱿鱼、墨鱼等头足类的挥发性风味成分均可被鉴别出来，其特征性成分可以用作感官评价和鉴别真伪的指标。在风味调和技术方面，近年来涌现了一批具有重要意义的科技成果，如"大宗低值蛋白资源生产富含呈味肽的呈味基料及调味品共性关键技术"获得2009年度国家科技进步奖二等奖。该项目通过在酶解液中接种耐热性植物乳杆菌，解决了酶解过程防腐和祛除腥异味的技术难题，并利用连续美拉德反应增香技术实现产品风味的系列化，开发出系列富含呈味肽的呈味基料及系列高档调味品。这些技术已经在多家企业得到示范应用，大大地丰富了风味产品的品种。在风味改良技术方面，针对传统腌制/干制鱼类产品、天然海鲜调味料（如鱼露、蚝油、虾酱）等传统海产品腥味重等问题，利用食用类微生物（如乳酸菌、戊糖片球菌、酵母菌与米曲霉等）的生物催化反应，建立了快速风味成熟技术，在缩短传统腌制时间的同时，利用特定微生物和酶的作用，迅速提升了这些产品的特征风味，并丰富了香味物质，抑制了不良风味成分的产生。目前这些技术已有部分在咸鱼、腌腊鱼、糟醉鱼、鲊鱼、腌干鱼等传统腌制鱼类产品和海鲜调味料的生产中进行应用，有利于保护和创新我国传统水产腌制产品，也有利于地方特色水产腌制加工企业的高质量发展和推广示范。

（五）组合干燥技术得到广泛应用

"十二五"以来，食品的现代化干燥技术研究得到进一步发展，微波真空干燥技术、冷冻干燥技术、红外干燥技术等一批更高效、低能耗的高新干燥技术在海洋动物源食品加工中的理论基础研究不断深入。传统热风干燥技术存在的营养物流失严重、品质变化大、能耗高等技术问题得到有效解决。基于动物源海洋食品原料自身多样性及现代干燥技术的自身特点，针对单一干燥带来的干燥不均、效率低等问题，多种干燥技术有机结合的组合干燥技术逐渐被广泛应用，进一步提高了干燥效率，有效防止了品质劣化。利用以上技术组合，国内学者先后对罗非鱼、鲣鱼、竹荚鱼、鲭鱼、小黄鱼、鱿鱼、海鳗、对虾、海参、牡蛎、巴非蛤、鲍鱼、扇贝等开展系统研究，在实验室水平成功证实组合干燥技术在动物源海洋食品加工中的可行性与应用前景。得益于智能化干燥设备的开发，现代化组合干燥技术得到了有效推广和应用，有力推动了传统海洋干制食品产业向标准化、规范化与规模化迈进。

（六）物联网、智能化与信息化技术崭露头角

人工智能技术对动物源海洋食品产业的发展起着至关重要的作用，可以说动物源海洋食品的科技创新离不开计算机技术的应用与辅助，具体表现在以下几个方面：随着《中国制造2025》的全面推进，智能装备、自动化技术、大数据与云计算技术在食品工业中的优势日益凸显。利用智能化可编程控制器（programmable controller，PC）及其网络架构所构成的计算机集成制造系统（computer integrated manufacturing system，CIMS）可实现食品工业高度自动化、定量化与精细化，可实现动物源海洋食品在生产过程中的智能控制、状态监控与故障防护等任务。同时，智能化系统还可提供良好的人机对话，使工艺控制与操作更加简单易行。另外，实验室研发新型食品时，开发者可利用云计算技术虚拟出实际的生产环境与加工参数，并在该环境中策划、设计产品的生产工艺及设备，预测出产品的最终品质。例如：模拟鱼肉在微波加热过程的受热情况、鱼肉在冷冻过程中冰晶的形成规律等，可以极大缩短新产品开发及其生产线设备和工艺设计所需的时间周期，缩减成本。此外，充分利用互联网大数据统计，可以实时把握最新产品市场动态与消费者宏观需求趋向，为新产品的设计方向与市场定位提供直接、有效的参考。

企业品牌的建立不仅需要产品质量的保证，还需要高效的传播与营销手段。基于计算机技术的互联网是企业当前建立品牌形象、实现高效营销的重要平台。互联网不仅可以帮助消费者直接获取产品目录、服务内容与综合实力等信息，同时也能让企业通过良好的网站设计与在线服务，让消费者更好地了解自身的品牌

与文化理念。另外，RFID 作为构建"物联网"的关键核心技术，可实现对目标物品的全球追踪、读写与识别，应用于动物源海洋食品的质量管理系统，能保证海洋食品从生产到消费的全过程监控与管理，使食品的溯源体系成为现实。

三、集成示范与成果转化

"十二五"以来，科技部积极倡导产业联盟科研合作模式，在海洋食品加工行业得到广泛响应。由龙头企业牵头，高校、科研单位、相关企业共同参与，或以高校为牵头单位，以产业链为主线联合多家企业、高校和科研机构组成的海洋产业校企联盟在全国多个省份部署完成，为加速促进技术集成与成果转化创造了条件。

（一）贝类精深加工关键技术

贝类是我国海水养殖的重要品种，占总产量的 72.4%。加工技术落后、产业规模小及副产物利用率低是当前贝类加工产业亟待解决的关键技术问题。针对这一现状，我国科研人员围绕贝类初加工自动化装备开发、贝类即食食品开发及副产物活性成分制备等方面开展重点攻关。例如，以朱蓓薇院士领衔的科研团队近年来围绕贝类的精深加工与副产物高值化利用，通过研究生物活性物质的高效制备技术，开发了系列新型贝类食品，实现了部分贝类品种的精深加工和高值化利用，对贝类产业发展，促进渔业增效、渔民增收具有重要意义。该项目获 2010 年度国家科技进步奖二等奖。

（二）头足类精深加工技术

头足类是我国重要的海洋捕捞品种，随着国家对海洋捕捞产业的重视与科研力量的投入，头足类精深加工技术取得了进一步发展。头足类船上低温保鲜技术的开发成功实现了头足类的船上品质保持与甲醛含量控制。头足类肌肉蛋白凝胶形成机制与内源酶的研究也为头足类在鱼糜制品中的应用奠定了理论基础。此外，国内科研团队在头足类副产物中牛磺酸、章鱼胺等生物活性成分的高效制备方面亦取得较大进展，为头足类副产物的高值化利用提供了技术支撑。针对制约我国鱿鱼产业发展的"甲醛超标"等瓶颈难题，高校与国内主要头足类加工企业联合开展了鱿鱼甲醛控制、原料保鲜与品质改良等关键技术研究和集成应用。项目成果在国内多家大型水产品加工企业获得广泛应用，进一步完善了鱿鱼产业链，推动头足类加工产业快速健康发展。该项目获 2017 年度国家科技进步奖二等奖。

（三）金枪鱼质量保真与精深加工技术

随着国外海洋食品饮食文化对国内消费者的影响，我国金枪鱼产业得到迅速发展。金枪鱼的精深加工与品质保持技术研究受到国内学者与相关企业的广泛关注，并在金枪鱼冰温保藏、超低温冷冻、冷链运输等领域取得一系列关键技术突破。同时还开发了金枪鱼生鲜产品、冻煮产品及休闲调理食品、活性肽、鱼油等五类精加工系列产品，有效促进了我国水产加工业的转型升级。以"金枪鱼质量保真与精深加工关键技术及产业化"项目为例，该项目构建了金枪鱼质量保真与精深加工技术体系，发明了金枪鱼船载和岸基液体平板超低温速冻设备，建立了金枪鱼超低温保藏和冷链物流体系，开发了蒸煮冷却仿真控制系统，有效控制了鱼体组胺含量，提高了金枪鱼产品质量。该项目获 2016 年度国家科技进步奖二等奖。

（四）南极磷虾精深加工技术

在高校研究团队与远洋集团共同努力下，我国南极磷虾产业化项目在很短时间内取得了突破性进展，2016 年底通过了科技成果鉴定，技术达到国际领先水平。该项目相继得到 863 计划、国家科技支撑计划、辽宁省各级部门项目的资助，建立了船上壳肉快速高效分离及虾粉快速制备加工技术、冷链技术、虾油工业化提取及精制技术、高品质磷虾油工业化生产技术、高纯度高磷脂含量南极磷虾油制备技术，并开发出了南极磷虾肉和磷虾油系列制品。

（五）海珍品精深加工技术

海珍品作为具有较高经济价值的海洋食品，长期以来以生鲜为主，缺乏相应的精深加工技术与理论研究。随着物质生活的日益改善，人们对海珍品的市场需求量陡升，生鲜品已无法满足跨地域销售市场，其相应的精深加工技术也成为国内近年来迫切需要解决的问题。所幸的是，国内科研团队已提前开展了这些前瞻性的研究攻关工作。通过国内科研工作者的不懈努力，我国在海参、鲍鱼、扇贝、海胆及牡蛎等海珍品的精深加工技术与理论研究方面不断取得重要进展，成功开发了即食海参、鲍鱼罐头、调料扇贝食品及功能性食品等新产品，实现工业化生产，并在沿海城市形成了一定规模的产业群，对我国动物源海洋食品产业的科技创新发展具有重要的推动作用。

四、面临的问题与挑战

近年来，我国科研工作者在大宗海产品高值化利用、贝类精深加工、海参自溶调控关键技术、副产物中风味成分高效制备、高值鱼类和头足类精深加工技术与质量安全保障等关键技术方面取得重大突破并获得国际同行的高度认同。随着"十三五"规划的实施，我国在动物源海洋食品加工技术和基础研究方面将取得更显著的成绩。尽管如此，与发达国家相比我国动物源海洋食品产业依然存在以下不足之处。

（一）新技术基础理论研究相对薄弱

基础理论研究是科技创新的根本所在，为技术的开发与应用提供了至关重要的理论依据。动物源海洋食品原料存在着品种繁多、个体差异巨大、品质易变等特点，在不同加工技术与流通条件下的品质变化内在机理具有多样性，亟待多因素、多角度、多学科理论融合的系统研究。然而，当前我国在动物源海洋食品加工技术的基础理论研究方面仍处于较低水平，大部分科研仍以跟踪研究为主，缺乏原始创新。主要表现在：对于蛋白质、脂肪等主要品质影响关键因子的加工特性与营养特性缺乏系统化研究，对其在加工过程中的变化规律与内在分子机制掌握不透彻；对于品质相关内源性酶的酶系分布、酶学特性与调控机制等缺乏系统、全面的研究；对于动物源海洋食品质构特性及其组成关键分子互作机理缺乏深入剖析，对其在加工过程中的质构特性与内在蛋白构象变化规律尚缺乏系统理论研究；对动物源海洋食品风味形成及在加工过程中的变化机理尚不明确；在节能干燥技术、高附加值产品制备技术、非热加工技术等重要领域，多停留在对工艺优化的探讨，缺乏对技术基础理论和机制机理的研究；对于加工副产物中的生物活性成分，过度集中在对单一功能成分的提取与纯化及体外试验方面，而对不同组分间的协同性及其在生物体内的功能重视不够，缺乏系统鉴定与功效机制的深入研究，对于功效因子的高效制备技术理论研究也不足。

（二）传统海洋食品精深加工水平亟待提高

传统海洋食品是指各地根据地方加工工艺、调味技术、气候环境等制备的具有地方特征的加工食品，是民间经验和智慧的结晶。我国传统海洋食品种类丰富，大部分具有良好的地方特色风味及营养。典型的产品有腌干制品、熏制品、发酵制品等。尽管我国在大宗海产品、贝类精深加工等动物源海洋食品的精深加工技术方面取得了较大突破，但从整体水平上看，依然存在加工层次较低、品种较为单一的问题。动物源海洋食品的加工率虽有所提高，但仍以冻品、冷冻加工品、腌干制品、鱼糜制品为主，精深加工品所占比例较低，加工层次不明显，产品品质相较于国外发达国家依旧存在较大差距。另外，传统海洋食品目前仍以作坊式、家庭式手工制作，凭经验加工为主，加工条件不规范，工艺参数模糊，生产设备简陋，产品质量不稳定，生产效率低，整体生产成本与能耗居高不下，严重削弱了企业在市场上的竞争力，限制了产业的发展空间。

（三）综合利用技术研发与产业对接度有待提高

动物源海洋食品的副产物富含蛋白质、功能性油脂等成分，具有巨大的潜在开发利用价值。近年来，我国在水产品加工副产物利用方面投入大量资金与科研力量，在副产物活性肽制备、鱼油精制、生物活性分子提取上取得了一定成果。然而，整体产业依然存在较为严重的副产物利用率低下问题。随着产量增加，企业面临的资源浪费与环境压力日益严峻，也必然极大程度地限制了企业的可持续发展与效益提升。主要体现在：当前成果大多处于实验室成果阶段，成熟度不高，转化率较低；企业缺乏技术力量和自主创新能力，即便有成熟的技术转化，部分企业仍难于接手，副产物的高效利用问题依然存在，导致主产品成本偏高，缺乏市场竞争力。

（四）产品品牌建设亟待加强

随着国民生活水平不断提升，人们对海洋食品健康与营养的认可度不断提升，动物源海洋食品产业在国内市场开发上具有巨大的发展潜力。当今国际贸易环境变化多端，开拓稳定的国内市场已成为动物源海洋食品产业谋求持续发展的必然要求。然而，动物源海洋食品直接消费群体基本局限在沿海地区，产品也以冷冻品、鱼糜制品、干腌品、调味品、罐头制品为主，形式单一，品种单调，已无法满足年轻群体的个性化消费需求。另外，一些传统动物源海洋食品（如腌制品）由于受到加工工艺限制，产品的含盐量过高，风味不被大多数消费者接受且有一定的质量安全隐患。此外，除罐头制品外，几乎所有产品的食用均需进一步的烹饪处理，在饮食方式上难以赶上现代城市生活的快节奏。我国动物源海洋食品产业不论在规模还是产量上都稳居世界首位，但缺少在国际市场上拥有一定影响力与竞争实力的大型企业和品牌，随着消费者品牌意识的日益增强，企业不仅需要提升自身产品的内在品质，还应充分利用现代物联网技术，加快树立自身的品牌形象，提高影响力。

第三节 动物源海洋食品产业的发展趋势

全球食品产业已发生深刻变化，技术装备更新换代更为频繁，加工制造智能低碳趋势更加多元，产品市场日新月异更趋丰富，以科技创新驱动的动物源海洋食品产业未来将向高质化、营养健康化、便捷化、智能化等方向快速发展。

一、动物源海洋食品加工向高质化发展

生活水平的不断提高与消费理念的变化使消费者在追求食品安全、健康营养

的同时，对于食品的品质与风味也提出更高要求。我国拥有悠久的海洋食品文化，动物源海洋食品自古以来味道鲜美、肉质嫩滑，广受消费者欢迎，尤其以鲜活海产品最为典型。相比之下，当前动物源海洋食品以大宗低值水产品为主，加工方式还较为简单，大部分加工品不论在品质还是食用体验上均与鲜活产品存在较大差距，在一定程度上影响了加工产品的市场接受度。此外，随着国外高端水产品，如金枪鱼、鲑鱼、龙虾、海胆卵、鱼子酱等的进口，以及西方饮食文化对国人饮食观念的影响，人们对高端海洋食品的需求量逐年增长。在此背景下，我国动物源海洋食品产业也呈现出向味美、质优的高端海洋食品方向转变的趋势。鲍鱼、海参、扇贝等海珍品加工特色产业发展迅速，产量不断增加并呈现明显的区域集中趋势。同时，在传统海洋食品加工过程中更注重产品的品质保持与提升，重视新型高端食品的研发，一些产品如海参鱼丸、虾滑、蟹黄酱、蒜蓉粉丝扇贝、海鲜馅水饺等新品不断涌现并迅速获得市场认可。传统的冷冻品、腌干制品亦更加注重冷冻或腌干过程的品质保持与风味调控，更重视提升自身产品品质以满足消费者对动物源海洋食品美味、优质和特色的需求。

二、动物源海洋食品开发向精准营养健康化发展

随着社会发展和人们生活水平的不断提高，人类的膳食结构也不断改变，一些与饮食习惯相关的代谢综合征（如肥胖、高血糖、高血脂、高血压等）患者逐年增加。与此同时，现代的快节奏生活也促使亚健康和慢性病人群不断扩大，已成为严重的社会负担。此外，不同人群（如婴幼儿、老年人、孕妇、运动员等）对营养素的需求亦存在明显差异[6]。这些变化与群体差异使得消费者对食品营养的需求逐渐趋向个性化与精准化。

动物源海洋食品因物种、来源、食用部位的不同呈现出不同的营养特点，可满足不同特殊人群的需求。市场的庞大需求必定引导动物源海洋食品产业与相关领域科研工作者针对不同人群开发不同的海洋营养食品，以满足个性化的健康需求，保持自身的市场竞争力与生命力。当前食品营养学研究从传统的表观营养向基于系统生物学的分子营养学方向转变。以宏基因组学、转录组学、蛋白质组学和营养代谢组学技术为基础的分子营养组学技术及其应用研究成为国际食品营养学领域的新热点，为实现食品营养靶向设计，健康食品精准制造提出了新思路和新途径。动物源海洋食品研究应积极建立海洋食品营养库，对鱼、虾、贝等原料的营养素进行系统的分析；对不同年龄、不同地域、不同身体素质的人群建立营养模型，有针对性地开发营养食品；建立营养素代谢模型，利用组学技术研究海洋食品营养素代谢产物与人类健康的关系，从而真正精准满足不同人群的营养健康需求。

三、动物源海洋食品开发向便捷化发展

随着人们对健康关注度的提高，以及传统饮食结构的变化和消费理念的转型，特别是国内销售渠道和销售网络的不断完善，我国动物源海洋食品消费的内销市场越来越大。随着生活水平的提升、生活节奏的加快、城市人口比例的不断增长，人们在追求营养、健康饮食方式的同时，对食品烹饪的便捷化、即食性等提出了新的要求，准备（烹饪）简单、营养健康、食用方便的调理食品与即食食品也因此倍受青睐。市场需求的变化必将倒逼产业对自身产品发展方向做出相应调整，向调理食品、即食食品等新兴产业方向发展。另外，调理食品与即食食品的出现不仅能有效节约人们的采购、贮备、制作和食用时间，对产业自身而言，亦可使原本分散到家庭的加工副产物高度集中，使后续进一步的综合利用成为可能。随着动物源海洋食品向调理食品与即食食品精深加工方面发展，势必要解决调理食品和即食食品在加工、贮藏与运输过程中的标准化及工业化、自动化生产等方面的问题。此外，随着健康食品精准制造理念的逐渐普及，基于海洋食品健康营养特性的营养靶向设计技术将成为现实，并成为产业发展的强力推手，这就要求企业与科研院所开展紧密合作及互动，将营养组学技术及相关应用研究成果切实应用于产业化生产，推动动物源海洋食品产业持续快速发展。

四、动物源海洋食品产业制造向智能化发展

物联网系统、大数据全产业联动、智能化制造将成为产业未来发展的全新推动力。当前，我国经济发展进入新时代，动物源海洋食品产业发展也面临新挑战。海洋资源和环境约束不断强化，沿海省市的劳动力等生产要素成本不断上升，投资和出口增速明显放缓。依靠资源要素投入、规模扩张的粗放发展模式难以为继，调整结构、转型升级、提质增效成为工业经济转型发展的必然要求。不仅如此，国际海洋食品产业也正进行着新一轮科技革命和产业变革，其产业格局已发生重大转变，对以出口为主的海洋食品产业而言，必然要求做出相应的产业结构调整和升级，以适应国内外社会与经济格局的需求。在此背景之下，国务院印发《中国制造 2025》，开启了我国工业发展战略新序幕。智能制造是中国工业转型升级的核心所在，"互联网＋"和机器人技术则是实现制造业智能化的有效手段与工具。西方发达国家在智能制造领域已走在前列，我国智能制造尽管起步较晚，尚存在诸多问题，但其在海洋食品产业的发展前景和市场潜力令人瞩目，也必将成为国家智能制造发展的重要领域。因此，只有进一步加强对传统海洋食品加工成套装备核心部件与设备的自主研发能力，着力开展海洋食品加工设备在高效化、智能化和低碳化的全面转型与升级，才能实现我国传统海洋食品的工业化和现代化，

为动物源海洋食品产业创新发展带来革命性的改进和可持续发展。

五、企业创新与产业模式向多元化发展

近 30 年来，我国海洋食品加工业产业链不断延长，动物源海洋食品资源的生产、加工的集中度不断增加。以大中型龙头企业为引领，养殖、加工、流通一体化生产加工模式，使我国海洋食品加工业逐渐向规模化、集团化发展，形成了有效的公司+农户+基地的产业经营模式，稳定了原料供货渠道和养殖户的收入，也形成了生产标准化、技术科学化、流通便捷化、管理规范化的格局。

（一）产业结构向"市场+资源，技术+市场"升级

随着国家对海洋生态环境保护力度的不断加大，动物源海洋食品资源浅近海养殖规模将趋于减少，而深海资源的获得量已达到平台期。因此，充分利用海洋生物资源，通过加工技术创新，不断推出安全、健康、美味的海洋食品满足消费者需求成为必需的选择。此外，海洋食品加工副产物综合利用率的提高也逐渐彰显出其潜在的价值，技术创新和资源高效利用应同步推进。例如，大型集团公司可通过与养殖户签订常年的购货协议，建立稳定的海洋食品供货渠道，使产品质量和收入得到保障并实现产业模式升级。

（二）产业发展向"市场导向+产学研合作"转变

针对产品技术难点，重点攻关突破，使新品上市转化成功率显著提高。通过市场导向精准定位、产学研平台有力支撑，可以有效进行产品创新，从而带动企业发展，为产业升级带来原动力，更好地为消费者提供优质服务和产品。以鱼糜制品加工为例，通过企业和高校或科研院所的产学合作，双方共同努力针对低值鱼类的加工特性成功开发出蛋白质重组加工新技术、生物酶与复合材料组合技术和高通量成型技术，有效解决了低值海产鱼糜制品凝胶强度低、色泽青暗、生产成本高、能源消耗较大等问题，并产业化应用于新产品的实际生产中，取得了良好的社会经济效益。

（三）产业模式向"集群化、区域化、一体化"转变

近年来，我国大力倡导发展海洋食品产业，依托于海产品的地域特色和资源优势，海洋食品加工产业园区和创新示范区在全国沿海各地迅速建立，逐渐形成原料生产、加工一体化协同创新的产业链。当前，国内一些大型海洋食品企业开始利用集团的综合资源优势，借势投资方的技术和销售渠道，并从技术创新、管理创新、商业模式创新等三方面入手，重视品质管理、强化卓越绩效管理、全面推进降本增效、精益研发，成功打造出一种涵盖"捕捞、加工、销售"全产业链

的新型合作模式，显著提高劳动生产率、机械化水平及工艺技术水平，在为消费者提供"方便、美味、营养、健康"的海洋食品和海洋生物制品同时，也极大提高了企业自身的科技创新能力与综合竞争力。

第四节　主要任务与发展重点

一、发展思路

顺应优质化、营养健康化、便捷化、多样化的动物源海洋食品发展趋势，牢固树立与贯彻以科技创新驱动产业的绿色、协调发展理念。充分利用自动化、智能化制造和生物制造等现代制造技术快速发展的契机，突破前沿基础理论研究、前沿研发和技术创新及研究成果集成与产业化应用面临的关键难题。重点开展动物源海洋食品品质提升与调控、方便食品和特殊膳食等新型海洋食品开发与产业化应用共性关键技术研究；推动传统动物源海洋食品产业工业现代化关键技术与装备的改造；积极引导传统海洋食品产业向工业化、自动化与智能化发展，全面推动传统海洋食品产业的结构调整与现代化产业转型。

二、发展目标

力争到 2025 年，系统阐明 20 种我国主要动物源海洋食品加工过程的品质控制与提升的理论基础及调控机制；完成 15 种方便食品、健康食品及营养功能食品的开发与工业化生产，实现精深加工技术对产品的增值率达 30% 以上；在沿海主要城市推动建成 10 家在国际上具有一定品牌竞争力的现代化企业，形成一定的区域性示范模式；实现 10 种传统动物源海洋食品的现代化转型升级。

到 2035 年，力争实现我国主要动物源海洋食品加工基础和技术理论研究的系统化与体系化；提高我国动物源海洋食品的现代化精深加工水平，实现生物制造、绿色加工比例的大幅度提升，实现高现代化新技术对产品的增值率达 50% 以上；基本实现我国主要动物源海洋食品产业的现代化转型与升级，建立具有一定规模与影响力的大型高新产业化集群区，打造一批动物源海洋食品产业的优质品牌，进一步提升动物源海洋食品产业在国家食品产业中的战略地位。

三、基础研究

基础研究是前沿研发与技术创新的基础，是集成示范与成果转化的理论依据。应融合生物学、化学、物理学、营养学、免疫学、农学学科的理论和方法，主要研究动物源海洋食品加工过程中主要营养成分的品质变化及影响因素、质构变化机制、内源性酶的特性与调控、风味形成与变化规律等内容。

（一）主要营养成分在加工与贮藏过程中的品质变化

动物源海洋食品的主要营养成分为蛋白质、脂肪、多糖等物质，应重点研究加工与贮藏过程中营养物质的物理、化学、生物学性质变化及其影响因素，并开展其中的交互作用分析。

1. 基于蛋白质的基础理论研究

明确加工工艺及贮藏环境对动物源海洋食品蛋白质品质变化的影响机制，为提高蛋白质的加工适应性及开发合理的调控技术提供理论支撑。深入研究动物源海洋食品蛋白质的加工特性及贮藏过程中的品质变化规律，综合运用现代仪器分析、蛋白质组学、代谢组学等技术，在不同角度上探讨加工与贮藏过程中蛋白质的品质变化机制；系统分析加工与贮藏过程中蛋白质结构变化对其物理性状的影响。研究海洋食品原料的新鲜程度、冻结方式、加热方式对蛋白质加工特性，如保水性、凝胶特性、乳化特性及发泡性影响的作用机制；系统分析动物源海洋食品中化学组分、水分分布状态和稳定性与蛋白质加工特性及贮藏过程中品质变化的相关性；研究加工与贮藏过程中，蛋白质降解、氧化、交联及与脂肪和多糖的交互作用对蛋白质加工特性、贮藏品质及特殊风味形成的影响机理。

2. 基于脂肪的基础理论研究

针对海洋动物油脂的生化特性，系统分析动物源海洋食品的脂质信息，特别是新资源海洋食品（南极磷虾）的脂质含量及全成分分析研究，建立与完善动物源海洋食品的油脂生化信息数据库；围绕动物源海洋食品加工与贮藏过程中各类脂质的氧化及水解规律，建立高效的监测方法，深入研究油脂氧化与水解的影响因素及其内在（酶促及非酶）机理；进一步加强动物源海洋食品加工和贮藏过程中脂质氧化对其感官品质、营养价值与安全性的影响规律及机理研究；基于多成分互作理论机制，系统研究动物源海洋食品加工和贮藏过程中脂质的氧化与蛋白、多糖、核酸及小分子肽等物质的分子间互作规律，进一步阐明脂质变化和品质变化的构效关系与调控机制。

（二）海洋动物内源性酶的特性与调控

为实现海洋动物内源性酶的有效利用和调控，深入研究主要经济鱼类、甲壳类、头足类、棘皮动物类等海洋动物的内源性酶的酶学特性，为内源性酶的提取制备、体外高效生产及产业应用奠定基础；系统研究不同环境条件下内源性酶诱导的动物源海洋食品鲜度、质构、主要营养成分（蛋白、脂肪、多糖等）和风味成分（游离氨基酸、挥发性成分）的变化规律及内在机理；重点研究基于关键内源性酶的海洋动物源食品加工与贮藏过程中特征风味的形成机制，为高附加值产品研发提供理论指导；研究内源性酶的物理、化学调控机制；筛选、设计与海洋动物品质劣变如海参自溶、对虾褐变、鱼糜凝胶劣化等密切相关的关键酶的抑制剂，为加工过程中食品品质有效控制技术的研发提供基础数据。

（三）动物源海洋食品在加工过程中的质构变化机制

针对不同品种在加工过程中的质构特性变化规律多样化问题，重点从大分子蛋白、多糖与水分等关键影响因子着手，系统开展各类经济海洋动物主要营养成分与季节变化的关系及加工特性研究；围绕水产品肌肉蛋白的结构特征，开展动物源海洋食品加工过程中蛋白变性、降解、聚集、交联、凝胶-溶胶变化、超分子及微观结构变化研究；开展动物源海洋食品加工过程中不同相态水分的含量、分布、变化及迁移过程和规律研究，揭示水分与质构的内在相关性；开展动物源海洋食品加工过程中食品力学特性参数变化、质构特性参数变化和感官特性参数变化研究，建立基于人工神经网络的动物源海洋食品品质多元评价与预判体系。

（四）动物源海洋食品风味形成机制和调控

动物源海洋食品因其较高的营养价值和独特的风味，备受人们的青睐。食品的风味主要由滋味物质（非挥发性物质）和气味物质（挥发性物质）两大类组成。对于动物源海洋食品，应重点研究风味组成成分、风味形成机理，以及利用物理、化学、生物等现代技术手段对海洋食品风味进行调控。系统分析动物源海洋食品风味物质组成，利用电子鼻、电子舌、气质、液质等现代仪器分析技术，解明风味物质的成分并测定其含量，结合人体感觉阈值对海洋食品做出风味评价；研究动物源海洋食品加工过程中的风味变化规律，追溯造成特征风味变化的加工工艺条件、添加剂等主要影响因素，利用组学技术研究加工过程中由于蛋白质的降解、脂质氧化、美拉德反应等因素造成的风味物质的形成及发展规律，从化学与生物学角度阐明机制；重点研究动物源海洋食品风味调控作用，通过工艺技术参数优化、新型现代化技术开发及多原料复配物理掩盖、化学修饰、生物改良等方法，减少海洋食品中醛、醇、酮、胺等挥发性物质造成的"腥臭味"，改善产品品质。

四、前沿技术

近年来，随着国家对海洋食品加工领域的重视与科研投入的增加，我国科研人员通过自主创新和国外引进吸收再创新，开发了系列现代化加工技术，如海洋蛋白组织重组、超临界萃取、超高压处理、超微粉碎技术等。然而，当前我国海洋食品加工技术整体精深化、高值化利用程度仍处于较低水平，发展较为缓慢，与发达国家相比仍存在一定差距。为实现我国动物源海洋食品产业科技创新的健康发展，还需要进一步加强基础研究与新技术开发，加强产学研合作，使科研成果与现代化技术及时渗透进企业并实现转化。

（一）生物制造技术研发与应用

针对目前动物源海洋食品加工业落后于养殖业的现状，开展基于现代酶工程、发酵工程、蛋白质工程、细胞工程等现代生物技术的集成及其产业化应用研究，重点加强动物源海洋食品加工过程风味生物改良技术、海洋食品营养功能因子精准设计、基于生物技术的品质提升与营养保持技术、基于发酵工程的新型海洋食品加工与生物酶解技术、海洋食品生物脱敏技术等关键技术攻关；结合药食同源理论，利用生物制备技术、超声波/微波提取、膜分离、超临界萃取、超高压、微胶囊、超微粉碎等新技术，结合分子光谱、核磁共振谱、高分辨质谱、高压液相层析等现代精密仪器的应用，从动物源海产品中获取各类功能性物质。研究开发满足各类特殊人群需求的具有抗氧化、抗高血压、抗疲劳、抗过敏、抗糖尿病、抗痛风、预防肿瘤等功能的高端海洋功能食品加工新技术。

（二）海洋动物蛋白重组技术研究与应用

以低值鱼为原料，研究多糖、外源蛋白、外场（超高压、剪切、pH、离子强度、热塑挤压、微波技术、欧姆加热等）对肌原纤维蛋白的聚集行为及对凝胶质构和流变学特性的影响，以及其对低值鱼鱼糜凝胶质构的调控作用。再造肌肉纤维，研究鱼糜制品生产的 3D 打印技术，开发生产适合不同年龄人群需求的凝胶强度的鱼糜制品、复合鱼肉凝胶制品及其调理食品、重组织化风味鱼糜制品。利用多种光谱技术和核磁技术系统分析鱼糜的感官、质构等品质功能与其原料中特征组分的相关性，建立鱼糜加工专用原料品种的营养评价体系和相关营养信息数据库；研究漂洗、精滤、脱水方式等对鱼糜色泽、凝胶形成能力、风味的影响，改进漂洗技术，提高鱼糜产率，减少用水量；研究抗冻蛋白、亲水多糖等对鱼蛋白冻藏变性的影响及其机理，开发新型冷冻保护与凝胶增强剂、无磷保水剂，降低蔗糖或山梨醇等传统保护剂的用量，降低成本，延长保质期。

（三）非热加工新技术研究与应用

系统开展辐射杀菌、超高压、微波等现代非热加工技术在动物源海洋食品加工中的应用，攻克非热加工在高效冷杀菌领域，特别是该技术在调理食品与方便食品开发、传统腌干制品常温保藏等领域的应用。关注非热加工对海洋食品品质提升与营养功效因子的保持效果，实现产业的低能耗、绿色安全加工的现代化改造。

（四）品质提升与营养保持技术研究

基于风味感官组学技术从分子层面研究决定食品风味品质的关键化合物，并阐明食品加工技术与关键风味化合物变化之间的关系。在食品组分与风味物质作用机制研究的基础上，利用高阻隔包装技术、纳米包埋技术、风味中间体诱导技术等，实现风味化合物的可控释放和风味保持。基于新型物理化学加工和过程分析技术，控制海洋食品加工过程中有害因子的产生。发展新型快速检测技术，着重发展易用型和小型化仪器与快速诊断试剂盒，建立对组分的分析和辨别模型。建立更加科学合理的方法，降低油脂氧化有害产物及美拉德反应有害产物的残留，并建立相关的质量安全管理标准。

（五）现代高效分离制备技术研究与应用

针对动物源海洋食品加工副产物精深加工程度低、综合利用率低等问题，系统开展现代分离工程和生物活性物高效提取关键技术开发与应用研究，重点研究柱层析技术、膜分离技术、超微粉碎技术、超声波/微波提取、生物萃取与絮凝技术、等电沉降等现代分离技术在加工副产物中生物活性物（不饱和油脂、功能蛋白、活性多糖及生物活性肽等）高效提取与工业化制备中的应用，开展工艺条件优化研究，推进产业化示范与推广。

五、集成示范与成果转化

为实现我国动物源海洋食品产业健康、持续发展，未来应以当前科技发展趋势和产业发展的重点科技需求为导向，围绕动物源海洋食品产业发展面临的重大科技问题，重点突破核心关键技术，进一步推进高校和科研机构的科技成果转化为现实生产力，建立与健全科研成果产业孵化和技术集成创新中间平台，落实产学研合作在企业创新技术中的集成应用与示范，促进企业自身科技创新能力建设，充分发挥科技创新在动物源海洋食品产业发展过程中的核心驱动作用。重点围绕以下领域开展产业关键技术攻关与成果转化推进。

（一）鱼糜制品精深加工

从低值海洋水产品加工过程中存在的理论盲点和技术难点入手进行深入研究，利用鱼肉蛋白重组引导生物酶技术、微生物发酵技术、现代膜分离技术、超高压技术、智能化控制等多领域集成技术实现鱼糜制品品质提升、常温保存、加工废水综合利用等关键技术攻关与成果转化。

（二）新型海洋休闲食品开发

深入开发以海珍品、海洋新资源（头足类、南极磷虾等）为主要原料的新型海洋休闲食品，促进抗氧化技术、新加热杀菌技术、新型解冻调质关键技术、蛋白重组与改性技术、风味改良技术、营养保持与控制技术、常温保存技术、真空油炸、超高压等技术集成与现代化装备在新型海洋休闲食品开发中的应用。

（三）传统海洋食品现代工业化

加速推动传统海洋菜肴食品，如海珍品、传统烹饪食品的工业化加工进程，制定切实可行的规范和标准，用现代加工技术改造提升传统生产工艺，由机械化、自动化、智能化生产替代手工制作，积极开展急冻技术与装备、新型低温保藏技术、冷杀菌技术、高温瞬时杀菌技术及栅栏技术等关键技术集成，搭配解决传统烹饪的工业化改造升级、即食海珍品开发与产业化问题。

（四）营养配餐食品开发及冷链流通系统

以我国优势海水鱼种为研究对象，建立海水鱼综合利用加工技术体系，开展营养因子保持与调控、低温气调保鲜技术、海洋食品营养配餐的品质控制技术等关键技术攻关与集成，解决基于动物源海洋食品的营养搭配标准化、工业化生产过程中品质控制与"最后一公里"冷链运输过程的品质保持问题。

（五）副产物高效利用

充分利用动物源海洋食品原料加工副产物，通过靶向酶解技术、生物发酵技术、高通量筛选技术、现代膜分离技术、高效柱层析分离技术、多效低温蒸馏萃取技术、超临界萃取等现代生物、物理集成技术，实现生物活性功能成分（活性肽、多不饱和脂肪酸、生物活性分子、酶制剂）与海鲜调味基料的工业化生产。

第五节　保障措施与政策建议

我国动物源海洋食品产业发展迅速，但产业科技创新仍然面临人才、资金、信息、政策环境等体制和机制层面的障碍，亟须完善食品产业科技创新扶持政策、加强食品行业的学科建设与人才培养和引进、加强食品科技的国际合作与交流，需要业界共同谋划，产学研密切合作，需要政策的引导、扶持和规范，共同推动产业科技创新发展，做大做强动物源海洋食品产业。打造基于区域资源优势的海洋食品产业园区，走新型现代化发展道路，可以集约使用原料资源，降低运输成本，提高产品质量，有效控制生产污染。我国现阶段的产业园区和产业集群需要互动发展，产业园区建设要理性化，要寻找集群的发展机制，以保证园区的持续经营和核心竞争力。

一、建设资源优势产业园区

海洋食品产业园区的规划建设应达到"筑巢引凤"的目的，应以推动海洋食品加工等传统产业高端化发展为定位，依托各地的海洋食品产业优势，重点发展具有本地特色和竞争优势的产业，还可以附带一些其他产业的加工生产，以达到资源的最有效利用。建设集食品研发创新、检测认证、包装印刷、冷链物流、人才培训、工业旅游等为一体的现代海洋食品产业园区，提高基础设施和公共服务水平，使关联企业集聚发展、土地集约使用、产品质量集中监管。打造有国际竞争力的海洋食品产业园区，形成"全国沿海一条线、内陆局域成片、产业一条链"的海洋食品加工产业格局。

二、完善人才与科研创新扶持政策

需要加强对海洋食品相关企业的资金支持，促进金融产业发展，推动创新性金融产品的开发与利用，丰富信贷项目，解决企业融资难题。增加教育经费投入，培养具有科技创新能力的高级技术人才。增加对相关专业的教育经费投入，扶持海洋食品开发、加工、制冷、物流、机械、环保等专业的学科建设，建设并完善校企合作新格局；提高待遇水平，提升岗位吸引力，为海洋食品产业园区建设和海洋食品的可持续发展打下人才基础。当地政府还应支持鼓励园区内的企业与各大知名高校合作，加强在技术创新和人才培养方面的合作交流，利用高校的技术和教育优势实现海洋食品产业的创新发展。另外，政府还应在税收、土地等方面给予相关企业一定的优惠政策，以更好更高效地保障产业园区建设。

三、引导企业集聚发展

建立海洋食品产业园区，形成集聚的规模效应和互补联动的促进作用，有利于提高产业竞争力，促进产业做大做强。应在园区内以产业集群政策替代产业政策，将产业集群和产业园区作为企业政策的重要载体。营造产业集聚的发展环境，完善政策性和服务性配套设施。健全生产性服务体系，科学规划，努力实现生产基地共建、服务平台共用、信息资源共享。培育行业协会，发挥中介组织对提升企业集聚程度的推动作用。加强管理，搞好产业园区规划，做好协调促进工作。产业园区应建立统一的管理机构，承担规划、协调、引资、引智、管理、服务等政府工作。要多渠道吸纳更多的社会资本、技术力量融入产业园区建设，整合相关项目，延伸/延长产业链条。

课题主要研究人员

	姓名	单位	职称/职务
统稿人	曹敏杰	集美大学	教授/副校长
	章超桦	广东海洋大学	教授
参与人	赵前程	大连海洋大学	教授/院长
	戴志远	浙江工商大学	研究员/院长
	刘光明	集美大学	教授/处长
	周大勇	大连工业大学	教授/副主任
	吴燕燕	中国水产科学研究院南海水产研究所	研究员
	曹文红	广东海洋大学	教授
	仪淑敏	渤海大学	教授
	沈清	浙江工商大学	研究员
	孙乐常	集美大学	讲师

注：本专题撰写过程中参考了福建安井食品股份有限公司和浙江兴业集团有限公司提供的资料

第十一章　植物源海洋食品产业科技创新发展战略研究

第一节　引　言

植物源海洋食品主要指以海洋藻类为原料生产的食品。海藻主要由蓝藻、绿藻、红藻和褐藻四大类组成。世界海洋中有 8000 多种海藻。由于海藻是低等植物，整个藻体都可以从周围海水中吸收无机物和低分子量有机物质作为养料，同时也可从藻体向周围海水分泌出其无机和有机废物。生长在化学组分极为复杂的海水环境中，其代谢产物和代谢特点与陆地植物有很大的差异[94]。在食品加工领域，主要利用的海藻品种为褐藻和红藻。褐藻的品种主要有海带、裙带菜等，红藻的品种主要有紫菜、江蓠、麒麟菜等。除了褐藻与红藻外，绿藻也能被食用，主要的品种有石莼、孔石莼、扁浒苔等。

一、海藻是低热量、高膳食纤维天然植物性营养食品

海藻中含有多种营养成分，是一种典型的低热量、高膳食纤维天然植物性食品。海藻中富含海藻多糖及膳食纤维等营养成分，对人体的健康能起到非常有益的作用。以我国产量最大的褐藻——海带为例，海带营养成分的特点是高碳水化合物、高膳食纤维、高矿物质元素、低脂肪。干海带中碳水化合物含量高达 56.2%，膳食纤维含量为 9.8%，膳食纤维在人体中能促进胃肠蠕动，增加消化液分泌，减少有害物质吸收，减少胆固醇吸收，对高胆固醇血症和动脉粥样硬化起到预防作用。且海带中矿物质元素含量很高，所含常量元素有钾、钠、镁、磷、钙等，微量元素有铁、碘、铜、钴、锰、锌、硒等。海带中钙含量是鸡蛋的 20 倍。海带是地球上含碘最丰富的食物之一，且海带中的碘 80%为可直接吸收利用的有机活性碘。另外，海带中还含有较丰富的维生素（包括维生素 A、B、K、E 及胡萝卜素等），以及甘露醇、褐藻酸、褐藻淀粉等生理活性物质，含有的脂肪酸也多为不饱和脂肪酸。

海藻作为食品资源的发展潜力巨大。随着人民生活水平的提高，食品的营养价值越来越为人们所关注。营养全面且含有多种生物活性物质的海藻食品已成为许多国家消费者经常食用的食品。而在我国，海藻的营养价值还未被广大消费者

所认识和接受，海藻加工产品种类较单一，以粗加工的干制品为主，在种类和数量上与日本、韩国存在较大差距，因此，大力开展海藻食品的开发利用研究，提高海藻食品的加工技术水平，对提升国民健康水平具有重要意义。海藻食品具有巨大的发展潜力。

二、海藻食品产业的发展尚不能满足人们对海藻食品多样化的需求

我国是海藻生产大国。2016 年我国海藻养殖总产量达 216.9 万 t，占世界海藻年总产量的 51.6%。褐藻以海带与裙带菜为主，海带产量为 146.1 万 t，裙带菜产量为 15.3 万 t。红藻以紫菜与江蓠为主，紫菜产量为 13.5 万 t，江蓠产量为 29.3 万 t，紫菜和江蓠产量均占世界第一[71]。这样巨大的产量并没有为我国带来相应的经济效益，主要原因之一是我国目前仍缺少技术领先的新型海藻食品加工关键技术和高效加工综合利用系统，以拉动整个海藻行业向高端经济效益运行。

目前，我国海藻食品还是以传统的初级海藻食品加工为主。海带初级加工主要包括盐渍加工技术、干制加工技术，由此加工的产品主要包括海带干制品，盐渍海带、海带丝、海带结等；裙带菜主要加工为干制裙带菜叶、盐渍裙带菜叶和茎；红藻初级加工产品主要包括干制紫菜等，初级加工的产品均为传统海藻食品。

但随着人们对海藻食品多样化需求的不断提高，一些新型的加工技术也被逐渐应用在海藻食品加工领域，市面上海藻加工产品种类趋于多元化发展。部分企业逐步从粗加工向精深加工发展，行业不断引入了新型杀菌技术、膨化技术、栅栏技术、复合调配技术等新型海藻加工技术；新型产品包括调味软包装产品、膨化食品、海带面、海苔等也不断在被推向市场，拓展了海藻产品的市场。

但新型加工技术产品占据的市场份额及在整个产业发展中起到的作用还非常有限。而海藻食品加工产业发达国家的海藻食品品种繁多，市场认可度与占有率很高。例如，日本是海藻加工技术世界领先的国家，其海藻加工的产品品种多样，有海藻茶、海藻调味料、各种褐藻和红藻即食产品、由绿藻加工的青海苔食品、由褐藻胶与卡拉胶及琼胶复配的果冻基料产品等，深受消费者的喜爱，市场销售情况很好。

因此，为了提升我国海藻加工产业的水平，提高海藻精深加工食品的市场份额和认可度，需要加大海藻新型加工关键技术的引进与研发，形成系列简单方便、风味营养的精深加工产品，以满足新一代消费者的需要，拓展海藻系列产品市场，拉动整个行业高端运行，改善产业结构，提高经济效益。

三、人们对海藻高值化功能食品的需求不断增长

随着人们健康意识的提升，人们对具有各种生物活性作用的海藻高值化功能

食品的需求不断增长，这有力促进了藻类产业结构的优化。作为海洋植物，其培育栽培环境均属纯天然环境，因此从海藻中提取生物活性物质海洋多糖、多酚、色素等受到了很大关注，其功能膳食食品和营养食品的开发也同样引起了人们极大的重视。

海藻多糖是一种广泛应用的高附加值高活性天然产物，其中又以褐藻多糖为代表。褐藻多糖的提取原料主要有海藻（如褐藻）和海洋棘皮动物（如海胆、海参等）两大类。褐藻在海洋中储量大、可再生，褐藻多糖的分离提取结构解析和生理活性成为目前研究的主要内容。褐藻多糖的功能性作用已成为国内外很多科学家的研究重点，由此研究开发的褐藻多糖产品成为提高免疫力、降血脂等的功能食品。近些年来，红藻多糖因其功能性作用也受到很多关注；绿藻中也含有丰富的水溶性多糖，具有显著的调节血压、降血脂作用。

褐藻中除了含量丰富的褐藻多糖之外，还含有褐藻多酚、岩藻黄素等具有多种生物活性的功能性成分。目前对褐藻多酚的抗氧化、抗炎作用，以及岩藻黄素的预防肿瘤、减肥、降血脂等生物活性的研究已有大量研究报道。海藻功能食品的附加值显著提高，其在市场上销售量的不断提高直接推动了海藻加工企业产业结构的优化。

高值化的海藻功能食品上市拉动了生产企业的经济效益。一方面将给广大的消费者提供海洋植物功能食品，满足消费者的需求；另一方面可以提升产品的价值，使整个行业形成高端产品、精深加工产品、初级加工产品的优化结构，拉动整个行业的发展。日本、美国等发达国家在海藻多糖、岩藻黄素等功能食品的研发和生产上，已形成了较成熟完善的市场。日本在我国市场销售的褐藻多糖产品，每公斤的销售价格达到约30万元人民币，这样高值化的海藻产品一方面将给企业带来丰厚的利润，显著提高企业的经济效益；另一方面将给消费者提供具有保健作用的功能食品，满足人们对提高机体免疫力、调节身体节律的健康需求。

第二节　植物源海洋食品产业科技现状分析

我国的海藻养殖产量居世界前列，海藻食品产业发展前景非常广阔。近年来，随着科技水平的不断发展，以及人们对海藻食品需求的不断增长，海藻食品产业得到了快速发展。目前，我国在海藻产业上的科技投入已初见成效，涌现了一些新型的加工技术和海藻功能食品的开发技术，但产业仍存在着前处理技术不足、机械化水平不高、高附加值产品市场占有率低等问题，这些问题也反映出我国与世界发达国家之间的差距。

一、产业发展现状

（一）海藻原料的生产现状

据 2017 年联合国粮食及农业组织 FAO 年报统计，2016 年世界海藻年养殖产量达 420.1 万 t（干重，本节同），我国海藻养殖年总产量约 216.9 万 t，占世界海藻年总产量的 51.6%，且主要养殖种类的产量均居于世界前列。

2016 年，我国海水藻类养殖产量约 216.9 万 t，海洋捕捞藻类产量达 2.39 万 t（表 11.1、表 11.2）。藻类海水养殖面积达 140.815×10³hm²[71]。

表 11.1　2015 年和 2016 年我国主要海水藻类养殖产量[71]　（单位：t）

年份	海带	裙带菜	紫菜	江蓠	麒麟菜	羊栖菜
2015	1 411 289	192 502	115 875	270 149	5 005	18 905
2016	1 461 058	152 572	135 252	293 179	5 114	18 991

表 11.2　2016 年我国各地区海水藻类养殖产量[71]　（单位：t）

地区	藻类	海带	裙带菜	紫菜	江蓠	麒麟菜	羊栖菜
全国	2 169 262	1 461 058	152 572	135 252	293 179	5 114	18 991
辽宁	325 559	218 704	106 855	—	—	—	—
江苏	28 801	300	4	28 405	—	—	—
浙江	53 202	10 363	—	32 178	635	—	9 255
福建	979 472	693 533	723	66 440	173 233	—	5 511
山东	673 036	533 439	43 961	972	51 996	—	4 000
广东	79 099	4 719	1 029	7 257	55 501	2 000	225
海南	30 093	—	—	—	11 814	3 114	—

2015 年我国藻类加工品量为 98.20 万 t，2016 年约为 106.03 万 t，增长了 7.97%。2016 年我国各地区藻类加工品量见表 11.3。

表 11.3　2016 年我国各地区藻类加工品量[71]　（单位：t）

全国总计	辽宁	江苏	浙江	福建	山东	广东	海南	内蒙古	江西	河南	云南
1 060 316	239 092	24 630	25 843	426 868	332 651	1 737	5 650	1 793	1 470	220	362

由于海藻养殖属于劳动密集型产业，随着人口红利逐步减弱，我国海藻养殖业发展增速已放缓。因此海藻加工产业的发展中，海藻原料产业应从高产量型转化为高质量型。

近些年来，我国较大规模的生产厂家生产的褐藻胶大部分依靠进口的巨藻原料，巨藻的褐藻胶提取率高，且其古罗糖醛酸含量高，褐藻胶的黏度高，因此备受生产企业青睐。由于国内生产量大，国外巨藻原料有限，因此褐藻胶原料的稳定性是今后褐藻胶产业所面临的问题。而小型生产企业的主要原料为干海带，由于用于褐藻胶生产的干海带原料主要为中低质量的海带原料，因此海带褐藻胶提取的得率较低，且质量不高。同时，我国近年来麒麟菜栽培量显著降低，栽培面积和产量逐年下降，主要与麒麟菜品种退化和栽培海域污染、水质变差有关；我国卡拉胶生产原料处于依赖进口状态。我国每年进口约 10 万 t 的巨藻和约 20 万 t 的麒麟菜，主要用于褐藻胶和卡拉胶的生产，以解决我国海藻胶生产原料的短缺问题。我国也是琼胶生产大国，年产量约为 2.0 万 t，主要生产原料为江蓠，江蓠主产于广东、海南两省，产量相对稳定，为琼胶的生产提供了保障。

（二）海藻食品加工产业发展现状

1. 褐藻食品产业发展现状

我国自古代就有食用海带的习惯。据统计，世界上食用海藻最普遍的国家和地区集中在亚洲的日本、韩国、东南亚一些国家及我国。但近几年因为海藻独特的风味和营养价值，其作为保健食品、绿色食品、低热量低脂肪膳食纤维食品已越来越受到北美和北欧等发达国家的青睐，被誉为海洋蔬菜。人们公认，食用海藻具有防止肥胖、胆结石、便秘、肠胃病等代谢性疾病及降血脂的功能，日本和韩国食用褐藻量巨大，褐藻约占日本人食物量的 10%。

我国褐藻加工食品种类虽有增加，但仍以传统加工形式为主。褐藻主要加工产品包括海带丝、海带结、海带卷、盐渍海带、软包装海带、干燥裙带菜、盐渍裙带菜等。"十二五"以来，部分海藻加工企业不断有新型的海藻食品上市，包括软包装的风味海藻食品、膨化海藻食品、海带面、海带汤及即食海藻产品等，主要集中在山东、辽宁、福建等省。

世界上一些渔业发达国家已开发出多种海带系列食品，其中日本处于领先水平，特别是日本海藻食品加工技术居国际领先地位，产品种类繁多，包括保健系列、改进物性的精深加工产品、即食精深加工系列、方便精细加工产品系列、调味品系列、饮料系列、添加剂系列。海带加工业方面，日本现有海藻食品生产厂 4000 多家，生产 200 多种海藻食品，年耗海藻干品 30 000t 以上，日本的主要海藻综合利用产品有海藻胶囊、海藻茶、海藻饮料、海藻酒、海藻豆腐、海藻糖果、海藻糕点、海藻面包、海藻挂面、海藻色拉和海藻罐头等，能够满足不同消费者的需求。颇具特色的海带汁与鲣鱼汁掺在一起制成混合天然调味品，作为日本面条及蒸煮食品的调料汁，是日本传统风味的调味品原料[95]。

褐藻精深加工及高效综合利用技术是提高褐藻产业经济效益的手段。近些年来，我国新型褐藻精深加工技术的研究开发发展较快，包括新型杀菌技术、膨化技术等新型加工关键技术的应用，褐藻新型产品包括软包产品、膨化食品、全海带面条类、餐饮汤料类等逐渐上市。目前，部分研究开发中心还投入了大量的精力研究建立了新型海藻软化技术、栅栏保鲜技术、复合干燥技术及物性改进技术。

2. 红藻食品产业发展现状

我国紫菜产量大，即食紫菜产品发展潜力巨大。我国是紫菜第一养殖大国，我国紫菜主要分布在江苏、福建、浙江、广东和山东 5 省，2016 年福建省紫菜产量达 6.64 万 t、江苏省 2.84 万 t、浙江 3.22 万 t[71]。我国紫菜养殖品种主要有条斑紫菜和坛紫菜。条斑紫菜主要分布在江苏省、山东南部和浙江北部地区，约占我国紫菜总量的 15%；坛紫菜主要分布于福建省、广东省和浙江南部地区，约占我国紫菜总量的 85%。我国现有各类紫菜加工企业 600 家左右，但加工出口贸易量较少。江苏省和福建省各有加工企业 200 多家，传统的加工产品以一次加工的干紫菜和二次加工的调味紫菜为主，少量的加工产品为紫菜速食汤、紫菜饼干、紫菜酱等。除了部分产品供国内消费以外，大部分产品都远销美国、澳大利亚、欧洲及东南亚等多个国家。据海关进出口数据统计，2016 年我国出口干紫菜 2625.55t，出口价值 3990.766 万美元；出口调味紫菜 6322.47t，出口价值 1.4 亿美元[96-102]。目前，调味紫菜和烤紫菜是我国主要的即食紫菜产品，烤紫菜年产量约 1.7 万 t，国内消费量约 1.3 万 t；调味紫菜年产量约 3 万 t，国内消费量约 2.4 万 t[100]。龙须菜、麒麟菜等主要用于街边作坊和超市即食凉菜区加工成即食凉拌蔬菜，石花菜主要用于家庭和街边小作坊加工成即食凉粉，这些红藻还未形成商品化的产品。

坛紫菜加工工艺技术及设备亟待提升。以紫菜原藻为主要原料，通过一次粗加工、二次深加工、多次精细加工等程序，可获得各种紫菜半成品或产成品。紫菜有条斑紫菜与坛紫菜两种类型。对于条斑紫菜初加工，大多数生产企业都引进日本和韩国紫菜加工设备，基本实现了鲜菜清洗、除杂、成型和干制等机械自动化加工技术，产品质量和卫生均很稳定。而对于坛紫菜初加工，大多数企业还采用传统的手工清洗、除杂和日晒或机器干燥等方法，产品质量和卫生均无法保障。

紫菜精加工最主要的产品为调味紫菜、烤紫菜和海苔，这也是出口和国内消费的主要品种。还有紫菜冲泡汤、紫菜饼干、紫菜酱等花色加工产品，但市场份额均较小。近年来，紫菜产品也日益多样化。坛紫菜除了做汤料、凉拌菜等，还可做成紫菜酱、紫菜饼、紫菜脆片、紫菜酱油等产品；条斑紫菜也不局限于传统的制作寿司、调味海苔，还可做成油炸海苔、海苔夹心等新型休闲食品，除此之外，添加了海苔粉、海苔粒的各种海苔风味食品也受到大众的喜爱。

目前红藻精深加工产品主要有：红藻胶果冻和软糖、海藻饮料、海藻多糖等。产业化最成熟的产品是红藻胶果冻和软糖。果冻口感甜美、外形可人，同时可以调配成不同口味、不同颜色，也容易添加不同的水果，而且果冻含有多种维生素和膳食纤维，具有清肠道、预防便秘等作用，是儿童和女性群体最喜爱的休闲食品之一。近年来，中国果冻产量以 10%～15%的速度递增。据资料统计，2016 年中国果冻生产企业有 500 多家，总产量约 197 万 t，经济产值约 170 亿元[101]，表现出较好的经济和社会效益。另外，红藻软糖也是红藻精深加工的主要产品。在糖果工业中，红藻胶作为胶凝剂用于制造软糖，糖果的透明度好、热量低、爽口、韧性和弹性好、不粘牙，其质量优于其他软糖。2015 年，中国软糖产量约 108.6 万 t，产值约 371.91 亿元[102]。

海藻膳食纤维是海藻中提取的非消化性大分子碳水化合物，是良好的健康食品基料。海藻膳食纤维中，可溶性膳食纤维和矿物元素含量高，膨胀力和持水力活性指标高，与其他食品基料复配性好，是开发功能健康食品的良好材料。目前我国研究机构已经进行了海藻膳食纤维提取工艺技术、理化性质和功能活性的研究，已开发出不同口味的海藻膳食纤维健康食品。海藻膳食纤维食品受到了消费者的好评，尤其是受到便秘患者的青睐，目前产品宣传和推广工作还需加强，海藻膳食纤维的规模和市场占有率还很小。

海藻饮料是近年来最受关注的海藻精深加工产品之一。海藻饮料是通过提取海藻中的活性物质成分，再经过调配而制备的健康食品，含有海藻活性多糖、膳食纤维等物质，具有降低血压和血中胆固醇，以及改善肝功能的作用。早在 20 世纪 80 年代，日本就开发出多种海藻饮料产品。我国也从 20 世纪 80 年代开始研究海藻饮料，通过水提、醇提、酶解和发酵等技术手段，开发出了多个品种的海藻饮料，如"海藻晶"、"海葆"和"海大"等。但海藻饮料研发 30 多年来，目前尚处于产品生命周期的推介期，产品认知度低、影响范围小，营销成本高、销售额低，产品形态同质化，难以形成具有竞争力的产品。

3. 绿藻食品产业发展现状

目前，对绿藻的应用开发研究仅有绿藻晶、绿藻酱、绿藻汤料及绿藻方便食品的报道，且我国绿藻行业还没有形成产业化规模，人们对海洋绿藻资源的利用尚处于原始的直接少量食用阶段。绿藻资源的养殖尚未形成规模，形成绿潮的绿藻资源在食品领域的应用研究尚处于起步阶段。

（三）海藻胶产业发展现状

海藻胶国际市场占有率高、产品升级空间大。海藻胶中的褐藻酸钠、海藻酸丙二醇酯、琼胶、卡拉胶等是常用的食品添加剂品种，在食品中得到了广泛的应用。但对于褐藻胶而言，除了食品胶用途之外，目前更多在化工等工业领域应用，并逐步拓展到医药领域。我国为褐藻胶生产大国，自 20 世纪 70 年代开始，我国褐藻胶已经在原来的单一褐藻酸钠产品基础上逐渐增加了褐藻酸、褐藻酸钾、褐藻酸铵、褐藻酸钙、海藻酸丙二醇酯等系列产品，我国生产的褐藻胶在国际上占有率高达 69%，其中 70%～80%作为基料出口日本及欧美等发达国家，但目前产品价格较低。日本及欧美等国高端褐藻胶的价格昂贵，是我国同类产品的 2 倍。其主要原因是我国生产的褐藻胶分子量贮藏稳定性还不够。企业利用巨藻生产褐藻胶时，原料分级不够精细，导致生产中加碱量过大或过小，过量的碱会导致生产出的褐藻胶产品发生降解，黏度下降，质量不稳定。因此亟须优化褐藻胶制备工艺，实现传统制备工艺向新技术新装备工艺改造升级，规范标准化生产工艺，不断提高褐藻胶品质，并实现高品质产品的规模化生产，提升褐藻胶原料产品的市场竞争力。另外国际上对褐藻胶的需求已经形成了高中低产品市场，而我国相当比例的褐藻胶产品长期位居中低端市场，想打破国际上褐藻胶产品市场的分布，一方面我国需要建立更加规范的标准化生产工艺技术，建立分级的褐藻胶产品生产工艺技术；另一方面还需要建立褐藻胶医药工程材料生产线。国际上褐藻胶主要应用于医药、医用材料等高端领域，国外企业垄断了高端产品市场，国内的褐藻胶生产企业要想进入高端产品市场，需要积极开拓市场。针对该领域的产业和产品的需求，大力开展医用级褐藻胶的制备和市场化应用，对于我国褐藻胶企业技术水平的提升，特别对于当前我国海藻化工行业转方式、调结构将是良好的机遇和挑战。另外，我国褐藻胶生产企业大多以生产工业级褐藻胶为主，食品级的褐藻胶产量相对较少。但食品级褐藻胶的市场拓展空间很大，包括褐藻胶复配产品系列、各种主食添加剂系列和方便食品添加剂系列产品。

1. 褐藻胶产业发展现状

褐藻胶产业早在 100 年以前就在美国、英国、法国、挪威等发达国家实现了褐藻胶工业化生产和产品应用，现已成为一项较大的产业。我国自 20 世纪 70 年代开始生产褐藻胶，建立了胶、碘、醇综合利用生产线，至今已有近 50 年的历史。我国褐藻胶产业发展迅猛，其产量规模已进入海藻工业大国之列。目前，我国褐藻胶生产厂家超过 40 家，年产褐藻胶 3.8 万 t，产值约 20 亿元，占世界总生产能力的 69%，已经成为世界上最大的海藻胶生产国。目前，我国海藻胶提取与应用生产企业分布于沿海一带，主要集中在山东、江苏等地，其中山东省的海藻酸盐产量约占全国总产量的 85%以上。我国褐藻胶的加工技术与设备不断改进，褐藻胶的质量也不断提升。但与一些国外著名的褐藻胶生产企业如美国 FMC 公司的同类产品相比还有差距，其黏性、凝胶性、凝胶强度、分子量、稳定性、水溶性、水不溶物、钙离子含量等技术指标达不到高端应用领域的要求。综合进出口情况看，我国高档食品级褐藻胶的出口也几乎为零，因此褐藻胶生产技术及产品分级迫在眉睫，另外，拓展高端产品市场也是行业的挑战。

褐藻胶主要分为食品级褐藻胶和工业级褐藻胶，近年来随着褐藻胶在褐藻酸纤维和医药上的应用，研究者也陆续开发出纤维级褐藻胶和医药褐藻胶。由于产业应用领域的不同，褐藻胶生产过程及质量要求也有不同。褐藻胶产品类型主要依据纯度、黏度（分子量）及古罗糖醛酸（G）的含量划分。产品纯度越高，附加值越高。

据我国海关相关数据统计，全球褐藻胶加工企业主要分布在中国、美国、日本、挪威、丹麦、法国等国家。美国 FMC 公司、ISP 公司和日本喜美克株式会社生产的褐藻胶有 75%用于高端食品、保健品及药品；丹麦丹尼克斯公司 100%用于高端食品、保健品及药品；日本富士化学工业株式会社、日本纪文株式会社年产褐藻胶 1000t，50%用于高端食品、保健品及药品；而我国年产褐藻胶约 0.8 万 t，仅 20%用于高端食品、保健品及药品，60%左右用于印染等领域，与国外发达国家相比在高端领域的应用相差甚远，且销售价格也相差甚远，美国 FMC 和 ISP 公司产品售价为 2.2 万美元/t 左右，而我国食品级褐藻胶的售价最高为 1.1 万美元/t。

此外，褐藻胶生产节能减排技术待优化，我国褐藻胶的生产是高耗能高污染的行业，生产每吨褐藻胶需要 1200t 水，并产生大量的污染物。

2. 红藻胶产业发展现状

从红藻中制取红藻胶产品是红藻化工业的传统，琼胶、卡拉胶的生产是整个红藻胶工业的代表性产品，红藻胶主要在广东、广西、山东、福建、海南等省区加工生产。作为我国红藻加工业主体的琼胶和卡拉胶化工业始于 20 世纪 60 年代，到 80 年代初形成了规模化生产，经过近 40 年的发展，形成了以江蓠和麒麟菜为主要原料、以氢氧化钠预处理为主要技术的琼胶与卡拉胶提取技术。经过三代技术的升级改造，红藻胶提取工艺大大优化，生产设备不断改进，生产效率大大提高。现已实现常温碱法预处理和机械自动精滤、凝胶、脱水、干燥等机械化自动或半自动提取，部分企业还实现了海藻碱处理、漂白、清洗、提胶一体化处理，并自建配套污水处理和循环利用系统，基本实现了生产连续化、自动化，产品品质和安全性也得到了保障。当前我国各类红藻胶产量超过 4 万 t，其中琼胶约 2 万 t，占世界首位，卡拉胶约 2.5 万 t，大小生产企业近百家。

随着琼胶和卡拉胶应用领域的不断扩展、国际社会对其需求量的提高及我国红藻养殖面积与产量的不断增加，我国琼胶和卡拉胶的生产规模不断扩大，生产技术、生产产量与产品品质也不断提高。百吨级以上规模的红藻胶生产企业及其红藻胶复配企业的技术水平基本处于国际先进水平，每年加工产值约 5 亿美元，对红藻养殖及其相关产业发展起到很大的促进作用。

（1）琼胶产业发展现状

生产琼胶的原料过去一直是以石花菜为主，后来研究发现碱处理可大大改善江蓠琼胶的性能，尤其是石花菜资源被过度开采及江蓠大面积养殖获得成功之后，江蓠已成为世界范围内生产琼胶的主要原料，中国、智利、阿根廷、菲律宾、泰国、印度、日本、越南及北非等国家和地区大面积养殖江蓠作为生产琼胶的原料。另外，新西兰等地用鸡毛菜、俄罗斯等地用伊谷草、日本用刺盾藻来生产琼胶。我国除了用石花菜和江蓠作主要原料外，还用后期坛紫菜生产琼胶。

FAO 统计数据显示，全世界琼胶产量超过 30 000t，经济总产值约 5.5 亿美元；2016 年中国琼胶产量超过 20 000t，占世界产量的 66.7%，产值约 3.6 亿美元[103]。据中国海关进出口统计数据，2016 年中国琼胶贸易总量达 6264.36t，贸易总额达 9375.36 万美元。2011～2015 年，我国琼胶原料江蓠由 2011 年的 151 359t（干品）增长至 2015 年的 270 149t（干品），琼胶出口量由 2011 年的 3713.82t 增长到 2016 年的 5528.60t，出口金额由 2011 年的 5382.5 万美元增长到 2016 年的 8117.99 万美元[103]。总体上我国琼胶产量和出口贸易额呈逐年增长态势，并且总产量占世界产量的 60% 以上，平均价格维持在 1.3 万～1.8 万美元/t[103]。

目前，我国琼胶生产企业有 40 多家，整体生产技术和规模均较高。我国大多数琼胶厂都已完成了小作坊式的生产设备更新换代，厂区得到扩大、生产设备得以更新，并自建污水处理厂，改变了设备陈旧、效率低下、劳动强度和污染大等问题，基本实现了生产连续化、自动化，产品品质和安全性也有大幅提高，大多数琼胶厂的年生产能力达到百吨以上，企业产品标准均达到或超过国际标准。

（2）卡拉胶产业发展现状

卡拉胶的产量仅次于褐藻胶，位居第二位。由于卡拉胶具有良好的增稠性、稳定性、乳化性、胶凝性和薄膜形成性等性质，其在食品、医药、轻工业等方面具有重要的用途，国内外市场对卡拉胶的需求呈不断上升趋势。英国是最早生产卡拉胶的国家，目前我国是卡拉胶产量最大的国家，生产企业主要分布在福建、海南、广东、广西。

我国卡拉胶海藻原料缺乏，生产原料主要靠进口。FAO 统计数据显示，我国每年进口麒麟菜约 20 万 t，年产卡拉胶约 2.5 万 t，产值约 1.5 亿美元，占世界卡拉胶年产量的 15%[103]。我国现有卡拉胶生产企业 50 多家，其中福建省产量最大，生产企业有 10 多家，年产量 1000t 以上规模的就有 10 家左右，全省年产量约 1 万 t，产值约 0.6 亿美元，约占全国的 40%[104]；海南省有 10 多家生产企业、广东省有五六家，另外，广西、山东、江苏、浙江等地均有生产。据海关进出口数据统计，2016 年，我国出口卡拉胶 1.86 万 t，出口金额 1.1 亿美元[104]。2012～2016 年，卡拉胶出口价格基本稳定在 0.6 万～0.75 万美元/t[105]。

我国卡拉胶产量大、生产工艺比较稳定、原料稳定性较差。目前，我国卡拉胶生产设备也像琼胶一样，基本实现了机械半自动化，生产能力和规模都大大提高，产品质量已超过国家标准，甚至超过发达国家标准。但是，卡拉胶品质与海藻原料密切相关，原料品质与种类、产地、生长环境、成熟度及季节气候相关，而我国卡拉胶生产原料主要靠不同国家进口。我国卡拉胶品质受原料影响波动很大，主要表现在卡拉胶的黏度、透明度指标方面。卡拉胶的品质会直接影响卡拉胶的交易价格，2016 年我国卡拉胶平均出口价格为 5.44 美元/kg，而平均进口价格却高达 12.20 美元/kg，价格相差 1.2 倍[104]。因此，我国卡拉胶产业急需解决的问题是原料稳定问题。

（四）海藻功能食品产业发展现状

结合传统中医药理论，海藻中许多新的功能和有效成分得以验证与开发，研究人员将"食海藻长寿"这一历史命题，用现代的方法系统地进行了深化研究和论证。海藻中含有的各种藻胶、矿物质、无机盐、褐藻酸钠、褐藻氨酸、甘露醇、岩藻黄素、甾醇类化合物、糖类及种类繁多的生物活性物质，其功能和作用受到越来越多研究者的关注[106-110]。例如，海带中含有的岩藻黄素具有调节人体吸收胆固醇的作用，硫酸多糖可以阻碍红细胞凝集反应，防止血栓的形成及因血液黏性增高而导致的高血压。从红藻中提取的海藻多糖及其衍生物制剂具有预防肿瘤作用。从褐藻类中提取活性碘化物制备各种碘制剂，可用于防治碘缺乏病。海藻中含有的多不饱和脂肪酸 EPA 和 DHA，提取后对肾功能的调节、免疫反应的调节、激素分泌的调节等均有效果。

在海藻众多的活性物质中，研究最多最深入的是海藻多糖。海藻多糖是海藻精深加工最热点和最具应用潜力的产品。不同结构的海藻多糖具有不同的生理活性。许多研究表明，很多海藻多糖具有预防肿瘤、抗病毒、抗心血管疾病、降血脂、降血糖等功能。近年来，随着海藻的广泛应用及对海藻多糖认识的深入，人们对海藻多糖生物活性的研究越来越重视，从而使其成为目前海洋生物提取物研究中最为活跃的领域之一。

我国早在 20 世纪 80 年代就开始将海藻活性物质应用在海洋药物与保健食品的研发上。中国海洋大学海洋药物与食品研究所在褐藻胶分子羟基上引入磺酰基及丙二醇基形成双酯钠，研发了"藻酸双酯钠""甘糖酯"等褐藻多糖衍生物药物制剂，对治疗心血管疾病都有良好效果。此外，国内厂家陆续推出了以海藻中有效成分为原料经化学合成方法制成的药物或直接以海藻为原料进行加工提取生产的保健食品。

近些年来，我国有部分海藻食品加工企业，生产海藻多糖、岩藻黄素、海藻膳食纤维等产品，主要以将海藻提取物直接添加到食品中进行应用，或作为国外保健品企业的中间产品进行销售，而不是以功能食品形式进行销售。海藻功能食品开发生产的历史尚短，但从目前发展趋势看，海藻功能食品将以其独特的魅力越来越受到世人的欢迎。我国的海藻功能食品加工业必将发展成为很有前途的产业。

二、科技发展现状

(一)基础研究

植物源海洋食品在基础研究方面主要以国家及地方的自然科学基金项目为支撑。国家自然科学基金近年来对海藻食品领域的资助数量较少,主要集中在海藻活性物质的活性及作用机制研究与海藻胶降解酶的研究方面。通过检索发表论文情况可知,目前我国关于海藻食品开展的基础研究主要集中在以下几个方面。

1. 海藻活性物质的分离纯化与结构分析研究

海藻中含多糖、多酚、萜类等活性物质,众多研究通过采用多种方式提取海藻中的活性物质,如酶辅助提取、超声波辅助提取、微波萃取、超临界萃取、有机溶剂提取、加压溶剂萃取等方法,从而实现目标活性物质的高效提取。利用柱层析、高效液相色谱、薄层色谱、高速逆流色谱等方法对活性物质进行分离纯化,并采用紫外可见光谱、红外光谱、液质联用仪、气质联用仪、核磁共振、圆二色谱等方法对纯化的组分进行结构分析与鉴定。

2. 海藻活性物质的活性作用机制研究

随着人们对海洋生物资源研究的逐渐深入,海藻中的生物活性物质及其生物功能越来越受到人们的重视,成为国内外研究的热点。海藻中含有多糖、多酚、萜、蛋白质、氨基酸等活性物质,具有抗氧化、抗菌、调节免疫、预防肿瘤、抗凝血、降低血脂和降血糖等活性,为海藻资源在保健食品、医药等领域提供了广阔的利用空间。目前,对海藻活性物质的研究主要集中在活性物质的生物活性评价和作用机理等方面。

2014~2018 年,国家自然科学基金的资助内容主要包括:海藻多糖在增强免疫活性、抑制肾结石、调节脂质代谢、干预动脉粥样硬化等方面的作用机制;海藻酸钠寡糖在降血糖、延缓心肌细胞老化等方面的作用机制;褐藻胶多糖对肠道微生物的调控机制;褐藻岩藻黄素调控胆固醇代谢的作用机理;海藻黄酮类化合物的活性作用等。

3. 海藻胶的改性研究

经检索,有部分学者利用化学法、酶法等方法对海藻胶(主要为海藻酸钠、卡拉胶)的结构进行改性处理,以达到改变其疏水性能、凝胶强度及增强生物活性等作用。

对海藻酸钠采用多种方式进行疏水改性,主要包括将海藻酸钠交联后与聚己内酯形成疏水改性水凝胶；与聚乳酸形成疏水改性水凝胶；将海藻酸钠氧化后与十二胺反应；在酸催化下使海藻酸钠与对甲氧基苯甲醛发生缩醛化反应；在对甲苯磺酸催化下使海藻酸钠与 1,10-癸二醇发生酯化反应；在酸化的海藻酸钠中加入聚乙二醇 200 并经对甲苯磺酸催化反应形成聚乙二醇交联海藻酸钠凝胶；在氧化海藻酸钠的基础上，以氯化钙为交联剂，制备钙离子交联氧化海藻酸钠凝胶等多种方式，以提高其凝胶微球对药物的负载量，达到缓释作用。部分学者还利用红外光谱、X 射线衍射、热分析、扫描电镜对产物进行了表征；并探讨了凝胶的力学性能、pH 敏感性、盐敏性、生物降解性及对包埋物的缓释性能。

κ-卡拉胶凝胶强度比较低，需要通过卡拉胶的改性来提高其凝胶强度，主要包括传统的碱法改性、醇碱法改性及硫酸化酶法改性等多种方法。其中硫酸化酶法改性是从不同种类海洋红藻中筛选高活性 D-半乳糖-6-硫酸化酶，应用该酶改性制备高凝胶性能 κ-卡拉胶，并对其作用机理进行研究。

卡拉胶的高分子量使其很难通过机体屏障，影响了其在机体内的活性作用。为了提高卡拉胶的生物活性及生物利用率，研究者利用酸降解或氧化降解及酰化等手段对卡拉胶进行分子修饰形成低分子量的卡拉胶酰化衍生物，再通过紫外光谱、红外光谱与核磁共振谱对改性产物进行结构表征，并对产物的生物活性进行研究。

4. 海藻胶裂解的机制研究

海藻寡糖是海藻胶的降解产物，近年来关于其研究日益增多。海藻寡糖在促进生长、增强植物抗性、预防肿瘤等方面所具有的生理活性使其在农业、医药、饲料等领域具有广阔的应用前景[108]。

目前，用酶法降解褐藻胶取代传统的物理法、化学法生产褐藻寡糖已成趋势。褐藻胶裂解酶作为降解褐藻胶的工具酶，其研究对于褐藻寡糖的综合利用具有重要的实际意义。国内外学者对褐藻胶裂解酶的研究开展了大量的工作。研究主要集中在褐藻胶裂解酶的来源分类、酶学性质、结构功能等方面[109]。褐藻胶裂解酶主要来源于海洋藻类、软体动物、棘皮动物和多种微生物。相比较来看，来源于微生物的褐藻胶裂解酶的研究较多，而来源于海洋动物的褐藻胶裂解酶的研究较少。褐藻胶裂解酶可以用于褐藻寡糖的制备。其通过 β-消除反应催化褐藻胶降解为褐藻寡糖，作用位点是 α-1,4 糖苷键，并在非还原末端产生不饱和双键。不饱和双键的产生对寡糖的某些生物活性有重要影响，而利用物理法或化学法降解所获得的寡糖却没有这些特性。这些独特的生物活性增加了褐藻寡糖的应用价值。

2014～2018 年，国家自然科学基金的资助内容主要包括：海洋细菌利用褐藻胶的代谢途径及关键酶研究、褐藻胶降解酶的筛选及分子机制研究、β-琼胶酶的分子改造及其对琼胶寡糖聚合度的影响机制研究。

（二）前沿技术

1. 新型海藻食品加工技术

针对海藻原料特性及特点，国内部分高校及研究机构开展了海藻栅栏技术研究，通过控制多靶栅栏因子的作用来抑制腐败微生物的生长；由于海带质地硬，难以开发即食方便食品，通过采用新型海藻质地软化技术和海藻复合干燥技术，实现了海带质地软化和酥脆的加工特性，为建立海带即食产品加工关键技术奠定了基础。近年来利用新型杀菌技术生产软包装食品已经成型，褐藻软包装产品一方面可以保持海带质地，另一方面方便食用、风味多样、价格适宜，拓展了海藻食品的市场。

2. 高纯度海藻活性物质的制备技术

通过不同的提取技术包括酶辅助提取、超声波辅助提取、微波萃取、超临界萃取、有机溶剂提取、加压溶剂萃取等技术，可以从褐藻、红藻中高效提取活性物质，如海藻多酚、岩藻黄素、褐藻聚糖硫酸酯、海藻酸钠等活性成分。对大分子量的海藻多糖类成分采用酶法、酸法等方式进行降解，可以形成一定分子量范围的海藻寡糖。利用柱层析、高效液相色谱、薄层色谱、高速逆流色谱等方法对提取的活性物质进行分离纯化，可以制备出高纯度的组分，为后期的高值化利用打好基础。

3. 琼胶糖制备技术

琼胶糖是琼胶系列产品中质量最优的一种，在医学临床检验、生化分析、药物提纯等方面有着广泛的用途。普通食品级琼胶含有许多由小分子组成的杂质混合物，严重影响其应用价值。将食品级琼胶经过精细纯化处理后，加工成生化级琼胶糖，其价值可提高 20 倍以上。纯化琼胶糖的关键技术在于琼胶糖增白、透明度增强、凝胶成像干扰物去除、带电荷离子组分脱除技术等。目前，琼胶糖纯化技术有乙酰化、季铵盐法、聚乙二醇法、二甲基亚砜法、离子交换剂法、螯合法、碘化钠法、硫酸铵法、DEAE 纤维素法、尿素法等十多种方法。但是，采用单一的方法并不能达到生化级琼胶糖的标准，一般需要多种方法联合使用，才能生产出质量合格的产品。目前，生化级琼胶糖的产业化生产技术还掌握在少数发达国家手中，包括中国在内的许多发展中国家还没有大规模商业化生产出质量优良的生化级琼胶糖产品，还完全依靠进口。中国部分琼胶厂已采用纤维素、树脂纯化技术生产出琼胶糖产品，但是产品质量不稳定，生产成本高，还没有建立自己的品牌效应。因此，琼胶糖大规模生产还需要进一步研究。

4. 红藻胶改性技术

由海藻提取的卡拉胶和琼胶只有在加热条件下才能完全溶解，胶溶液凝固温度和凝胶融化温度均较高，耐机械剪切，在提高产品口感和稳定性方面较差，在加热溶解时需要高温和较长的时间，成为其应用过程中的主要缺陷。改性琼胶和卡拉胶具有低温溶解性，可在冷水或温水中溶解，适合冷化料的生产工艺，节省能源，使用方便，其适合的 pH 范围也较大。目前，在国内有许多红藻胶复配改性企业，通过向琼胶和卡拉胶中添加不同种类的多羟基化合物与乳化剂等添加剂，利用红藻胶对水的协同增溶作用和乳化剂的分散作用，使胶体分子结构或物理性质发生一定改变，得到应用性能良好的新型红藻胶产品。经过复配改性的琼胶和卡拉胶可在食品、日化、医药等领域作为流变调节剂、稳定剂、增稠剂应用。因此，红藻胶的理化改性技术是目前乃至今后红藻胶研究的重点技术。

（三）集成示范与成果转化

科技成果转化是有实用价值的科技成果转变成新产品的过程，是科技创新实现社会价值的关键途径，是提高经济社会效益、促进可持续发展的根本途径。目前，我国在新型高值化海藻综合利用技术、海藻寡糖酶制剂及寡糖制备技术等方面均已实现成果转化。

新型高值化海藻综合利用技术集成与产业化示范——新型高值化海带综合利用系统及系列产品加工关键技术包括海带褐藻聚糖硫酸酯工业化生产关键技术、富含海带褐藻聚糖硫酸酯的脱腥调味料的生产关键技术、海带膳食纤维膨化食品的生产技术和海带芝麻脆片产品的生产技术。该技术集成已在山东某企业实现转化与示范。该技术的最大创新是建立了一个全新的高值化海带综合利用系统及系列产品加工关键技术。整个系统实现了零废弃和原料的综合利用。

海藻寡糖酶制剂及寡糖制备技术集成与产业化示范——从我国不同海域的海藻、海水、底泥、海参和软体动物消化道内采集琼胶、卡拉胶、褐藻胶、浒苔多糖等海藻多糖降解菌。通过基因组测序和功能基因解析，构建重组质粒，将功能基因转化至大肠杆菌或毕赤酵母，实现海藻多糖降解酶的外源表达。通过对海藻多糖工具酶的发酵制备与酶学性质研究，以及海藻多糖的降解工艺探索与产物分析，形成海藻寡糖的制备关键技术，并开发海藻寡糖产品，实现海藻多糖的综合利用。该技术已在部分企业实现转化与示范。

三、问题与需求分析

（一）行业缺少规范的海藻原料前处理技术

海藻的前处理技术主要包括原料的干制技术、漂烫盐渍技术、低温冻藏技术等。但由于海藻产量巨大，收获期的海藻除了少量进行盐渍、冻藏处理外，大部分采用干制技术，以延长其贮藏期。

规范的海藻干制技术是海藻加工产品品质的重要保障。以海带干制技术为例，海带是我国褐藻的主要原料，海带原料收获后的前处理加工为海带干制加工和海带盐渍加工技术。干海带一方面用于海带食品的加工，另一方面用于褐藻胶、碘、甘露醇的提取。目前，我国的海带干制主要采用在海边沙土地、石头上进行晾晒，晾晒产品品质不能得到保障。"十二五"以来，山东部分生产企业开始了网晒海带工程，网晒的海带质量显著提高，目前实现网晒海带的产量还比较低。传统上认为质量低的干制海带可以用来生产褐藻胶，实际上只有质量高的海带才能生产出得率高且黏度高的褐藻胶。另外，只有质量高的海带才能生产出高质量的海带食品，海带中活性物质的含量也与海藻质量紧密相关。日本的海藻加工技术在世界居领先地位。由于海藻原料质量是优质产品的前提条件，日本人非常重视海藻原料的前处理。在日本，从海带采收开始，经过清洗、挂晒等一整套规范的前处理干制加工工艺过程，收获的干海带干净整洁、色泽深、有光泽且保质期长，产品可以保持高品质。

由于海藻的捕获量很大，捕获季节又十分集中，因此目前海藻原料基本上以日晒为主，大量收获的海藻直接被晾晒到沙地、土地。同时晾晒的海藻还受天气状况限制，偶遇雨水的海藻干制后品质明显下降，严重影响了海藻加工食品、海藻胶及海藻活性物质的质量和得率。因此，建立规范的节能挂晒干制技术及设施迫在眉睫。规范的海藻原料挂晒技术可采用太阳能辅助节能技术，开展太阳能藻类和辅助干燥技术研究及评价，解决当前海带人工晾晒耗费大量劳力、卫生条件较差等问题，一方面可以提升海藻原料的质量，另一方面可以充分利用清洁能源——太阳能，减少企业的能源负担。随着海藻行业对原料质量的重视，该行业亟须完善原料规范的前处理干制技术。因此，从整个产业链发展角度，应从源头上保障海藻原料质量，从而保障由海藻生产的产品质量。

（二）海藻加工机械化水平不高，缺乏新产品新技术

我国海藻产量占世界一半多，但其产值却不到1/3，这说明我国海藻资源利用效率很低。国内市场上海藻的主要加工产品仍停留在初级加工产品上。目前市场上80%的海藻食品为低附加值的半成品，产品种类较少，加工档次较低，难以满足目前市场对精深加工海藻食品（如休闲食品、保健食品）等高端产品的需求。国际上，海藻的精深加工食品种类繁多，具有广阔的市场，包括脱水褐藻、调味紫菜、海带酱、海藻膨化食品、海藻粉、海藻饮料、海藻酱油、海藻膳食纤维等。而我国的精深加工食品中，除了烤紫菜、调味紫菜的市场份额较大外，其他产品的销售量较小，开发产品的种类及数量较少。

目前我国海藻加工的机械化水平整体不高。部分褐藻生产企业在海带和裙带菜加工厂引进了 20 世纪 90 年代的裙带菜干燥设备，生产褐藻海带干燥产品。我国紫菜初加工设备在引进日本加工技术的基础上，通过消化吸收再创新，已逐步形成了自主研发、自主品牌建设、后来居上的良性发展态势，基本满足了我国紫菜产业的配套发展需求。其中条斑紫菜已实现从原藻加工成标准干紫菜的全过程自动化生产，大大提高了加工的效率和效益，减少了自然损失，且产品质量得以保证，主要用于出口。

在水产品加工产业中，与其他产业相比，从事海藻加工及高效利用的团队很少，可见海藻加工技术研发人员队伍薄弱。我国海藻加工企业的技术研发人员很少，研发人员往往还需兼职生产质量体系的管理工作，能在产品技术研发投入的工作更是微乎其微，薄弱的技术力量势必导致技术创新能力不强，形成的新技术及新产品也就较少。

（三）行业中低端产品多，产业结构亟待优化

近 10 年来海藻加工产品已经进入了新的发展时期，部分企业已经给市场带来了海带面、膨化海带食品、烤紫菜、软包装调味海藻食品、高端的褐藻胶产品等；但行业仍缺少海藻精深加工产品、功能食品、医药等高附加值产品，海藻加工过程中的副产物尚未得到综合利用，导致资源浪费和环境污染。以紫菜加工为例，目前紫菜加工产品基本上还是传统的干紫菜、烤紫菜、调味紫菜。在全球市场容量有限、下游新产品研发没有突破的情况下，市场低层次竞争日趋激烈，利润十分低下。我国约有 30% 的紫菜是由日本紫菜商社低价采购后，再转卖到其他国家和地区，不但稳定了日本现有的紫菜市场，还抢占了我国仅有的东南亚市场份额。部分紫菜生产厂家用工简单，对生产人员缺乏培训，质量管理松懈，导致产品质量参差不齐。总体而言，中低端产品运行必将带来中低端的产业结构和经济效益，只有增加海藻精深加工产品、功能食品、医药等高附加值产品生产线，产业结构才能优化，产业才能高效运行。

（四）节能降耗任务艰巨，影响产业可持续发展

褐藻胶生产耗水量大、废水处理成本大。长期以来褐藻胶生产消耗大量的水，每生产 1t 褐藻胶耗水 1000t 左右，巨大的耗水量给生产企业带来的负担很重，再加上废水的处理成本，更是增加了产品的成本。纵观国际上的褐藻胶生产线，耗水量都很大，日本喜美克株式会社的生产废水直接排放，韩国的褐藻胶生产企业也直接排放废水；但我国由于生产量极大，褐藻胶生产线废水都需经过处理才能排放。因此，行业急需集中技术力量优化生产工艺技术，减少生产用水。

海藻盐渍前处理过程也面临耗水量大的问题。海藻加工原料盐渍前处理需要

使用漂烫水、冷却水。其中漂烫水为循环使用水，使用量有限，但冷却水使用量较大，直接排放达不到废水排放标准。随着国家对环境保护和督查力度的加大，海藻加工行业在盐渍海带、盐渍裙带菜等加工过程中存在的大量冷却水及少量漂烫水与盐卤水排放的问题凸现出来。特别是中小企业生产尚未达到一定的生产规模，独自建立废水处理或回收设施具有耗能多、综合利用率低、投资大等普遍问题，这对产业经济效益的持续提高构成不利影响。企业生产、排放、发展与海域污染的矛盾成为海藻加工行业亟须解决的问题。在这些废水中含有甘露醇、褐藻酸（盐）、碘、岩藻多糖、岩藻黄素等。另外，废水中还含有悬浮物、总氨氮等主要污染物。若对这些废水不进行回收利用和处理而直接排放的话，一方面会带来环境污染，另一方面其中所含有的甘露醇、碘及各种高活性、高附加值的无机和有机成分会大量流失，造成极大的资源浪费。如何处理加工过程中的大量冷却水及少量漂烫水与盐卤水，如何设计企业的废水处理工程设施，是海藻加工行业中盐渍海藻产业能否得以发展的关键。科学合理回收有效成分使废水达到排放标准是节能减排工作的主要任务，也是推行清洁加工生产，发展精深加工和综合利用最直接、最有效的手段与途径。

第三节　植物源海洋食品产业的发展趋势

随着快生活节奏时代的到来，新一代的消费者更注重食品的即食性与方便性，海藻食品也趋向于向即食、方便化发展。此外，人们健康理念的提升使得具有生物活性的海藻功能食品成为海藻食品的另一发展趋势。当前，社会对生产企业生产过程的节能降耗，以及加工机械的自动化和智能化要求的不断提高，使得海藻食品生产企业急需转型，向绿色加工方向、机械自动化智能化方向发展。

一、海藻食品加工向即食、方便化发展

持续推进海藻加工行业的技术进步和产业结构升级，开展对传统产品的应用研究和新产品研究开发，向高附加值产业链延伸，逐渐调整海藻产业结构，由粗放型的原料型产品向应用型终端产品延伸。目前，我国在海藻食品加工方面的主要产品为低附加值的半成品，难以满足市场对海藻食品多样化产品及精深加工海藻食品的需求，因此应加强技术创新能力，开发具有较高技术含量和市场竞争力的新产品新技术，提高产品的附加值，加快海藻食品加工产业持续发展。

随着消费者营养健康意识的提升和生活节奏的加快，现有海藻食品的消费模式和产品形式已不能满足消费者的需求，因此在未来的发展中，海藻食品行业的重点应放在创新海藻食品加工业，重点开发海藻休闲食品、方便食品、调理食品，加大海藻食品的宣传力度，积极借鉴国外藻类加工先进国家的开发经验与思路，

做好国内市场的调研与宣传工作，积极开拓藻类即食、休闲、方便、调理食品的国内市场。

二、海藻胶产业向节能降耗型绿色加工方向发展

（一）精细化标准化生产工艺，提高褐藻胶品质

海藻化工属于高耗能高耗水的产业，因此如何实现海藻化工产业的节能减排，建立可持续性发展的新技术、新工艺和新设备是产学研需要解决的重要共性问题。通过研究褐藻消解过程，了解影响消解过程的关键因素，实现在褐藻消解过程中褐藻胶的有效分离，避免消解液的黏度降低，降低稀释水耗，建立低水耗、低排放的褐藻胶清洁生产工艺。同时要研究废水的处理和回收利用问题，综合利用海藻生产的副产物，开发相关产品，延长产业链，向节能减排型绿色加工方向发展，提高附加值。

（二）褐藻胶向食品化及精深加工产业化发展

以褐藻胶为新食品原料，加大褐藻胶复配系列食品的研究开发。加大健康海藻膳食纤维在多种食品中的应用，拓展褐藻胶在国内市场的销售空间。褐藻胶是一种可食用而又不易被人体消化的大分子多糖，它在肠胃里具有吸水性、吸附性、阳离子交换等生理作用，对人体的代谢起到调节作用；褐藻胶可以有效抑制有害金属离子在人体内的积累，降低胆固醇，对预防发胖和动脉硬化具有积极有效的作用。

创新褐藻胶食品生产技术，利用褐藻胶增稠性、乳化性和呈凝胶状等多种优良性能，开发多种类型的功能食品、复配食品和食品品质改良剂，大力发展褐藻胶凝胶食品，改良食品口感，开发健康美味的褐藻胶凝胶食品。

利用理化改性及生物改性技术，提升褐藻胶性能，拓宽褐藻胶在食品领域的应用范围，丰富褐藻食品品类。海藻酸盐溶液与钙离子作用凝胶化所需时间非常短，从而限制其在需要延缓凝胶形成领域的应用。采用钙离子拮抗剂、低溶解度钙盐及葡萄酸内酯等延缓凝胶形成，可使凝胶化过程延长，获得更长的凝胶化时间。采用微囊化技术，选取合适的缓控释膜材，将可引发海藻酸盐凝胶化的钙盐进行微囊化包封，从而最大化利用褐藻胶性能。

推进褐藻胶的酶法制备及其寡糖综合利用技术的创新。通过破壁、酶解修饰和高效提取海藻成分与分子修饰工艺，对传统海藻加工工艺进行调整，建立全营养大型海藻产品的高值化加工项目，预期产品为不同黏度的低聚寡糖。

（三）红藻胶生产向标准规范化方向发展

目前卡拉胶、琼胶生产工艺都是按照企业的标准进行生产，还没有统一的生

产规范。因此，市场上的红藻胶质量差异很大。影响红藻胶质量的主要因素有海藻原料品质、加工用水和生产工艺。相同品种的海藻原料，因化学处理工艺、漂洗次数和提胶工艺不同，琼胶产率和产品质量也千差万别。某些生产企业为了节约生产成本和提高生产效率，通过提高化学处理温度、减少处理时间、减少清洗次数等简化工艺，提取的琼胶和卡拉胶凝胶强度、色泽、透明度、安全指标等理化品质均较低，而且产品质量也很不稳定。这类红藻胶比市场优良品价格低20%左右，若进行二次加工处理后再流回市场，价值可提高50%以上。因此，我国大多数红藻胶生产企业只是少数发达国家红藻胶的初级供应者，经济效益较低。因此，建立标准化的红藻胶生产管理体系和标准化生产工艺，可以提高生产效率，提高红藻胶凝胶强度、透明度等指标；同时开展高黏度卡拉胶提取工艺技术研究，或采用复配、纯化和改性技术，开发不同理化特性的新型红藻胶产品，以满足不同产品的应用需求，才是提高红藻胶企业经济效益、促进红藻胶可持续发展的主要途径。

三、海藻精深加工产品向功能食品发展

海藻中含有丰富的生物活性成分。海藻多糖，包括褐藻聚糖硫酸酯、紫菜多糖、绿藻多糖等，具有预防肿瘤、抗疲劳、抗辐射、调节血脂、增强免疫力等功能。褐藻中所含的岩藻黄素具有减肥和调节血脂的作用。这些活性成分在人类和动物体内均表现出独特功效，市场潜力巨大。但是受到一些关键工艺技术、投资和市场拓展的制约，这些活性成分并未得到充分的开发利用。伴随绿色食品、功能食品风靡全球，消费者对海藻活性物质生理功能的认识逐步加深，以海藻活性物质制备的保健食品、功能食品将会受到青睐。海藻功能食品的潜在市场需求量巨大，海藻综合利用还可提取分离岩藻黄素、岩藻多糖、褐藻多酚等多种活性组分，这些生物活性物质均可为新一代海藻食品的发展带来契机。

四、海藻食品加工技术装备向自动化智能化方向发展

随着人口红利的降低，海藻生产企业的劳动力成本越来越高，加快海藻食品加工技术装备的自动化智能化迫在眉睫。另外，海藻加工生产线的自动化智能化程度也是提高生产效率、保证产品品质与安全、实现加工规模化与产业化的必然趋势。随着龙头企业的培育，企业集团、企业联盟及产学研技术联盟的建立，海藻高新加工技术产业将不断增加，海藻加工装备的更新主要集中在：海藻即食产品加工关键技术生产线、海藻生物活性物质提取及保健功能食品生产线、海藻胶的生产设备自动化生产线、海藻肥及农用制剂生产线等。装备是新型生产技术实现的必然条件，也是海藻加工及综合利用产业技术水平提升的关键[110]。

第四节　主要任务和发展重点

在国家提出海洋经济要实施创新驱动发展战略、以建设海洋强国为目标的背景下，应加强对海藻食品领域的基础研究，攻克产业中存在的各种技术难题，充分发挥科技创新对于引领产业发展的重要性。

一、发展思路

针对从高质量海藻原料、精深加工技术到海藻加工产品整个产业链的可持续发展需求，以"褐藻、红藻和绿藻"为主要海洋植物性资源，围绕着"产业链拉动、节能自动化、规范高值化、新型技术推动"四大研究开发领域，构建以企业为主体、以高校和科研院所为科技创新依托的产学研紧密结合的产业技术创新与技术服务体系，培养形成国际领先的科技创新团队；在海藻营养功能基础研究、关键技术开发、应用示范三大层面一体化布局，利用创新性研究开发技术引导海藻产业向高端经济产业结构运行，全面提升海藻产业链的技术水平和经济效益。

二、发展目标

到 2025 年，完成新能源干燥过程智能化控制技术生产线设备装置的研究设计，并在部分企业实现中试运行；传统海藻胶生产工艺基本实现规范标准化；以研究褐藻、红藻和绿藻等加工特性及其功能性成分的构效作用为基础，在部分企业推广建立优质、新型、高效海藻系列营养方便和功能食品生产线；使产业结构得到升级优化。

到 2035 年，海藻原料前处理干制过程基本实现节能全自动晾晒模式，海藻原料质量显著提升；研发建立医药工程材料级褐藻胶系列产品关键技术生产线，拓展国际高端海藻胶产品销售市场；扩大优质、新型、高效海藻系列营养方便和功能食品生产规模，使海藻原料使用量占比达到 20%，建立国际领先的加工高效利用关键技术；产业结构实现高端经济运行发展模式。

三、发展任务及重点

（一）基础研究方面

1. 不同海域环境海藻营养数据库的构建

褐藻和红藻中含有丰富的营养成分，包括海藻多糖、海藻色素、海藻多酚、微量元素等。而不同种类及不同地域的海藻中其营养成分存在较大的差异。通过系统分析研究不同地域、不同种类海藻中的营养成分，分析海域环境对海藻营养成分的影响，为海藻资源进一步的开发利用提供基础理论依据。

通过分析石莼类和浒苔等绿潮暴发物种的营养组成，研究海藻多糖、蛋白质、粗纤维及微量元素的含量特征，进一步用于相关功能食品的开发。开展绿藻资源的研究，明确海区环境绿藻资源的主要种类（尤其是绿潮暴发物种）及其时空分布特征。

2. 研究海藻活性物质的分析鉴定与活性作用机制

开展海藻活性物质，主要包括海藻多糖、海藻色素、海藻多酚的提取纯化、包埋改性等基础研究。通过各种分析检测仪器对分离纯化的各类活性物质组分进行结构分析与鉴定，开展结构的解析与探索。例如，采用高效液相色谱-质谱联用仪对海藻色素进行结构鉴定，利用核磁对分离纯化的海藻多糖组分进行结构分析等。在对海藻活性物质结构分析的基础上，开展功能活性作用及其机制的研究。采用各种分子模型、细胞模型、动物模型，研究海藻活性物质的抗凝血、预防肿瘤、抗病毒、降血糖、降血压、降血脂、抗氧化、抗辐射、调节免疫力等多种生物活性，并研究构效关系及作用机理。为海藻活性物质的营养食品、保健食品、生物医药工程材料的生产奠定基础。

3. 研究海藻胶分子改性及活性作用

利用化学法、酶法等方法对海藻酸钠、卡拉胶等海藻胶进行改性，以达到改变其疏水性能、凝胶强度及生物活性等作用。开展改性条件与方式、改性产物的结构分析与表征、改性产物的活性评价等研究，为海藻胶性能的提高及后期应用提供基础理论依据。对于海藻酸钠，主要开展化学改性研究，对改性产物进行结构表征，并探讨凝胶的力学性能、pH 敏感性、盐敏性、生物降解性及对包埋物的缓释性能。通过 κ-卡拉胶的化学法和酶法改性来提高其凝胶强度，研究酶法改性的作用机理。通过降解、酰化等手段对卡拉胶进行改性，对改性产物进行结构表征，并对产物的生物活性进行评价。

4. 研究海藻多糖的裂解机制及其寡糖的功效

海藻寡糖的研究集中在生物裂解酶的来源分类、酶学性质、结构功能等方面。筛选的海藻裂解酶主要来源于海洋藻类、软体动物、棘皮动物和多种微生物。积极开展对海藻多糖裂解酶特性、裂解机制及产生寡糖的构效研究；探究褐藻胶、褐藻聚糖硫酸酯、红藻多糖等系列多糖及其裂解寡糖的功效作用，以丰富海藻糖库及功能性生物活性物质的应用价值。

5. 研究海藻中有害物质的代谢及其代谢产物的安全评价

开展对海藻重金属元素各种价态有机、无机分子的检测研究，海藻中不同形态金属富集转化、体内代谢规律的研究，以及重金属在海藻及养殖环境中的风险评估，为安全性评价、标准指标设置的合理性提供科学的数据支持。

（二）技术研究与创新方面

1. 改变海藻传统干制模式，开展新能源干燥智能化控制研究

针对我国海藻产量巨大、收获季节集中、日处理量大等问题，改变传统露天晾晒的卫生、品质控制和劳动力紧缺等问题，开展太阳能及辅助干燥技术的研究，研究设计太阳能-热泵耦合干燥模式。采用透明阳光棚、太阳能真空集热板与热泵结合，实现对干燥温度、湿度、风量的精准控制，提升干燥海藻原料的品质。研究确定太阳能大棚与集热板及空气热泵的混合干燥应用系统。该项技术能有效解决当前海藻人工晾晒耗费大量劳力、卫生条件较差等问题，形成海藻原料新能源保质控制技术。

2. 开展海藻新型即食系列食品关键技术研发，打开海藻食品销售瓶颈

在海藻营养功能性作用和加工特性研究基础上，利用新型杀菌技术、栅栏技术、质地软化技术、复合干燥技术、物性改良技术等研发褐藻即食系列产品，建立褐藻即食系列食品关键技术，改善褐藻原有质地和口感，优化干制海藻质地硬的加工特性，根据不同海藻种质营养特性及产品营养成分开发营养海藻食品、膳食纤维海藻食品等促进健康营养元素的吸收，增强体质。

针对红藻原料颜色深、藻腥味重、藻体粗糙、质地软、热敏感性强等特点，研发红藻预处理技术，如海藻脱腥技术、脱色（发色）技术、软化技术、藻体质构改良技术和冷杀菌技术等关键技术，以此改善红藻食品感官品质和可加工性能；另外，在红藻预处理关键技术的基础上，通过引进先进加工设备，研究新的生产工艺，将红藻进行精深加工，开发以紫菜、麒麟菜和龙须菜为原料的红藻休闲食品、方便食品、调味复配食品，以增加花色品种；在红藻胶食品方面，重点开展红藻胶在饮料、模拟食品、保健食品等方面新产品、新用途的研究，促进产品更新换代，延长产业链，以提高产品的附加值。

3. 开发以海藻活性物质功能作用为导向的高值化海藻功能食品

建立褐藻多糖硫酸酯提取关键技术，形成绿色、无污染的安全提取关键技术。在褐藻多糖硫酸酯的生产过程中，提取分离褐藻多糖硫酸酯，综合利用过程产物褐藻胶，充分利用褐藻藻渣生产褐藻膳食纤维产品、纯化褐藻多酚产品，建立褐藻中多种活性物质的高效综合利用系列产品关键技术，实现褐藻的综合利用。

利用膜分离技术、分子筛技术、发酵技术、生物降解技术等分离纯化海藻活性物质，研究开发海藻健康功能食品。研究健康食品中功效因子和含量的富集技术，确保产品的内在质量；研究产品剂型合理性和必要性，科学确定产品的形态；研究产品的生产工艺技术，使生产步骤和过程能够保障产品的有效性、稳定性与安全性。结合超微粉碎技术、微胶囊化技术、超高压技术、真空技术、冷杀菌等现代食品加工技术，将海藻活性物质加工成适当剂型、具有不同保健效果的健康食品，将海藻系列功能食品推向市场。

4. 构建海藻绿色加工过程，解决海藻加工行业的废水处理及回收利用问题

开展盐渍褐藻加工过程中的漂烫水处理技术研究，有针对性地开展絮凝结合膜分离协同生物处理法的甘露醇回收及废水处理技术的研究，优化回收和处理工艺，形成节能高效的废水处理技术；并在企业进行生产示范，协助企业进行技术升级和设备更新改造，让企业利用高效的新技术，使污水排放达标，并合理回收甘露醇等生物活性物质，为企业取得最大的经济效益，为社会获得更好的环境和生态效益。

第五节　保障措施与政策建议

海藻食品产业虽然发展迅速，技术水平得到较大的提升，但与国外先进发达国家相比还存在一定的差距，主要在加工技术水平、种质资源品种、行业协会运行、原料质量控制等方面还需要加强政策的引导和扶持，各界合作，共同推动海藻食品产业的发展。

一、加强基础研究和关键技术创新，提升藻类产业的科技水平

通过藻类加工领域的基础研究、关键技术的不断突破逐步提高藻类产业的科技发展水平。目前，我国藻类产业存在新型藻类食品加工技术不足、海藻胶生产技术亟须改进、海藻胶应用面过窄、海藻功能食品研发层次不高等问题，要解决这些问题，在技术上要积极引入国外先进的加工技术，建立海藻综合利用系列产品关键技术，开发系列新型海藻食品；要建立标准化海藻胶生产技术，实现节水节能生产；要建立高品质海藻胶系列产品生产关键技术，拓展其在食品、化妆品、生物制品等领域的应用；还需阐明海藻活性物质的功能作用及作用机制，建立海藻活性物质功能食品生产关键技术，研发系列功能食品。

二、从源头上引入优质海藻，提升产业链的经济效益

我国巨大的海藻产量并没有为海藻加工业带来丰厚的经济效益，主要原因之

一就是缺少优质的种质资源。优质的海藻原料是加工优质海藻产品的重要前提条件。由于不同种类的海藻加工特性存在差异，因此加工时需要从原料选择合适的藻类品种。例如，选择活性物质褐藻多糖含量高的海藻进行生产，将获得更高的提取率，从而带来更高的经济效益。由此，产业的发展将会不断地引入优质种质资源，从源头上解决海藻优质种质资源短缺、高效综合利用关键技术和高值化系列产品短缺的问题，形成优质种质培育、栽培、高效高值化综合利用关键技术产业链，拉动海藻行业发展，优化海藻产业结构。

三、充分发挥行业协会的协调、信息窗口作用

按照市场经济模式运作，通过行业协会，将与海藻有关并且处于分散状态的海藻养殖户和海藻加工企业组织起来，科学规划养殖与加工的协调发展，强化行业自律，遏制海藻加工出口无序发展的势头，防止增产不增收；加强行业协会在进行国际贸易洽谈、协调出口价格、收集分析国际市场情报等方面的协调作用。在此基础上，统筹全国海藻产业的健康有序发展，提升海藻产品国际竞争力[111]。

四、保障海藻原料质量安全，加强海藻科普教育与宣传

海藻原料安全性评价有待深入研究，海藻功能食品标准有待加速。海藻养殖水域对海藻原料的安全性影响很大，海藻对重金属具有富集作用，因此导致部分海域养殖的海藻重金属含量较高。海藻中重金属存在形态与其安全性紧密相关，目前亟须对海藻的安全性进行评价，并对海藻养殖海域在环境控制上进行严格管理。建立海藻养殖、加工、流通过程中质量安全监控与溯源技术体系，形成覆盖产前、产中、产后各环节的产业技术体系。

海藻营养价值丰富，富含海藻多糖、褐藻多酚、多不饱和脂肪酸、膳食纤维、微量元素等，可作为功能食品和保健食品的重要原料。中国食品消费市场潜力巨大，但消费者对海藻的功能成分及作用效果的认知还远远不够，因此需要加大科普与宣传，提升消费者对藻类产品的认知与认同感，使海藻成为消费者健康膳食结构的重要组成与有益补充。

加强海洋科普宣传，引导海洋新兴产业发展。海藻资源的开发及综合利用属于新兴海洋产业，海藻产业的发展需要政府扶持，扶持海藻产业宣传教育平台建设。大力宣传海洋知识，提高全民海洋意识，提高全社会的现代海洋观念、海洋经济观念及海洋资源可持续利用观念。宣传海藻资源的利用价值及巨大的开发前景，使人们认识海藻，了解褐藻与人们生活的相关性，从而推动海藻产业向人类大健康产业进发。

课题主要研究人员

	姓名	单位	职称/职务
统稿人	汪秋宽	大连海洋大学	教授
	任丹丹	大连海洋大学	教授
参与人	杨贤庆	中国水产科学研究院南海水产研究所	研究员
	许加超	中国海洋大学	教授
	李可昌	青岛明月海藻集团有限公司	副总裁
	启航	大连工业大学	教授
	秦益民	青岛明月海藻集团有限公司	海藻活性物质国家重点实验室主任
	徐云升	海南热带海洋学院	教授
	朱晓红	江苏瑞雪海洋科技股份有限公司	高级工程师
	戚勃	中国水产科学研究院南海水产研究所	副研究员

第十二章　海洋食品加工装备科技创新发展战略研究

第一节　引　　言

海洋食品作为我国最重要的农产品之一，目前其加工方式总体上仍以劳动密集型为主，机械化、自动化程度不高，仅有少数大型加工企业有引进成套的加工生产线，大部分的中小型企业还是采用手工作业为主、单机设备为辅的加工模式，特别是前处理工序，主要依赖人工，加工效率较低。据统计，水产品加工企业使用的加工装备约有 50% 还处于 20 世纪 80 年代的水平，40% 左右处于 20 世纪 90 年代水平，只有不到 10% 的装备达到或接近世界先进水平，发展现代海洋水产品加工业，依靠传统劳动密集型方式不可持续发展，必须走机械化、规模化发展道路，不断提升加工装备水平[112]。

一、创新发展海洋食品加工装备符合国家战略需求

为贯彻落实《中国制造 2025》，推进我国农机工业转型升级，增强农业机械有效供给能力，提升我国现代农业生产水平，2016 年 5 月，农业部印发《关于加快推进渔业转方式调结构的指导意见》，指出要提高设施装备和信息化水平；2016年 12 月，工业和信息化部、农业部、发展改革委联合印发了《农机装备发展行动方案（2016—2025）》，提出实现农机装备制造能力提升和促进现代农业发展的战略目标；2017 年初，农业部印发《全国农业机械化发展第十三个五年规划》，提出到 2020 年农业机械化发展新格局基本形成，有条件的地区率先基本实现农业机械化。国家规划、文件的密集出台，体现了国家对推进农业（渔业）机械化的重视。而我国目前加工装备的应用率远低于国家对农业综合机械化率中长期发展规划提出的目标要求，因此，创新发展海洋食品加工装备，采用先进的加工装备替代人工，提高加工装备应用率，符合国家战略需求。

二、创新发展海洋食品加工装备契合行业发展需要

随着人口老龄化趋势的日益加剧，我国适龄劳动人口呈不断下降的趋势。由于海洋食品加工劳动强度大、工作环境比较恶劣，越来越多的年轻劳动力不愿意从事这一行业，因此水产加工企业招工越来越难，用工成本的不断上升，严重挤

压了水产加工企业的利润，这成为制约水产加工企业发展的瓶颈和迫切需要解决的问题[113, 114]。

相比于人工处理，加工装备在精深加工效率和产品品质稳定等方面具有明显的优势。采用加工装备，针对不同的原料，加工效率可以提高几倍到几十倍不等；采用机械加工的产品，其大小、厚度等加工规格均匀、统一，避免了人工处理时由于操作不规范造成的加工效果参差不齐。此外，机械加工还可以有效防止加工过程中人为造成的二次污染，保障产品的安全。

三、创新发展海洋食品加工装备是实现渔业现代化的重要举措

创新发展海洋食品加工装备，是提升海洋食品加工核心竞争力的必然选择，是实现渔业现代化的重要组成部分，可以促进海洋食品加工"转方式、调结构"，推动海洋食品加工从粗放型朝集约型转变，向规模化、精准化、标准化方向发展，从而显著提升加工效率，节约劳动力成本，提高企业经济效益，真正起到提质增效的作用。发展海洋食品加工装备也是推动行业去产能、提升海洋食品加工能力最重要的手段。通过加工装备的应用实现去产能，刺激对水产原料的需求，带动上游养殖、捕捞产业的发展，又能提升产品的附加值，最大限度地保持水产品的营养价值，保障品质与安全，带动下游流通和消费的发展，从而促进整个水产行业的发展，对促进海洋食品加工业又好又快发展具有非常重要的意义。

第二节　海洋食品加工装备科技现状分析

一、海洋食品加工装备研究与应用现状

海洋食品加工中应用的装备主要有食品加工通用装备和海洋食品加工专用装备两类。

近年来，我国海洋食品加工装备水平有了较大提高，一大批新型装备被开发出来并投入使用，显著提高了生产效率及产品质量，极大改善了海洋食品加工企业工人的工作环境。然而，由于我国海洋食品原料种类繁多，体形各不相同，个体差异较大，加工装备的通用性不强，目前的加工装备水平尚不能完全满足加工企业的需求。与国外发达国家相比，我国海洋食品加工装备创新能力与制造水平还比较落后，国产设备的稳定性、精准化、智能化水平较低，规模化和连续化加工能力相对薄弱，海洋食品加工工程装备的设计水平、稳定性、可靠性及加工设备的质量等与发达国家相比存在较大差距，高新技术装备长期依赖高价进口和维护，主要表现在冷链流通不完善、缺乏精深加工装备、装备综合利用率低、装备精准化水平不高等方面，亟待进一步提升与完善。

　　一方面，食品加工通用装备在海洋食品加工中的应用逐渐增多。食品加工通用装备在海洋食品加工中应用较多的主要有固液分离、蒸煮、干燥、粉碎、杀菌、冷冻冷藏、质量与卫生检测、包装与物流等设备。分离设备主要应用在鱼糜、鱼粉加工等的固液分离环节；离心设备主要应用在油水分离、鱼肉脱脂、鱼糜脱水等环节；蒸煮设备主要应用在烤鳗加工（图 12.1）、鱼粉加工、海参加工、小包装熟食等加工中。干燥设备是水产品加工中应用最多的通用机械，其中应用最多的是热风干燥设备，但由于能耗大，产品营养损失比较大，逐渐被冷风干燥设备、微波干燥设备、红外线干燥设备、真空冷冻干燥设备等新设备取代，其中冷风干燥设备可以更好地保持水产品的品质，能耗也更低；微波干燥设备、红外线干燥设备具有干燥速率快、能耗低的特点；真空冷冻干燥设备虽然能耗较大，但能更好地保持产品的品质，多应用于高值水产品（如海参）的干燥加工。粉碎设备主要用于鱼粉的加工。杀菌设备包括杀菌锅、微波杀菌设备等热杀菌设备和紫外线、γ 射线、臭氧等冷杀菌设备，一般根据原料的加工需要选用。真空包装机和气调包装机是水产品加工中最常用的包装设备。

图 12.1　烤鳗加工设备（彩图请扫封底二维码）

　　另一方面，海洋食品加工专用装备取得了一定突破。目前，我国专业从事海洋食品加工装备研究的科研机构很少。随着海洋食品产量的增加和加工产业规模的壮大，海洋食品加工装备需求不断增加，一些以海洋水产研究为特色的高校在从事水产品加工工艺技术研究的同时，也开展部分加工装备技术的研究，一些主要从事广义农产品与食品（果蔬粮油肉禽奶蛋等）加工装备研究的高校和科研机构，也逐渐加大了对海洋食品加工装备的研发力度；部分从事食品加工通用机械制造与销售的企业也加大了在海洋食品加工装备方面的科研投入，逐渐形成了高校、科研院所、制造企业三位一体的海洋食品加工装备研发团队，科研力量不断增强，通用加工装备和专用装备研发都取得了较大的进展与突破，一大批具有自主知识产权的现代化海洋食品加工装备不断涌现出来，部分得到了较好的应用与推广。

目前应用较广的加工装备有冷冻鱼糜加工及鱼糜制品加工生产线、调味紫菜加工生产线、烤鳗加工生产线（图12.1）、鱼粉加工生产线等，经过多年的研发与完善，已基本实现国产化，且装备性能逐年提升：如加工原料清洗机械、鱼糜加工成套设备、烤鱼片加工设备、鱿鱼丝加工设备、调味紫菜加工设备等，部分设备的性能达到或接近世界先进水平。但一些研究起步比较晚，对加工精度、自动化控制程度要求较高的装备，如鱼油精炼设备、胶原蛋白生产线、小包装休闲食品生产线、水产罐头生产线、自动称量包装生产线等大型的生产线，除部分单机已经国产化外，大部分还是依赖进口，国产装备在性能和生产效率上还有较大的提升空间，实现精深加工装备国产化是当务之急。

随着现代渔业产业结构调整、产业链的延伸，海洋食品加工产业迅速发展，加工装备的需求量越来越大，主要体现在替代人工的机械化加工设备、高值化精深加工设备、物流保鲜设备，以及与远洋捕捞相结合的船载加工设备等，如鱼类前处理与初加工设备、虾蟹脱壳设备、贝类保活流通与净化设备、藻类加工设备、南极磷虾船载加工设备等的需求量越来越大。

（一）鱼类加工装备研究与应用现状

1. 国外鱼类加工装备研究与应用现状

在鱼类加工装备研究方面，欧美国家起步较早，受饮食习惯的影响，欧美国家偏爱食用中大型鱼类，主要加工成无刺鱼片和鱼糜制品等，因此其加工装备的研发也主要侧重中大型鱼类，如鲑鳟鱼、鳕鱼等。经过几十年的发展，欧美国家的鱼类加工装备处于行业领先水平，具有生产线集成度高、人工环节少、自动化水平高的特点；同时由于欧美的装备制造业水平比较高，其加工装备的性能、材质、外观、加工精度、耐用性等都处于行业领先水平。例如，德国研制的鲑鱼、鲖鱼等鱼片加工生产线，在加工过程创新性引入光电测量系统，结合计算机控制和鱼体导向装置，可以实现鲑鱼清洗、去头、切腹、去脏、开片、整理和称量包装等工序全自动生产，整个生产线通过控制系统集中控制，只需要少数几个工人配合即可完成生产（图12.2）。

冰岛研发的水力喷射鱼片切割机以高压水为切割刀，可实现鱼片的快速切割，同时采用X射线对鱼片中的鱼刺进行快速检测；瑞典开发的中上层鱼类加工生产线可实现自动化去磷、切头、去尾、剖腹、去脏、去鳍等；拉脱维亚研发的小型鱼类去头去内脏生产线在同一时刻可以加工多条鱼，鲉鱼加工能力达每分钟

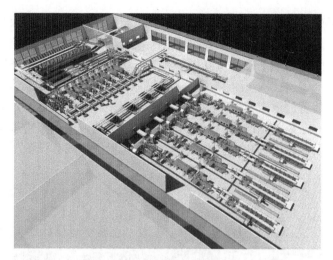

图 12.2　国外鱼类加工车间（彩图请扫封底二维码）

600～800 条；丹麦研制的去内脏机配有取鱼子机，能将鱼子连带胞衣完整地从鱼肚内取出，并通过机械视觉设备对去完内脏的鱼产品进行检测，可以减少人工检测环节；在亚洲地区，日本、韩国的海洋食品加工装备水平较高，日本在鱼糜加工设备、大型鱼类切割设备、船载鱼类加工装备等方面处于世界领先水平，在生产线集成方面经验丰富，如鱼类前加工处理生产线、鱼糜及制品加工生产线、远洋捕捞加工船的集成设计等；韩国有企业研发了适用于鲑鳟鱼、狭鳕等鱼类的鱼鳞去除和清洗一体机，研制的鱼类自动去骨切片机可进行半解冻产品的去骨切片作业，与人工作业相比，可将加工效率提高 10 倍以上。

2. 国内鱼类加工装备研究与应用现状

与欧美国家相比，国内消费的海洋鱼类种类繁多，中大型鱼类、小型鱼类等都有涉及，加工特性各异，因此加工装备种类也比较多。长期以来，国内鱼类加工装备以引进消化吸收国外的装备为主。"十一五"以来，国家对加工装备越来越重视，科研投入逐渐加大，依托加工装备研发的相关课题，鱼类加工装备研究与应用取得了较快的发展，装备技术水平有了很大提高，一批新型装备被开发出来并投入使用，显著提高了生产效率及产品质量，极大提高了加工企业生产效率。在鱼类前处理方面，研究者通过对鱼鳞与鱼体的生物结合力及去鳞方式的研究，形成设计依据，研发了弹簧刷去鳞机和卧式滚筒去鳞机（图 12.3），加工能力可达1200 条/h，显著提高了鱼类去鳞效率。

国内研究机构在去头设备方面，研制了基于直线切割的圆盘刀去头机和基于弧线切割的弧形刀去头机；在去脏设备方面，研制了针对海水小杂鱼的开腹去脏设备；在剖切装备方面，研发了剖腹机、开背机、开片机、切断机等一批装备，并应用于实际生产；在保鲜物流装备方面，以节能环保、提质增效与信息化为重点，开展了活鱼运输关键技术研究，研发了活鱼运输箱水质自动控制系统；在鱼糜加工装备方面，完成了冷冻鱼糜生产工序模块化的设计，创新开发了冷冻鱼糜加工组合式生产工艺技术（图 12.4）、多级回收系统、鱼糜加工温升抑制技术，提高了鱼糜加工装备的适应性、鱼糜产品品质、得率和投入产出比，取得了很好的应用推广效果；在鱼类副产物综合利用方面，创新研究了副产物破碎、动植物蛋白复合发酵等设备，改进和完善了酶解设备、鱼粉加工成套设备[62]。

图 12.3　卧式滚筒去鳞机（彩图请扫封底二维码）

图 12.4　冷冻鱼糜加工生产线（彩图请扫封底二维码）

（二）甲壳类加工装备研究与应用现状

海水蟹类产量较大的有梭子蟹和青蟹，以鲜销为主，较少进行加工。养殖虾类产量最大的是对虾，远洋捕捞虾类产量最大的是南极磷虾。对虾主要加工产品为虾干、虾仁和冻虾，虾壳加工成甲壳素，主要用到的设备有清洗机、分级机、剥壳机、烘干机、速冻机等；南极磷虾主要加工成虾粉、虾油、虾仁和冻虾，主要用到的加工设备有虾粉加工成套设备（由蒸煮设备、固液分离设备、干燥设备、除臭设备和粉碎设备等组成）、碟式离心机、脱壳设备和速冻设备等。

国外对虾机械化加工历史悠久，美国、丹麦、德国等发达国家都进行了自动剥虾机研制，美国研发了世界上第一台自动化对虾脱壳机，并经过几代的改进和完善，形成了集剥离、清洗、分级、进料等工序于一体的对虾剥壳生产线，从而使对虾加工效率大大提高。

随着对虾养殖产量的逐年增加和南极磷虾资源开发的不断加快，虾类加工的重要性日益凸显，国内关于对虾加工技术和装备的研究不断深入。在基础研究方面，开展了虾类生物力学特性研究，通过对南美白对虾基本体形参数的测量与分析，确定了对虾分级的方法；开展了对虾重心与体形的关系、对虾摩擦特性研究；开展了对虾头胸部的连接力学特性研究，确定了对虾去头的位置、方式与方法，掌握了对虾开背的切割特性；开展了对虾壳肉分离力学特性研究。在这些基础研究的基础上，研制了对虾分级、开背、清洗和剥壳（图 12.5）等设备。各单机设备之间还未能有效衔接，没有形成生产线。国内有关对虾加工的相关专利和论文很多，主要集中在贮藏、保鲜、品质、剥壳预处理等几个方面，但成果转化率较低。总体来说，目前我国对虾加工业整体机械化水平较低，还处于人工为主、单机设备为辅的阶段，标准化、系列化、智能化水平还有待于提高，还没有形成自动化生产线[115]。

图 12.5　对虾剥壳设备（彩图请扫封底二维码）

南极磷虾加工方面，由于南极磷虾体内含有活性很强的消化酶，在死后消化酶会立即将身体组织分解，并且其壳对氟有很强的富集能力，其含量是海水中氟含量的 3000 倍。南极磷虾死后，虾壳中的氟会很快渗透到虾肉中，使得虾肉因氟含量高而失去食用价值。用于食用的南极磷虾，要求在捕获后 3h 内加工完毕；作为动物饵料，则必须在 10h 内加工完毕，这两个特点决定了南极磷虾加工，特别是壳肉分离加工必须在船上进行。

国外在南极磷虾船上加工方面起步比较早，20 世纪 70 年代初就研制成功了南极磷虾捕捞加工船，船上配备南极磷虾冷冻原虾、熟虾、整形虾肉、饵料级虾粉和食品级虾粉等多套加工生产设备。日本和波兰在船上用滚筒脱壳法对南极磷虾脱壳，效率较高，1h 能加工 500kg 虾。日本渔船生产虾仁的同时，用废料生产饵料，并在废水中回收蛋白质。德国渔船通过嚼碎、脱壳、离心、压榨、速冻、包装冷藏得到南极磷虾肉糜。挪威是目前磷虾开发利用最成功的国家，装备先进，配置了专业化精深加工成套装备，完全实现了工业化自动流水线作业生产加工方式，其新型磷虾捕捞加工船日处理能力超过 700t，竞争优势明显。

国内南极磷虾加工起步比较晚，仅有几家大型国有远洋渔业资源开发企业具备南极磷虾捕捞和加工能力。目前国内用于开展南极磷虾资源开发的捕捞加工船总数量在 10 艘左右，配备有冷冻虾和虾粉生产线。2012 年，有企业从国外购进大型专业磷虾捕捞加工船并加以改造，该船配备南极磷虾冷冻原虾、熟虾、整形虾肉、虾粉等多套加工生产设备。但上述捕捞加工船主要靠引进国外二手船或设备，部分为拖网改造而成，核心加工装备依赖进口，国产的加工装备还比较落后，如虾粉加工设备基本是沿用陆上鱼粉加工设备，虾粉转化率低，产品品质也不稳定。近年来，随着国家对南极磷虾资源开发的不断重视，加工装备的自主创新研发能力不断进步。在南极磷虾船上加工关键装备的开发方面，研发了南极磷虾脱壳设备（图 12.6），脱壳效果良好，残壳率低，经过多次中试与海试实验，将针对产业化应用过程中存在的问题不断完善和改进，以满足实际生产需要[116]；在虾糜、虾粉加工装备方面，为了实现加工装备国产化，在南极磷虾虾糜制取、虾粉加工蒸煮、干燥设备方面取得了重大进展。

（三）贝类加工装备研究与应用现状

我国贝类的产量很大，约占海洋水产品总量的 44%，在海洋食品中占有十分重要的地位。贝类以养殖为主，生产和销售具有较强的地域性与季节性，95%以上的贝类产自沿海。贝类在无水状态下存活时间短，保活与保鲜困难，不利于长距离运输，因此在贝类集中上市的时节，鲜销远远无法消耗巨大的产量，往往造成供过于求的局面，导致沿海地区贝类价格下降，甚至滞销，造成资源的极大浪费。而在广大的内陆地区，贝类产品特别是鲜活产品还比较缺乏，这凸显了流通与加工落后，制约了贝类产业的发展。

图 12.6　船载南极磷虾脱壳设备（彩图请扫封底二维码）

　　近年来，随着贝类产量的持续增加和劳动力成本的不断上涨，越来越多的加工企业意识到了加工装备的重要性，逐步加大了加工装备的应用和投入。贝类加工装备的应用率逐年提高，在保活保鲜、前处理、初加工、精深加工、综合利用等多个环节都使用了相应的装备，加工效率显著提高。

　　贝类保活保鲜方面，目前加工企业常用的保活手段是有水低温保活，主要采用加冰的方式，应用装备主要包括制冷设备和循环水装备；运输过程一般采用保活运输车和保活运输箱。日本研制了一种无水喷雾保活装置，可在厢式运输车内形成低温高湿环境，促进贝类在低温下进入冬眠状态，降低新陈代谢水平，使其在离水条件下长时间维持生存。这种方法运输成本低，运输密度大，存活率高，节约用水，避免了环境污染，同时对人体无害，但由于处理能力不够，在国内企业应用比较少。保鲜装备应用最多的就是冷藏设备和冷冻设备，冷藏一般采用冷藏箱和碎冰，制碎冰设备常用的有管冰机、片冰机、块冰机和碎冰机。贝类加工中冷冻保鲜设备应用最多的是平板冻结机和隧道式冻结机。鲍鱼等名贵贝类有时也采用液体速冻机，可以大大提高冻结速率，较好地保持产品品质。

　　清洗、分级、分选、净化等前处理装备方面，清洗应用最多的是滚筒清洗机，利用贝类在滚筒中互相摩擦与碰撞作用实现壳体清洁；扇贝等较难清洗的贝类采用喷淋式滚筒清洗，采用滚筒与冲击水流结合进行清洗；对于牡蛎等特别难清洗的贝类，采用集滚筒、毛刷、高压射流和超声波于一体的联合清洗机，可提高清洗效率，优化清洗效果。贝类分级常采用人工筛网筛选的方式；机械分级按原理可分为体积分级和重量分级，蛤类等小型贝类多采用体积分级机，鲍鱼、扇贝等较大型的贝类多采用重量分级机（图 12.7）；国内研制的蛤类清洗分级一体机可同时实现清洗和分级，与人工相比可以将效率提高 30 倍以上。分选装备方面，研制了能自动识别并剔除泥贝、死贝和裂贝等异常贝类的分选装置，具有挑选效率高、挑选准确、工人劳动强度低等优点。

图 12.7　蛤类清洗分级设备（彩图请扫封底二维码）

贝类开壳初加工装备方面，最常用的开壳方法是蒸煮，连续式蒸煮一般采用蒸煮机，间歇式蒸煮多采用夹层锅。通过加热使闭壳肌受到破坏而实现开壳，蒸煮开壳设备的优点是操作较简单、成本低廉、处理量较大，缺点是开壳后的贝肉经蒸煮后，蛋白质已经变性，有些活性物质被破坏，不利于后续加工；有学者应用微波进行贝类开壳研究，利用微波加热的原理，使贝壳迅速升温，破坏闭壳肌完成开壳，其优点是处理速度非常快，2~3min 即可完成开壳，操作方便，节省能源，缺点和蒸煮开壳一样，也会导致蛋白质变性和活性物质的破坏。近年来出现了超高压贝类开壳设备，利用 300~600MPa 的超高压，完成贝类的开壳，可较好地保持贝类的生鲜度，减少蛋白质变性，开壳的同时还可以起到杀菌的作用。此外还有激光开壳、冷冻开壳、电击开壳等，还停留在试验阶段，未形成成熟的装备[117]。

精深加工装备方面，干燥加工常采用热风干燥机，缺点是干燥不均匀，热能利用效率不高，容易造成褐变；经济价值较高的贝类采用冷风干燥机，以减少物料褐变；微波干燥速率快，但贝类的水分含量高，干燥时水分子运动剧烈，会造成受热不均匀、爆裂等现象，比较适合于后期的干燥；冷冻干燥机可以最大限度地保持贝类原有的品质，但由于能耗过高，实际加工中很少应用。贝类罐头加工基本是沿用通用罐头生产设备，主要有预煮机、封罐机、杀菌设备等。用于保健品加工的贝类活性物质提取装备主要有超临界萃取设备、酶解罐、离子交换层析设备、超滤设备等。

综合利用方面，主要是对贝壳、裙边、内脏、蒸煮液等加工下脚料的利用。应用的主要装备有酶解罐、发酵罐、真空浓缩设备、超微粉碎设备等。

生产线构建方面，以日本、美国等研制的扇贝加工生产线为代表。日本有企业创新性地设计生产了世界最早的扇贝自动加工设备，利用吸盘将蒸汽加热过的扇贝上壳打开，利用真空管道将外套膜及周边脏器去除，仅留下扇贝闭壳肌和下壳体，外套膜、脏器、贝壳等副产品还可继续加工利用，整个生产线平均每分钟可处理近 100 个扇贝。美国研制出超高压扇贝加工设备，在加工过程中调用 600MPa 的静压来加工扇贝，在处理约 3min 后，壳内组织可从贝壳上完整地剥离开来，加工能力可达到每小时 2500kg。冰岛研制了可用于船载扇贝加工的生产线，由输送、分级、水浴加热、分离、冷冻隧道等部分组成，可实现扇贝成批量加工，每小时产量可达 100～300kg，自动化程度较高，加工过程中几乎不需要人工干预，节省了大量的人力物力[55]。

（四）藻类加工装备研究与应用现状

我国海藻产量巨大，主要品种有海带、裙带菜、紫菜等，为海藻加工业提供了巨大的原料基础和优势。目前我国已形成相当规模的海藻加工产业，涉及食品、饲料、医药、化工等多个领域，产品主要有干制品、多糖、褐藻胶等。

海藻收获具有显著的季节性，鲜货的含水率一般在 85% 以上，如未能及时处理，堆放过久，容易腐败，影响品质，脱水干燥是海藻加工最重要的加工手段。目前大宗藻类如海带等初级处理主要为腌制或自然干燥，需要大量人工将采收后的海带晾晒（图 12.8），消耗大量的劳力，而且晾晒的环境卫生状况、天气变化

图 12.8　海带人工晾晒（彩图请扫封底二维码）

都会对干燥产品品质有很大的影响。随着人口红利的降低，海藻生产企业的劳动力成本越来越高，加快海藻食品加工技术装备的自动化智能化迫在眉睫。

藻类干燥设备大多在传统热风干燥设备的基础上进行改制，存在着干燥速度慢、能量消耗大、产品品质差等缺点，制约了产业的发展。过热蒸汽干燥是近几年发展起来的一种全新的干燥技术，针对大宗藻类的前处理，易于实现快速去除内部水分，提高干燥产量，产品复水性较好，是极具潜力的干燥方式。过热蒸汽干燥设备在国外得到了迅猛的发展，形式多种多样，如过热蒸汽热泵干燥、过热蒸汽喷雾干燥和过热蒸汽流化干燥等。丹麦企业成功开发了一种压力过热蒸汽流化床系统，具有节能、干燥时间短和对环境无污染等优点[118]。

紫菜加工设备方面，应用较多的单机设备主要有清洗机、切碎机、调味机、制饼机、脱水机、烘干机等；成套装备方面，近年来，通过技术集成，国内企业研发了全自动烤紫菜加工设备（图12.9）、调味紫菜加工设备、夹心海苔加工设备等。

图 12.9　全自动烤紫菜加工设备（彩图请扫封底二维码）

此外，其他藻类加工设备，如海带拌盐机、切丝机、打结机和海藻即食产品加工设备、海藻生物活性物质提取及保健功能食品加工设备、海藻胶加工设备、海藻肥加工设备等在实际生产中也有应用[119]。

（五）其他海洋食品加工装备研究与应用现状

海洋食品加工原料中，除鱼虾贝藻等几种大宗海洋食品外，加工产业规模较大的主要还有海参、鱿鱼等。

海参加工主要包括前期对鲜活海参的清洗、除脏与蒸煮加工，以及后期的干制、冷冻及活性物质提取等形式。我国海参加工研究起步早，但加工机械化程度还比较低，加工装备以通用设备为主，有的采用果蔬喷淋设备对海参体表进行清洗，但功能单一，清洗不彻底，效果差，极易对海参体表造成损伤；采用蒸汽夹层锅进行煮制漂烫，自动化程度低，对操作工人的劳动强度与经验要求高。加工专用设备的缺失造成产品品质不稳定与生产效率低下，已经成为制约海参加工产业链延伸与发展的瓶颈。近年来，随着装备需求的增加，国内对加工装备的研究逐步推进，有科研院所研发了柔性气泡结合水流喷射的清洗设备，清洗损伤率小于1%，实现了鲜活海参的机械化清洗；开发了鲜活海参自动重量分级设备，分级效率显著提高；研发了具备蒸煮浮沫自动消除功能的控温控时蒸煮系统、具备栅格式滑道结构的预检设备与具备双层网链输送带叠加结构的整形设备，创制了海参机械化加工生产线（图12.10），改善了海参加工车间的环境，提高了加工效率，保障了产品品质[120]。

图12.10　海参机械化加工生产线（彩图请扫封底二维码）

鱿鱼加工产品主要有鱿鱼丝、鱿鱼丁、鱿鱼胴体、鱿鱼干等。加工中应用的设备主要有剥皮机、蒸煮机、调味机、烘烤机、疏松机、拉丝机、烘干机等。鱿鱼剥皮机主要有滚筒刀片式、搅拌式等几种类型，在冷冻类加工产品中应用较多的是滚筒刀片式剥皮机，熟制加工产品中应用较多的是搅拌式剥皮机；鱿鱼蒸煮机应用最广的是隧道式蒸煮机，主体为长方体隧道状蒸汽室，室内设有两排喷汽方向不同的上、下蒸汽口，蒸汽可充满整个蒸汽室，使进入蒸煮机中的鱿鱼从不同的方位受热，蒸煮温度可根据工艺要求调节，蒸煮时间可通过变频器调节输送带速度来实现；鱿鱼调味机主要采用八角式调味机，通过料筒的不断转动，使调味料和鱿鱼产品混合均匀；鱿鱼烘干机最常用的是隧道式烘干机，通过循环热风完成烘干；鱿鱼疏松机用于把烘烤后的鱿鱼进行压延和纤维疏松，通过两个上下设置、对向转动的压辊的挤压实现鱿鱼疏松；鱿鱼拉丝机是用于把疏松后的鱿鱼片拉成丝的设备（图12.11）。随着鱿鱼丝产业的发展壮大，国产鱿鱼加工设备日趋成熟，以上鱿鱼加工设备除拉丝机外，基本实现了国产化，国产拉丝机与日韩设备相比，在成丝率、稳定性、自动化程度方面还存在较大差距，还需进一步发展和提高。

图 12.11　鱿鱼拉丝设备（彩图请扫封底二维码）

二、海洋食品加工装备存在的问题与需求分析

（一）海洋食品加工装备存在的问题

我国的海洋食品加工装备取得了长足的进步，但与国外发达国家相比，还存在着较大的差距。主要表现在以下几方面。

1. 自主创新设计能力有待提高

我国海洋食品加工装备创新设计能力和机械制造水平与德国、日本等发达国家还存在较大的差距，加工总体上还属于劳动密集型产业，机械化水平较低，能耗和排放较高，特别是精深加工装备与成套装备，其智能化、规模化和连续化水平相对较低，加工装备的精准性、稳定性、可靠性及设备质量、性能等也还有较大的提升空间。长期以来，我国的海洋食品加工装备研发形成了引进消化吸收再创新的模式，基础理论研究积累较少，自主创新设计能力还有待提高。要全面提升我国海洋食品加工装备制造的整体技术水平，打破国外的技术垄断，实现海洋食品加工装备的更新换代，迫切需要提升自主研发能力。

2. 成果推广应用难度较大

水产品加工企业比较分散、规模不一，由于受制于成本等因素，除部分大型加工企业外，大部分中小企业加工设备简单，专用装备缺乏，加工装备普及率低，还停留在小作坊阶段，加工仍以人工为主。水产品原料的种类很多，形状和大小各不相同，加工特性存在较大差异，针对不同的原料，设备参数也不一样，这给通用机械的操作带来了一定的难度，导致装备的通用性差，加工精度无法保证，不利于加工装备的推广。由于国内的机械制造业水平还比较落后，加工精度不高，因此生产的加工装备精度较低、故障率高，影响了生产的连续性，造成生产效率偏低。一些国产生产线在生产能力上不如国际先进的生产线，加工同样数量的产品，需要配备多条生产线才能达到进口生产线的水平，而进口生产线的成本偏高，中小型企业没有能力引进。

3. 研发机构少，投入不足，成果产出较慢

国内从事海洋食品加工专用装备研发的机构非常少，技术创新能力不足，造成加工装备的研发水平滞后。加工装备的设计和制造周期较长，研发和改进的生产成本又比较高，国家在加工装备基础研究方面的科研投入较少，企业往往更愿意购买成熟度较高的产品，不愿在共同研发上投入太多，导致加工装备研发经费不足、更新速度慢，远远落后于加工工艺的更新速度，造成加工装备不能满足加工工艺的要求。

（二）海洋食品加工装备的需求分析

我国的海洋食品加工装备技术同国外先进国家相比还存在很大的差距。近些年虽然引进了一些国外先进食品加工装备，但自主创新的先进海洋食品加工装备还比较缺乏，特别是在降低人工成本、节能、环保方面所需要的加工装备，存在的问题还很多。海洋食品加工装备整体落后于其他食品加工装备，总体需求主要表现在以下方面。

1. 初加工装备

主要是大宗原料的预处理与初加工装备，如鱼类加工的清洗、排列、去头、去鳞、去脏、开片等加工环节，以及虾类的脱壳、贝类清洗净化与开壳、藻类的初加工等方面，需要发展替代人工作业的机械化装备和轻简化工具，以及基于精准判别技术的排序、定位、整理等连续式加工衔接装备。

2. 精深加工装备

主要是各类高效的精深加工装备，如贝类、藻类的脱水干燥加工，海参的蒸煮、干燥与复水加工；传统干腌熏制品加工，小包装调理食品加工，活性物质分离提取，副产物酶解、发酵等装备。

3. 智能加工装备

在依靠操作者感知判断实施低效加工的环节，需要发展基于实时感知与计算机判别技术的智能化高效加工装备，主要包括对体形、体色进行判别以实施分级筛选的装备；对身体部位和方位进行判别以实施定位操作的装备；对骨刺和残留异物进行探测以实施有效加工的装备；对加工过程环境等参数进行实时感知以实施品质调控的装备。

4. 船载加工装备

主要针对南极磷虾捕捞渔船虾粉加工品质与效率、秋刀鱼等远洋捕捞渔船渔获物机械化加工作业等产业问题，需要发展集成机械化、高值化、智能化加工技术为一体的成套化船载加工装备。

第三节 海洋食品加工装备科技发展趋势

随着消费者对海洋食品营养和保健功能的认可，海洋食品的消费正在不断上升。海洋食品加工产业不断发展壮大，海洋食品加工无论在数量上还是质量上都已不能再单纯依赖劳动密集型生产方式，对加工装备的需求越来越迫切，加工装备的市场潜力巨大并已经开始逐渐显现。

加工机械化、精深化、节能化、智能化、工艺装备融合是海洋食品加工装备发展的重要过程，是实现水产品加工规模化发展、保证产品品质、提高生产效率、应用现代科技的必然趋势。未来的海洋食品加工，将呈机械化快速普及、自动化逐步推进、智能化逐步显现的发展趋势，加工装备将朝专业化、连续化、自动化、节能化方向发展，生产规模和处理量都将有很大的提升，装备研发向多品种、多规格方向发展，以适应市场需求和竞争需要。

一、海洋食品加工装备向机械化连续化发展

机械化是指在生产过程中直接应用电力或其他动力来驱动或操纵机械设备以代替手工劳动进行生产的措施或手段，是提高劳动生产率、减轻体力劳动的重要途径。海洋食品加工装备按照加工类型可分为保鲜保活、前处理、初加工、精深加工、船载加工、综合利用等几个环节，许多环节都主要依赖人工。要全面实现加工机械化，要求在各个环节都必须采用机械替代人工，开发出成套设备并应用到实际生产。

在保鲜保活方面，通过制冰设备、水处理系统、无水保活系统、冰温保鲜装备等的推广，配套杀菌、水质净化、充氧等设备联合应用，完善冷链物流系统，开发保活运输车、船、箱，形成海陆空全方位保鲜储运模式，使海洋食品保鲜保活朝高效、节能和可控方向发展，不仅能实现长距离保鲜保活，而且能实现整个过程可控可调。在前处理方面，通过清洗机、分级机、去头机、去鳞机、去内脏

机、去皮机等加工装备的应用及前处理生产线的集成，以减少操作工人数量，既提高处理效率，又保证品质和安全性，还有利于副产物的集中收集和处理。在初加工方面，通过开片机、开背机、虾剥壳机、贝类生鲜开壳机、冷冻鱼糜加工生产线等装备的应用，以提高加工效率，减少加工过程中的二次污染，降低劳动力成本。在精深加工装备方面，通过研发和改进加工设备，提高产品附加值、减少活性物质损失、节能降耗是发展趋势。在综合利用装备方面，产品高值化、零废弃、加工过程零排放将是发展趋势。

二、海洋食品加工装备向节能化绿色化发展

随着国家节能减排战略的全面实施，节能绿色发展越来越受重视。《农业部关于进一步加强农业和农村节能减排工作的意见》指出，要推广应用节水、节能、减排型水产养殖技术和模式，大力发展工厂化循环水养殖，推广高效安全配合饲料，减少养殖污染排放[121]；《农业部关于推进渔业节能减排工作的指导意见》同时指出，加快水产品加工企业节能技术改造，大力推广节电、节水技术，降低冷冻冷藏电耗；研发并推广加工清洁生产技术，减少废气、废水、废渣排放[122]。因此，未来的海洋水产品加工装备将朝节能和绿色方向发展，如通过装备结构、材质等改进，提高能源利用率，降低能源消耗；太阳能等清洁能源将越来越多地应用到海洋食品加工中；冷库、冷藏车等保鲜贮运设备将更加节能环保；鱼糜加工等耗水量大的加工方式将通过工艺和装备改进，减少废水排放；副产物综合利用水平不断提高，逐步实现零废弃加工。

三、海洋食品加工装备向精准化智能化发展

工业领域智能制造产业为水产加工智能化提供了坚实的发展基础。国务院印发《中国制造2025》，将发展智能制造作为长期坚持的战略任务，"十三五"期间将同步实施数字化制造普及、智能化制造示范引领；工业和信息化部、财政部联合发布了《智能制造发展规划（2016—2020年）》，提出到2025年，智能制造支撑体系基本建立，重点产业初步实现智能转型[123]；海洋食品加工智能化装备发展将迎来重要的发展时期。近年来，随着PLC技术的不断成熟，部分加工装备逐渐向自动化控制发展，可通过变频器、传感器、三维激光、红外定位、机器视觉等技术进行信息采集和定位，通过控制模块进行自动控制，实现精准加工和自动控制。智能化是指由现代通信与信息技术、计算机网络技术、行业技术、智能控制技术汇集而成的应用，是海洋食品加工过程智能感知、数字化分析与智慧决策结果在加工装备上的具体体现。例如，通过智能感知技术对体形与体色进行判别以实施分级筛选、对鱼体部位和方位进行判别、对骨刺和残留异物进

行探测及去除等。

四、海洋食品精深加工装备比例逐渐提高

随着精深加工技术的发展，水产品加工领域对深加工装备的需求越来越大，加工方式逐渐从小作坊式劳动密集型向机械化、自动化、智能化的技术密集型转变。要提升产品的附加值、提高经济效益，就必须大力发展精深加工，而水产品精深加工要实现连续化、规模化生产，高值化、安全化流通，离不开加工和流通装备的研发与应用，需要有可靠的、先进的精深加工装备支撑。发展水产品精深加工装备系统，如鱼糜制品油炸、蒸煮设备优化；开发海参蒸煮、干制、腌渍加工和干制品复水等规模化成套加工设备，以及智能包装设备；开发鱼糜膨化设备、鱼糜发酵设备；开发水产品低温热泵干燥、液熏、喷雾腌制加工设备；开发水产品电子束冷杀菌、微波场杀菌、超高压杀菌等快速杀菌设备等，实现加工装备精深化、国产化，是未来水产品加工装备的发展趋势。

五、海洋食品加工装备与工艺日趋融合

海洋食品加工装备的研发不能脱离加工工艺，加工工艺的实现又必须依托加工装备来实现，如果加工装备脱离了加工工艺，则生产出来的产品品质和安全无法保障，如果加工工艺不能通过加工装备来实现，则加工效率无法保障，不能进行规模化应用。两者是一个有机统一的整体，相辅相成，相互影响。目前在海洋食品加工实际生产过程中，大多企业还是先研发或引进加工装备，后开展工艺研究，通过工艺优化使之与加工装备相匹配，这种模式可以较快地使加工装备应用到实际生产，但存在工艺不够先进、创新工艺少等缺点。由于加工工艺的更新周期要短于加工装备，因此加工工艺的创新要比加工装备的更快、更新。未来的发展趋势将是加工工艺与加工装备结合更紧密，通过加工工艺来引领加工装备，先研发形成一种新的工艺，再根据工艺的要求，开发出适应新工艺的加工装备，这种模式的优点是能确保加工工艺的先进性，同时也能促进加工装备的更新换代。

第四节 主要任务和发展重点

一、发展思路

针对海洋食品加工产业对装备科技的需求，围绕海洋食品加工装备技术进步与可持续发展，按照"联合攻关、优势集成，加强创新、重点突破，注重衔接、推进产业"的原则，以加快海洋食品加工装备现代化进程，推动海洋食品加工装

备快速发展，全面实现海洋食品加工现代化为目标，重点开展具有自主知识产权的智能化、精准化、规模化和成套化核心装备与集成技术研发；创新突破鱼类前处理与初加工装备技术，构建机械化生产线；研制鱼类、虾类、贝类、藻类和海珍品等加工装备，集成海洋食品高值化加工装备系统；着力提升海洋食品专用关键装备集成与成套装备开发能力；系统开展新型机械化处理、精深加工和船载加工等核心装备创制，全面提升我国现代海洋食品装备制造业的技术开发与装备创制能力，显著提高我国海洋食品加工装备自给率、工程化能力、智能化水平和国际竞争力，推动我国现代海洋食品制造业转型升级和可持续发展。

二、发展目标

到 2025 年，突破原料精准识别、自动排序定位等一批制约海洋食品加工机械化的关键共性技术，研发一批节能、高效、优质的海洋食品加工核心装备，集成与推广一批海洋食品加工示范生产线，制定一批与海洋食品加工装备相关的标准与规范，构建海洋食品加工装备研发、创新、推广技术体系，为海洋食品高效高质加工提供装备技术支撑，显著提高我国海洋食品加工装备水平，基本实现海洋食品加工机械化与标准化。

到 2035 年，突破一批制约海洋食品加工智能化的关键技术，研发一批智能型、精准化的加工装备并应用到实际生产中，使加工效率提高 30% 以上，节省劳动成本 20% 以上，基本实现海洋食品加工的自动化与智能化，使海洋食品加工装备接近或达到世界先进水平。

三、主要任务

我国海洋食品加工装备未来的发展，将围绕海洋食品加工关键装备集成创新、引进消化吸收再创新和成套装备制造及传统海洋食品工业化专用装备创新开发等产业发展重大瓶颈问题，以推进海洋食品加工技术装备健康可持续发展为指导方针，以加快海洋食品加工装备国产化进程，推动海洋食品加工装备快速发展，全面实现海洋食品加工现代化为目标，重点开展海洋食品保鲜保活装备、初加工装备、精深加工装备、综合利用装备、船载加工装备等研究，研发一批具有自主知识产权的机械化、高值化、成套化、智能化关键装备并进行产业化应用。主要任务如下。

（一）替代人工的机械化加工装备

海洋食品初加工过程中劳动力需求大、成本高，效率低，装备连续性差、自动化程度低，对加工装备有最迫切的需求，因此研发替代劳力的机械化初加工装备,如鱼类加工的清洗、排列、去头、去鳞、去脏、开片等加工装备,以及虾类的脱壳、贝类的壳肉分离、藻类的处理加工等装备,提高加工效率,加快海洋食品加工装备的国产化进程,将是海洋食品加工装备发展的主要任务。

(二)节能高效型精深加工装备

海洋食品加工产品中,初级加工产品所占比重较高,要提高产品的附加值,需要大力发展节能高效型精深加工装备,主要包括节能干燥、高效灭菌、活性物质分离提取、保健食品加工、小包装休闲制品加工等精深加工装备,提高产品的附加值。

(三)海洋食品加工成套装备

在关键装备研究应用的基础上,通过集成创新,构建海洋食品加工生产线,如初加工生产线、干腌制品等传统产品加工生产线、保健食品生产线、小包装休闲食品生产线等,提升成套海洋食品加工生产线的开发能力,将是海洋食品加工装备发展的主要任务。

(四)智能化加工装备

通过建立海洋食品加工智能化管理系统,对海洋食品加工装备及生产过程进行联网、通信、管理、数据采集及控制,实现加工过程自动化、智能化、精益化,有效提高海洋食品生产加工效率,保障产品安全及企业生产管理水平,将是海洋食品加工装备发展的主要任务。

四、发展重点

(一)大宗海洋食品初加工关键装备研发与生产线构建

针对大宗海洋食品前处理与初加工过程中存在的劳动力密集、成本高,效率低,装备连续性差、自动化程度低等问题,开展海洋食品初级加工装备主要技术参数对产品品质变化特征的影响研究,建立海洋食品初级加工品质评价标准体系;开展机械化加工前分级、排序、定位、喂料、脱料等辅助设备研究;开展海洋食品清洗、去脏、开片等初级加工技术与装备研究,研制初级加工专业设备,构建连续式鱼类初级加工生产线。

针对虾类脱壳产业化加工装备尚不成熟、实际应用较少的问题,开展对虾剥制技术与装备研究,提升剥壳设备成品得率、稳定性、连续性及产能等性能,研制对虾分级机、对虾脱壳机等关键设备,集成一体式对虾剥壳成套生产线。

针对贝类初加工中存在的清洗、分级、开壳等工序机械化程度低、劳动强度大的问题，开展贝类高效清洁、智能分级、生鲜开壳等技术装备研究，研制清洗、分级、开壳等关键设备，构建包含清洗、分级、开壳等工序的贝类初级加工生产线。

针对传统海带养殖模式中采收与整理工作量巨大，切丝、打结、脱沙、脱盐等工序机械化程度低等问题，开展海带海上机械化采收与整理技术装备研究，提高采收整理效率，减轻劳作强度，开展海带高效初加工关键设备研制，提高海带初级加工产品品质和生产效率。

针对海参加工过程中品相及品质不均的问题，开展自动化分级、柔性加工技术、新型干燥技术及配套装备研究，构建海参加工全套生产线，进一步提高海参加工自动化程度，提升加工效率与品质。

（二）海洋食品精深加工关键装备研发

针对加工产品以冷冻产品为主、贮藏条件受限等问题，开展高效杀菌装备技术研究，开发常温贮藏型精深加工产品；针对海洋食品加工副产物利用率不高、产品附加值低等问题，开展水产品加工副产物复合植物蛋白发酵制备新型水产动物饲料技术研究，攻克海洋食品加工副产物发酵前处理、物料高效混合及多元化发酵过程品质控制等连续发酵关键技术；研制加工副产物均匀破碎专用设备，研发发酵过程在线监测和控制系统，建成海洋食品加工副产物自动化发酵加工生产线；研制海洋食品自堆层流式连续螺旋酶解技术，设计并开发海洋生物蛋白的自堆层流式连续酶解装置，并开发中试型水产品连续酶解设备；针对藻类干燥采用传统日光晒制受天气和场地影响大、人工翻料劳动强度大、单一干燥成本高等问题，开展过热蒸汽、红外干燥等新型干燥技术研究，研发联合干燥装备，攻克干燥方式组合模式、干燥时段选取、干燥时间把握、节能关键控制点等关键技术，形成联合干燥工艺路线，开发多元化藻类干制产品加工装备生产线，构建完整的自动机械化藻类加工产业链。

（三）海洋食品加工装备智能化技术研究与应用

针对海洋食品加工与流通智能化程度低、过程控制能力弱、可追溯性不强等问题，开展海洋食品加工与流通过程关键点筛选分析研究，确定加工流通关键点、环境、过程等信息数据，建立加工流通关键数字信息数据库；通过应用三维激光、红外定位、机器视觉等新技术，进行信息采集和定位，开展加工信息数字化技术研究，建立加工流通专家系统，研究数据、模型、储存等信息组合处理技术及信息定位和维护技术；优化设计加工流通工艺流程，研究加工装备选型及装备数字化表达技术、流通传感器技术、嵌入式系统技术、无线连接技术、控制技术；研究开发加工流通过程控制管理软件，研究通信单元和其他节点数据交换技术，研究获取信息融合、判断、反馈技术，研究网络接入、路由、数据传输、发布/订阅技术，建立加工流通生产链的网络控制平台；建设基于信息物理系统（cyber-physical system，CPS）的水产加工系统工程，通过对设备的实时监控与数据采集，可快速、及时地调整控制关键参数，实现高效稳定生产；通过真实的海量数据分析功能，可快速定位生产瓶颈，并找出最合理的应对措施，从而最大限度地提升设备的有效利用率；对加工过程的主要工艺参数等进行综合分析，为生产改进提供科学、客观的参考数据，实现加工过程优化及智能控制。

（四）海洋渔获物船载加工关键装备技术研究与系统集成

针对中远海捕捞离岸远、渔获物贮运时间长，特别是经济价值高的渔获物，容易在长期贮运过程中品质急剧下降等问题，开展海洋捕捞渔获物的源头保鲜和海上加工装备研发，通过船载保鲜技术与装备研究，开发船上保鲜冻结设备、适合船上应用的冷杀菌与冰温保鲜集成的保鲜装备；通过研发船用鱼体切割装备、船上鱼、虾粉加工装备等，提高船上保鲜与加工机械化水平，提升产品品质，减少环境污染，有效提高海洋资源的利用率，提升海洋渔获物的利用价值。

针对我国南极磷虾产业链短、产品组成单一、产品质量低的问题，开展南极磷虾快速处理、原虾冷冻冷藏、磷虾壳肉分离、虾粉和虾油制品的船载加工工艺研究，突破南极磷虾冷冻冷藏，磷虾高效快速脱壳，虾粉、虾肉及虾油加工工艺的关键技术，在此基础上，重点开展南极磷虾船载壳肉分离专用装备开发与生产线构建，虾粉、虾油制品船载加工成套装备及其生产线的自动化控制技术研究，研发具有自主知识产权的磷虾粉加工装备和磷虾去壳装备与加工工艺，研发形成系列化配套加工装备和生产线自动化控制模型，研制磷虾快速加工工艺配套的自动化成套装备及控制系统，构建磷虾专业化高效加工运行模式，系统开发深远海船载加工的关键技术与核心装备，提高我国南极磷虾船载加工能力和核心竞争力。

（五）海洋食品保鲜和冷链物流装备技术研究与应用

围绕绿色低碳、安全高效、标准化、智能化和可溯化海洋食品保鲜贮运物流产业发展需求，针对常规冷冻保鲜加工冻结速度缓慢、冻结过程冰晶破坏海洋食品品质的问题，开展海洋食品低温加工新技术与装备研究，主要开展液体浸渍冻结和连续式液氮快速冷冻技术与装备研究，研发连续式速冻设备，并产业化应用。针对现有加冰保鲜覆冰自动化程度低、不能实现连续生产等问题，开展液态流体冰制取工艺及保鲜特性研究，建立液态流体冰温保鲜系统，研发液态冰生成与输送装备，解决连续加冰保鲜技术与装备难题。针对目前船上保鲜贮运能耗高、余热利用率低的问题，研究冷海水循环喷淋保鲜贮运技术、渔船尾气回收利用技术，研制节能保鲜贮运装置、渔船尾气制冷设备；针对船载保鲜以冷冻为主、缺少冰鲜产品的问题，突破高海况下制冷系统正常运行的技术瓶颈，研发船用的抗风浪流体浸渍式冰温保鲜装备，实现海洋食品高效即时保鲜技术的革新。针对我国海洋食品冷链物流不完善、温度波动大、标准化程度低、品质劣变严重及物流损耗、能耗和成本过高等问题，开展海洋食品冷链物流关键技术与装备研究及产业化示范，重点开发船用及工厂化超低温制冷技术及节能化冷链流通装备技术，并进行产业化示范；针对传统解冻方法容易造成海洋食品品质下降的问题，研究高压电场解冻、通电加热解冻、射频解冻等新技术，研发解冻新设备，提升我国冷链物流科技水平，促进海洋食品物流产业转型升级。

第五节　保障措施与政策建议

海洋食品加工装备的发展，离不开国家政策的支持、科研部门的努力和加工企业的推动，在系统分析我国海洋食品加工装备的应用现状、存在的问题及发展趋势的基础上，对我国海洋食品加工装备的发展提出以下几点保障措施与政策建议。

一、重视产学研结合，加强联合攻关

海洋食品加工装备的发展，要以市场为引导，了解行业的需要，解决行业及企业需求，强化产学研结合，发挥企业协同创新与成果转化的优势特点，促进政府、高校、科研机构、企业等在创新链和价值链上的融合，建立科技与生产相结合的长效机制；同时，各加工装备研发机构需加强交流合作，发挥优势互补，形成联合攻关。

二、增加科技投入，提升加工装备研发水平

海洋食品加工装备的研制，需进行样机制作，并通过中试实验不断改进和完善，研发周期长，投入大，目前我国在加工装备基础研究方面相对薄弱，加工装备研发机构普遍面临科研经费不足的问题，影响加工装备的研发和更新换代。建议加大对加工装备基础研究、创新和升级等方面的支持力度，同时呼吁企业增加装备投入，从而形成长期、稳定的科技投入机制。

三、加大渔机补贴力度，促进加工装备应用

海洋食品加工企业受制于规模、成本等因素，除部分大型加工企业外，大部分中小企业加工设备简单，缺乏专用装备，加工装备普及率低，亟须加快加工装

备的普及与应用。在大农业领域，通过推行农机补贴，极大提高了农业机械化水平与农业生产效率；而在渔机领域，除远洋捕捞渔船有燃油补贴外，其他渔机补贴甚少，因此，建议加大渔机补贴力度，鼓励加工企业普及加工装备，加快实现海洋食品加工现代化。

四、注重技术革新，提高装备性能

海洋食品加工装备的发展要注重技术革新，不断开发新技术，应用新技术，提高加工装备的精度与可靠性，加强检验与测试，减少设备故障率，提升海洋食品加工装备的性能与效率，使海洋食品加工装备朝更先进、更专业的方向发展。

课题主要研究人员

	姓名	单位	职称/职务
统稿人	徐皓	中国水产科学研究院渔业机械仪器研究所	研究员/所长
	欧阳杰	中国水产科学研究院渔业机械仪器研究所	副研究员
参与人	沈建	中国水产科学研究院渔业机械仪器研究所	研究员/主任
	王颉	河北农业大学	教授
	弋景刚	河北农业大学	教授
	黄万成	獐子岛集团股份有限公司	总监
	宋成卫	辽渔集团有限公司	高级工程师
	黄一心	中国水产科学研究院渔业机械仪器研究所	研究员
	江涛	中国水产科学研究院渔业机械仪器研究所	研究员
	徐文其	中国水产科学研究院渔业机械仪器研究所	副研究员

第十三章　海洋食品质量与安全控制创新发展战略研究

第一节　引　　言

海洋一直是世界关注的焦点，党的十八大报告首次完整提出了中国海洋强国战略建设内容，党的十九大报告进一步明确了建设海洋强国的目标、应坚持的原则和重点，海洋的国家战略地位空前提高，发起了"一带一路"倡议，"蓝色粮仓"等涉海国家战略规划也相继出台。海洋食品产业作为海洋领域和食品行业的重要组成部分，其作用和地位也随之提高到一个前所未有的新高度，成为国家海洋战略的核心内容之一。海洋食品产业的健康、可持续发展，需要高效的质量安全控制技术体系作为支撑和保障，而我国在新时代、新形势下所面临的质量安全新要求、新问题，则决定了质量安全相关领域的科学技术研究和开发方向及其重点任务，应着眼于国家未来20～30年的战略需求，有机融合全产业链相关环节，从基础研究、前沿技术及产业化应用示范等多个层次进行整体设计和规划。

一、提升海洋食品质量与安全控制技术水平势在必行

相对于陆源食品，海洋食品的质量安全影响因素更多、面临的压力更大、形成危害的概率也更大。其主要特征表现在以下方面。

（一）安全危害因子众多，风险来源途径广泛

海洋环境作为污染物的最终环境归宿，容纳了微生物、生物毒素、药物残留、有机污染物、重金属等大量有毒有害风险因子，且不同风险因子可能来自于海洋生物自身和水环境，从而综合形成了海洋食品安全风险外源（环境传递）或内源（生物自身产生）两大途径，造成海洋食品风险来源途径复杂、可控性差。

（二）海洋生物种类繁多，种属间风险程度不一

海洋食品生物种类繁多，不同生物品种的生存环境和生产模式存在巨大差异，导致不同海洋食品安全风险差异性极为显著。例如，养殖鱼、虾、海参安全风险主要来自药物残留和过敏原，藻类则为重金属和除草剂等，贝类中可能具有微生

物、毒素、持久性有机污染物（persistent organic pollutant，POP）、重金属及微塑料等，甚至金枪鱼、鱿鱼和磷虾等远洋渔获物也具有受重金属汞、氟及内源性甲醛污染等风险。

（三）生产周期和链条较长，质量安全控制难度大

由于海洋食品的生产周期最短也超过 6 个月，最长则达数年，食物链则有"环境—生态系统食物链网—生物"及"环境—饵料（投入品）—生物"两大链条，因此海洋食品生产周期和产业链条显著长于陆源食品，海洋食品风险难以管控。

2013 年 12 月，习近平在中央农村工作会议上强调："食品安全关系中华民族未来，能不能在食品安全上给老百姓一个满意的交代，是对我们执政能力的重大考验"，食品安全已经不再是简单关乎技术或产业，而是基本民生问题、社会问题乃至政治问题，已经成为公共安全的基础内容。海洋生物资源的多样化及其所富含的各类营养成分，决定了海洋食品发展将具有显著的多元化特征及突出的营养功能品质，在各种新原料、新技术、新产品的研发和应用过程中，必然要不断面对可能存在的新生危害，应及时建立准确合理的评估、检测及控制技术体系，持续不断地对潜在的质量安全危害进行及时的评估与控制。总体来看，目前海洋食品质量安全状况与经济发展、社会进步、供给侧结构性改革及群众期待仍然有较大差距，风险高发和矛盾凸显的阶段性特征比较突出，不能充分满足海洋食品产业进一步提升质量、强化营养的战略发展要求。因此，进一步提升海洋食品质量与安全控制水平势在必行。

二、科技创新是保障海洋食品质量安全的重要手段

目前，我国海洋食品质量与安全控制水平的发展受体制、机制、技术等多种因素影响。而科技创新将在推动海洋食品质量与安全控制方面发挥极其重要的作用。

第一，海洋食品质量与安全控制科技创新是实施国家安全战略的保障。《全国渔业发展第十三个五年规划（2016—2020 年）》明确指出，要坚持创新驱动，实现科学发展，全方位推进渔业科技创新，着力提升渔业科技自主创新能力，推动渔业发展由注重物质要素向创新驱动转变。海洋食品安全，既是"产"出来的，也是"管"出来的。从"产"上来看，科技创新是重大食品安全难题最终破解的重要手段，依靠科技创新，可以改变食品生产加工方法，提高食品的质量与安全水平；从"管"上来看，依靠科技创新强化技术监督手段，创新监管方式，提高监管效能，着力依靠科技手段构建严格的、科学的、覆盖全过程的食品安全监管制度，是海洋食品质量安全控制实现国家战略部署的需要。

第二，海洋食品质量与安全控制科技创新是促进产业稳步发展的动力。实现海洋食品安全根本好转，必须依靠科技创新转变产业发展方式，推动产业转型升级，从而提高产业现代化水平。目前，海洋食品产业还存在产地环境源头污染、养殖环节不合理或违规使用投入品等问题，短时期内尚难以彻底解决；生产加工环节非法添加、掺杂使假问题屡禁不止；监督管理环节技术手段、基础数据库等还不能完全适应实际工作需求等。必须大力发展科技创新驱动模式，聚焦食品源头污染问题日益严重、过程安全控制能力薄弱、监管科技支撑能力不足等突出问题，重点开展监测检测、风险评估、溯源预警、过程控制、监管应急等食品安全防护关键技术研究，解决制约产业发展的难题，实现海洋食品产业的智能化和集约化，有效提高食品质量与安全控制水平。

第三，海洋食品质量与安全控制科技创新是提升国际竞争力的必然选择。纵观全球，国际组织和世界发达国家纷纷实施食品安全战略计划，加强国际合作，制定国际标准和国际规范，构建以预防为主导、以科学为依托和以风险评估为基础的食品安全防护体系正在成为国际食品安全科技领域的共识。世界卫生组织（World Health Organization，WHO）、欧盟、美国食品药品监督管理局（Food and Drug Administration，FDA）等都实施了食品安全相关科技战略，增强了食品安全科学研究和风险评估能力。我国作为食品大国，也必须发挥科技创新的驱动力，在海洋食品国际标准制定上掌握话语权，建立与国际接轨的药物残留和污染物检测技术，发展对国内外海洋食品安全动态信息的跟踪能力，提升我国海洋食品安全地位和竞争力，保护我国的经济利益。

"十一五"和"十二五"期间，我国高度重视食品质量安全工作，海洋食品质量与安全控制领域已积累了较多的研究成果，但从整体上看，技术水平与社会经济的发展要求和国家的战略需求还存在明显差距。据统计[124]，2015年我国有40%的出口企业不同程度地受到国外技术性贸易壁垒的影响，而海产品受到国外技术性贸易措施影响的企业比例达到52.1%，直接经济损失达22.6亿美元，我国海洋食品质量与安全是制约出口量的重要因素[125, 126]。

此外，海洋食品质量安全监管遇到了责任主体难以落实、质量安全信息无法准确查询的瓶颈，由此导致的信息不对称容易造成消费者的恐惧心理，"个别事件"往往引发"集体惩罚效应"，从而使整个行业的发展遭受严重打击。

总之，海洋生态环境、水产养殖及贮藏加工、物流与销售等海洋食品全产业链的诸多环节对海洋食品质量与安全都可能产生重大的影响，对我国食品安全构成严重威胁。因此，海洋食品质量安全问题的研究十分必要和迫切。开展海洋食品质量与安全控制创新发展战略研究，提出适用于我国海洋食品发展的新技术、新理论，攻克海洋食品质量安全形成过程及控制的重大关键技术和理论，完全符合《国家中长期科学和技术发展规划纲要（2006—2020年）》相关要求，不仅有利于优化我国国民膳食结构、提升国民素质，有利于增强海洋食品的国际市场竞争力，更是关乎新时期我国海洋资源利用、海洋经济有序提升和海洋强国地位形成，以及保障我国民族前途和命运的大问题，务必加以重视并重点开展相关研究。

第二节　海洋食品质量安全产业科技发展现状分析

近年来，在党和政府的高度重视下，我国在海洋食品质量与安全检测、控制技术研究及应用能力建设方面加大了投入，经过"十一五"和"十二五"科技攻关，在检验技术体系、安全监管和操作技术体系、追溯体系等多个方面均取得了重要进展。

党的十九大报告指出："中国特色社会主义进入新时代，我国社会主要矛盾已经转化为人民日益增长的美好生活需要和不平衡不充分的发展之间的矛盾。"而就食品而言，主要矛盾已经转化为安全、质量、营养、健康与农业、食品业落后的生产方式之间的矛盾。十九大报告中明确提出"实施食品安全战略"，因此按照该报告提出的战略节点，开展食品安全战略研究，提出战略举措，是新时代的新要求。

一、基础研究发展现状

基础性科学研究是产业科技进步的源泉，引导着新技术、新方法和新理念的不断发展创新，不仅有助于形成众多原创性强、潜在应用价值大的科研成果，而且引领着全球科研理念和发展方向。

渔业发达国家历来强调海洋食品质量安全的源头控制，因此依靠新技术及宏大视野，不断积累并跟踪本地区、本国、甚至全球范围内的重要污染物的产生、迁移、变化规律，积累了海量且系统的基础性数据，为从宏观上把握研究重点提供了强大的数据信息。例如，欧美对贝类养殖地的区划工作，调查频率为每周一次，赤潮高发期则调整为每周两次甚至更多，而部分洁净区域的频率则可适当缩小[127]。这种系统性的调查为环境污染物的甄别提供了大量的科学数据，可以从中分析出环境污染物在时间和空间上的变化规律，不仅可以建立养殖水体环境评价方法，还可以制定特定水域中的优控污染物名单，为进行海洋食品质量与安全内源形成过程研究提供科学基础。另外，利用先进的研究方法和研究理念，不断开展跨学科、跨领域的深层次研究。以生命科学为主的食品安全领域，近几年大力发展以代谢组学、转录组学和蛋白质组学为主的关联分析技术研究，力求从生命科学基本规律来阐释海洋食品安全与质量形成的基本规律及调控机制[128, 129]。我国对海洋食品质量与安全形成规律及调控机制的研究总体表现出一个渐进的过程，从最初的单纯依赖检测技术对产品环节进行大规模监控，并主要基于国际限量标准的制定进行海洋食品安全管控，到近年逐渐重视并开展环境污染物的基础调查和评估。近 10 年以来，我国投入了大量人力和物力对上市水产品污染因子进行全方位的调查，获取了大量的基础数据并发现了一些风险隐患。此外，借助产地监控方式对捕捞和养殖海产品进行有害重金属、持久性有害污染物、农兽药，以及贝类毒素、致病微生物等检测，初步摸清了部分有害物质在水产品中的残留水平和风险程度，中国水产流通与加工协会、全国水产标准化委员会等行业团体组织向原农业部（现农业农村部）提出了海区毒素控制名单，向原国家卫生计生委（现国家卫生健康委）提出了海藻中重金属限量标准的调整建议。但整体来看我国海洋食品安全关键危害因子的甄别调查仍重点分布在产业链的后端，生产阶段较少涉及，产前的环境评价更是少见针对性调查和评估。目前最为系统和完整的是围绕北黄海獐子岛贝类养殖区展开的调查研究，该研究集合了资源、环境、安全和加工等学科，不仅明确了该海域水体和养殖贝类中污染因子种类、含量与时空演替规律，而且对各污染因子的来源进行了追踪，最终形成了环境物质基础—增殖养护技术—产品质量提升 3 个层次的研究成果，并为今后产地环境安全评价提供了科学支撑和风险管理参考。

　　近年来我国针对海洋食品中药物残留、生物毒素、重金属、食源性微生物、过敏原等重要安全危害因子，开展了大量的流行病学规律、残留规律及消除能力方面的研究，而且开始逐步结合代谢组学和转录组学技术，开展相关调控机制的深层次研究。明确了部分药物的代谢动力学规律，提出了相应休药期建议；阐释了贝类毒素等污染物的代谢轮廓、产物特征和毒性变化[15]；阐明了镉、砷①等重金属在贝、藻中的赋存形态、分布特征及不同形态元素的毒性差异，初步探讨了水生动物品种差异性、特异性蓄积有害重金属的特征及分子机理[16]；弄清了诺如病毒、副溶血弧菌的流行病学特征及品种携带差异性，初步解析了诺如病毒特异性蓄积的分子机理，以及副溶血弧菌的药物抗性特征及机制[17-19]；建立了过敏原系统的鉴定和分析方法，阐明了加工过程中过敏原结构与活性的变化规律，构建了水产品过敏原控制的理论体系[130, 131]；针对甲醛、生物胺等典型的安全危害因子在加工贮存中的变化规律和影响机制[20-23]，已经积累形成了较为完善的理论基础和方法学依据；针对危害性微生物的控制，优势腐败菌的概念愈加被接受和认可，不同产品、不同加工贮存条件下微生物的菌相演变及优势腐败菌组成不断被阐明[132-134]，微生物群体效应[24]、特异性噬菌体[25]综合防控等新的微生物控制思路愈加清晰。海洋食品质量安全形成基础理论研究的开展，为全链质量控制的实施提供了科学基础，为标准制修订及有效监管提供了科学依据。

---

　　① 砷为非金属，鉴于其化合物具有金属性，本书将其归入重金属一并统计

二、前沿技术发展状况

目前国内外食品质量安全领域的前沿技术集中聚焦在检测识别技术、追溯预警技术及危害的消减控制技术等方面。海洋食品质量安全前沿技术的发展大体也呈现上述态势，但是由于海洋食品在理化、生物学方面具有其自身的特征，其在具体的技术发展要点、技术难点和瓶颈等诸多方面，仍然与陆源食品存在一定的差异。

（一）质量安全检测技术

基于国内外研究热点及应用发展形势，多目标物广谱检测、未知化合物及其代谢/转化产物的非定向筛查和定性定量分析成为海洋食品质量安全检测领域研究的重点。以高分辨质谱法（high resolution mass spectrometry，HRMS）等为代表的大型仪器分析技术在已知/未知多组分痕量化学污染物及代谢物的高通量、高灵敏度快速筛查和确证分析等领域的研究与应用愈加广泛和深入，已实现几百种甚至上千种物质的一次性进样筛查[135]。HRMS 与高效液相色谱法（high performance liquid chromatography，HPLC）联用能够提取目标化合物的精确质量色谱图，理论上可突破分析目标物数量的限制，结合质谱-质谱（mass spectrometry-mass spectrometry，MS-MS）联用技术，更能得到非目标/未知化合物及代谢物的结构或亚结构信息，借助代谢物质谱鉴定软件可快速找到可能的代谢物，鉴定结构，提出代谢途径假设。

快速检测技术是高效检测和鉴别技术的重要部分，在日常大量样本的筛选检测方面发挥着极为重要的作用。近年来，随着生物传感器、可视化技术及免疫分析等快速检测手段的迅速发展，大量技术方法已被纳入国家相关检测技术标准/规程，针对微生物、药物残留、食品添加剂、非法投入品、生物毒素等各类危害因子的商品化检测产品/装置也已越来越多地投入使用[136]。但是，此类技术本身依然存在一些技术瓶颈亟待突破，如部分技术方法的稳定性、特异性、灵敏度、准确性、便携性等主要性能指标仍然不能完全满足实际需求，高亲和力抗体、免疫印迹树脂、核酸适配体等核心识别材料的研发技术仍不够成熟，快速检测方法的种类不够丰富完善等[136]。

对于海洋食品质量安全检测技术而言，样本前处理及基质干扰消除技术研发是首要任务。海洋食品原料及产品的多样性、复杂性远超过普通陆源食品，这决定了在该类食品检测技术研发过程中，有效排除基质组分干扰成为重要技术环节之一[137]，对整个技术体系的建立具有重要的意义。目前以固相萃取（solid-phase extraction，SPE）为基础的各种新型 SPE 技术是样品预处理的主要研究热点，另外一些快速预处理技术，如液相微萃取、固相微萃取、超临界流体萃取及搅拌棒萃取、电膜萃取、盐析辅助液液萃取等也具有一定的潜力[138-141]。但由于海洋食品基质复杂多样，目标化合物化学性质差异较大，高效、简便、绿色的样品前处理技术仍然是目前及今后研发的重点之一。

（二）海洋食品质量安全追溯预警技术

基于自动识别技术、自动数据获取和数据通信技术，我国在质量安全追溯技术体系上已取得突破。制定了贯通养殖、加工、批发、零售和消费全过程且多品种的水产品追溯单元编码规则与编码生成技术，开发设计了水产品主体标识与标签标识技术，建立了水产品供应链数据传输与交换技术体系，科学设置了追溯信息导入与查询动态权限分配原则及方法，成功研发出了水产养殖与加工产品质量安全管理软件系统、水产品市场交易质量安全管理软件系统和水产品执法监管追溯软件系统，集合形成了水产品质量安全可追溯体系，为水产品追溯制度和体系建设打下了良好的基础。

包括海洋食品在内，我国在农产品质量安全预警系统方面的建设起步较晚，但是在不断快速推进完善中。研究者针对预警系统评价指标的确定及分析方法、系统总体结构设计和预警系统模型构建开展了很多的理论研究工作。明确警情、寻找警源、分析警兆、预报警度和排除警情，构建了区域综合食品安全风险预警指数体系，包括食物数量安全指标体系、食物质量安全指标体系、食物可持续供给安全指标体系 3 个子系统；建立了加工农产品质量安全预警理想指标体系和实用指标体系。结合系统工程预警的原则，设计了由食品安全信息源子系统、分析评估子系统和预警应对子系统构成的食品安全预警系统，以我国实际食品安全监测数据为样本，基于反向传播（back propagation，BP）神经网络的食品安全预警方法建立了食品安全预警模型。国家卫生健康委、农业农村部、国家市场监督管理总局分别建立了侧重点不同的食品安全监测与安全预警系统，但总体来看，信息来源比较单一，综合利用水平不高，预警能力不足，尤其是缺乏适合行业生产和监管实际中信息获取能力的预警技术应用研究，以及监管部间的协作机制研究，专门针对海洋食品的质量安全风险评估和预警体系方面的研究尚在起步阶段。

（三）海洋食品质量安全危害的消减控制技术

当前，海洋食品质量安全消减控制技术主要针对一些典型的安全危害展开，如利用加热和非热技术（超声波、化学修饰、发酵等）消减典型海洋食品过敏原活性[142]；利用非热杀菌、生物保鲜、噬菌体靶向抑制等技术消减控制微生物危害[143]；结合加工和贮存工艺的优化消减控制海洋产品中的生物胺、（亚）硝基化合物、脂肪酸降解产物（类贝类毒素）[144]；利用清洗等预处理降低藻类产品中的重金属危害，利用多糖聚合物（净化）[145, 146]微生物吸附等技术手段降低贝类原料及加工产品中重金属的危害[147]；利用 X 射线等新的无损、智能化技术降低海洋食品中鱼骨鱼刺、贝壳等物理危害的风险程度[148]；等等。上述研究成果极大地拓展了质量安全控制领域的研发思路，为今后更加高效地开发利用海洋生物资源提供了有力的技术支撑和依据。

三、集成示范与成果转化

2014 年，南京青奥会的举办为食品快速检测技术集成示范提供了可借鉴的案例，南京市产品质量监督检验院集成开发了具备国际先进水平的食品安全检测技术平台，对供应青奥会的包括海洋食品在内的各类食品进行高效快速的质量安全监测，由江苏省食品药品监督局牵头制定的食品安全地方标准《亚青会、青奥会餐饮服务食品安全执行标准和适用原则》（DBS 32/001—2013）为青奥会食品安全保障体系提供了检测技术支撑。随着快速检测技术的不断发展和完善，集成化的示范检测站已在食品流通环节中推出。2016 年 1 月，上海首个食品安全快速检测站落地浦东，为普通消费者提供食品安全快检服务，南京、深圳也相继推出。

海洋食品质量安全追溯体系建设在广东、福建、江苏、山东、辽宁等沿海省区的水产养殖基地、海产品加工企业、海产品流通企业等环节均以试点形式初步开展。广东省率先在珠海、佛山等地选出 28 家企业，鱼、虾、蟹、蚝几个大类的海产品进行试点。福建省选定 3 个特色优势品种、10 家养殖单位开展海产品质量安全追溯体系建设试点。2011 年 7 月，山东省海产品质量可追溯体系建设从海参入手开展，选取 24 家企业进行试点，并在随后将此项工作作为该省海洋牧场项目中海洋产品生产信息化建设的内容。2012 年农业部渔业渔政管理局在 6 省 2 市开展水产品质量安全追溯体系建设试点工作。2013 年农业系统开展了中央级水产品质量安全监管追溯体系建设示范项目。截至 2017 年 5 月，监管追溯平台覆盖 21 个省区、近 6000 个试点生产经营单位（含淡水产品生产），建设省、市、县各级基层追溯平台百余个。

科技成果转化与集成示范是科技创新的初衷，成果产业化所取得的经济效益和社会效益为社会进步做出了巨大贡献。因此科技成果的转化受到政府、科学家、社会的高度重视，给予成果奖励成为必然。食品安全领域近几年多次获得了国家级奖励，这表明"十一五""十二五"期间政府、社会、企业等各方的投入已有成效，尤其是在成果转化和实际应用方面有了重大突破。

四、学科建设与专业交叉融合

应依托高校，完善食品质量与安全专业设置，大力培养具有"水产特色"的食品质量安全方面的专业人才，加强"食品科学"相关专业与学科的科学建设，强化专业特色，结合高校的办学、地域特色，以培养复合性应用型人才为目标，从培养方案完善、课程体系建设、资深专家和企业家讲座引入等方面，加强教学、科研，带动学生科技创新，增强校外实践基地建设，从而发挥各高校、科研机构的学科优势，推进海洋食品质量和安全检测与鉴别技术应用基础研究，促进高校与企业"产学研"相结合之路，将专业特色贯穿人才培养的全过程。

海洋食品的生产、流通、消费等环节与海洋食品安全密不可分，导致食品安全问题错综复杂。目前，我国食品安全监管与健康保障工作相互独立，传统食品的供应链只包含从农田到餐桌的各个环节，缺乏餐桌后的环节，即消费者食用不健康食品导致疾病的防治环节，食品安全与健康的衔接不够充分。现实中，食品安全各个环节存在严重的信息不对称现象，如消费者与生产者之间信息不对称，政府与消费者之间信息不对称。当今，互联网技术高度发达，建立食品安全大数据平台成为食品安全发展的一个重要方向。这也给食品安全专业提供了新的挑战，特别是从事高效检测与鉴别技术的研究人员，如何在食品安全一手数据的基础上搭建食品安全大数据平台，进行大数据整合分析，成为新的研究课题。

食品—地区—危害物之间的关联分析需要在专业培养中与时俱进，优化专业设置，进行相关专业课程培养。

食品安全数据可视分析是一个新兴交叉研究领域，通过先进的时空数据可视化、层次数据可视化、多维数据可视化、关联关系可视化等分析工具，可以使食品安全领域人员快速分析数据的分布态势、探寻数据间的隐含关联、提升认知和分析能力、提高食品安全监管的科学性与有效性[53]。然而，海洋食品安全从业人员在新兴的大数据平台构建、可视化分析等方面缺乏相关计算机专业知识，使得新兴技术在食品安全领域的推广受到限制，也阻碍了海洋食品安全的学科发展。所以，与时俱进、优化专业设置、加强国际交流，对于学科的发展与建设至关重要。

五、存在的问题

我国海洋食品质量安全领域的科技创新，总体上看与渔业发达国家相比仍然存在差距，与国家战略需求及行业的健康可持续发展需求相比仍然存在一些明显的不完善之处。从总体的科技发展模式和研发思路来看，主要存在以下问题。

（一）新技术应用程度不足，亟须加强组学技术研究与应用

新技术是海洋食品安全与质量形成规律及调控机制研究的基础。我国现有多数研究仍处于低层次模仿和多方重复阶段，获得的海量数据对我国海洋食品安全

与质量水平的提升带动效应仍不够充分。纵观国际发达国家，基因组学技术方兴未艾，代谢组学、转录组学和蛋白质组学等组学技术日渐成熟，并被广泛应用于食品安全与质量研究方面。新兴组学技术具有前所未有的优势，可以为我国海洋食品安全与质量形成研究提供绝佳的技术支撑，其中代谢组学可清晰明确污染物的结构变化和化学本质的形成过程，转录组学则同步解析宿主生物调控因子的基因变化，蛋白质组学则直接定位因相关基因变化所产生的蛋白表达变化，而3种组学的关联分析技术更是将海洋食品安全与质量形成研究水平提升到一个全新的高度，因此亟须建立组学平台研究食品安全危害因子的产生与代谢途径。

（二）新方法引入途径不畅，多学科交叉的综合研究仍需进一步加强

海洋食品安全与质量是一个多学科交叉运用的新兴学科，涉及海洋学、生态学、细胞生物学、生物化学、生理学、分子生物学、分析化学、有机化学甚至现代医学等多种学科。然而，研究者或项目的关注点不同往往导致学科之间的割裂性研究。一般来说，对于生物源性污染因子，如病毒、细菌等，重点运用分子生物学技术，从分子层面解释相关富集机制、耐药性转化过程等；而对于化学源性污染因子，如药物、毒素、POP等，则重点运用化学手段，关注其中化学物质的形成过程。这种研究方法造成了单一且片面的研究成果，对于安全风险解释的科学性不足，所制定的限量标准等成果无法给出全面的科学依据。然而，海洋食品安全与质量形成过程是一个非常复杂且系统的变化，即便是病原性微生物药物抗性的形成这一主题，也涉及化学物质的变化、微生物代谢通路的调整或关闭、宿主生物的自我调控等方面，需要多学科从多个途径进行研究。因此，为切实阐释海洋食品安全与质量形成基本规律和调控机制，务必采用多学科交叉且综合性的研究方法。

（三）新理念创新意识不强，亟须搭建全链条多因子的研究架构

海洋食品安全与质量形成是一个贯穿海洋产业的产前、产中和产后全链条式的过程。虽然，我国相关研究已从单纯的检验检测层面上升到机理、机制研究及评估阶段，但现有研究仍然过多集中在产品阶段，而忽视了产前和产中阶段。这种现状不仅与发达国家将食品安全风险控制限制在上市前的理念相差较远，而且产生了各自为战和成果割裂的弊端。此外，我国海洋食品中污染因子的复合污染现状愈加严重，单因子、单环节的研究理念已远远无法满足产业支撑的需求；加之对海洋食品的质量、品质和营养等方面关注不够，缺乏对海洋食品质量形成的生物基础与调控途径、营养组成和关键功能性成分的生物效应，以及风味品质的形成机制、分子基础与调控途径等方面的研究，需要不断完善和拓展。因此，务必加强全链条研究理念，围绕特定海洋食品，搭建全链条式研究架构，且同步考

虑全因子复合污染及营养品质形成调控，从而真正解析海洋食品安全与质量形成规律和调控机制，为我国海洋食品产业的转型升级和可持续发展提供科学支撑。

（四）质量研究尚不够充分和系统，需提高重视程度

质量是涵盖安全的食品品质的表征。消费者对于感官、营养等品质的追求，更具有持久性，而这一点在现阶段尚未得到充分的重视，相关研究工作仍然存在大量的盲区。海洋食品相对于陆地食品一个非常明显的优势即在于其显著的营养功能性，如何在整个产业链条中将这一优势充分保持乃至进一步强化，是今后非常重要的一个任务；我国的海洋食品原料丰富、加工方式多样、名优特产品众多，如何针对不同的原料最大化地利用并提升其优良食用品质，打造更具市场竞争力和附加值的名优特产品，也是今后产学研用各方面需要重点思考和研究的课题；如何合理设计品质的评价技术体系和标准体系，针对质量指标研究建立科学、完善的检测和鉴别技术体系，有效实现护良逐劣、优质优价，推动产业的良性发展，在当前及今后都具有研究的必要性和紧迫性。

第三节　海洋食品质量安全产业科技发展趋势分析

依据目前国内外相关科研领域的发展态势，并结合海洋食品产业的技术需求，预计海洋食品质量安全产业科技在今后一段时期内的研发将更加注重基础研究，并在一批重大科学问题的研究和阐释上取得显著突破；以检测评估和控制预警新技术为代表的新方法与新手段将为产业的发展提供更加有力的技术支撑；产学研用有机融合的协同创新能力将显著提升；标准法规的研究和合理应用将在国际范围得到进一步的重视。

一、质量安全基础研究瓶颈效应将有所改观

海洋食品从原料到舌尖的全产业链流通加工过程中，质量安全危害因子的生成转化路径、迁移代谢规律、主要影响因素及其作用机制等是评价危害程度、制定相关法规标准的根本依据，也是合理设计加工贮藏技术路线、开展质量安全控制技术创新的前提条件。今后一段时间将予以重点攻关和突破的问题主要包括以下几方面。

（一）质量安全危害衍生迁移及其与环境的耦合机制

重金属、贝类毒素、POP 等来自环境的污染物，是目前及今后主要的安全危害因子，应针对其从海洋环境向海洋食品原料的迁移过程及影响因素，进一步开展系统、完善、深入的了解和阐述，从而有效地研究开发合理、有针对性的"源

头控制"技术方法。

（二）准确评估危害因子在生物体的真实状态及真实的危害程度

针对许多重金属、药物残留、生物毒素等危害因子，应更加准确有效地明确其在海洋食品原料或产品中的真实赋存形态（包括价态、结合方式等），消除目前存在的大量认知盲区，改变目前笼统地以总量进行评价的方式。

（三）原料到舌尖间危害演变过程和规律的动态了解与解析

目前的危害识别主要集中在原料端和终端产品端，而对于中间流通、贮运、加工、餐饮等多个链条之间的危害演变规律及影响机制，应进一步开展系统、完善、深入的研究，以消除目前仍存在的大量空白点，真正实现全产业链质量安全过程监管、动态控制。

二、危害因子快速检测技术体系期待重大突破

面对复杂多样的海洋食品质量安全问题，跨类别或者多种类化合物同时检测，以及非定向未知化合物及代谢、转化产物的筛查和测定都是今后亟待突破的关键技术。当前的海洋食品监管中，采用的仍然是定向检测的方法，有目标性地进行检测和监管，而造成了安全隐患的盲区，很有可能某些未知的有害物质便在盲区中而被忽略，也有研究表示现在水产品检测过程中仅用某一种代谢产物来反映是否用过违禁药物是不准确的，因其不具备明显的专一性和代表性，从而容易造成错判等问题，所以需要高效的检测和鉴别技术以得到更高的灵敏度与更多未知化合物及代谢物的结构，借助代谢物质谱鉴定软件可快速找到可能的代谢物，提出可能的代谢途径，并鉴定出结构，更加精准全面地进行判断。

快速检测（简称快检）技术近年来得到了快速的发展，快检涉及的目标化合物也越来越多，但是不可回避的是快检产品的假阳性及定量不准确的问题，而且快检产品检测过程自动化程度低，对检测操作人员的专业技术水平要求高，检测人员若不经过培训，检测过程容易出错。通过与分子印迹技术、纳米生物技术、生物传感技术等新技术的紧密融合，快检技术的发展将重点解决上述瓶颈问题，并进一步提升便携化、成系列、信息化、集成化水平。

目前样品前处理技术是影响高效检测和鉴别技术的瓶颈问题之一。虽然目前有多种多样的快速样品预处理系统，但是由于海产品基质复杂，以及快速样品预处理技术也存在一些问题，很难在实际大批量样品检测分析时得到良好的应用，同时大量有机试剂的使用，给人员及环境也带来了很大的负面影响。因此针对海洋食品，系列化、智能化、绿色高效的样本快速前处理技术及相关装置的研发也

将是未来的发展重点之一。

三、质量安全危害的消减控制技术趋向系统化、自动化和智能化

在现有产业科技基础上，海洋食品质量安全控制领域的技术研发将依据危害因子在全产业链之间的迁移转化规律，通过与相关生产流通工艺的有机结合，在有效保持原有优良食用品质的同时，尽可能降低安全风险，为达到"优质优价"、显著增强国际市场竞争力提供技术保障。

针对目前尚存的问题，今后的研发趋势主要体现在：现有控制技术不够系统，片段化的特征较为明显，今后将通过更加系统完善的研发，有效地覆盖到整个产业链，覆盖主要的原料和产品；部分危害的减除控制技术仍然存在难点，如脂溶性贝类毒素、诺如等病毒、动物性产品中的重金属等，很多情况下仍然缺乏有效的危害消减技术，应作为重点和难点进行研究攻关；鱼骨刺等非食用性异杂物尽管能实现无损检测，但仍然需要人工剔除，效率低、风险大，应结合人工智能技术的快速发展，尽快实现自动化和智能化；部分技术尽管在实验室阶段取得了较好的实验结果，但是应用到生产实践中仍然存在成本高、效率低、简便性差、影响感官和营养品质等问题，如何有效引入大数据等新技术和新方法、与现有的工艺技术有机融合、综合提升质量安全控制效能，也需要进一步研究解决。

四、质量安全追溯预警技术体系有待跨界融合

目前仍有若干海洋食品未被纳入追溯体系覆盖范围，需补齐海洋捕捞产品的短板，实现追溯产品范围全覆盖；追溯模式应不断丰富，针对河豚等质量安全风险控制要求较高或具有特殊要求的海洋食品应进行个性化定制；基于追溯体系对供应链各环节相关信息进行筛选、汇总、存储、分析、挖掘和利用，有效整合数据资源并以信息共享、分发、推送等技术手段满足政府、企业、消费者、协会、金融界、科研界等不同类型相关方的需求；不断深入进行追溯数据采集、存储、传递、挖掘等相关技术研究，显著提高海洋食品质量安全的追溯预警能力。

海洋食品质量安全问题涉及多方面、多环节和多层次，风险危害因子复杂多变，一些理想的评价指标难以量化，数据难以采集，传统的预警方法难以准确实现预警。海洋食品质量安全风险事件爆发趋势的指标体系尚不明确，接下来将进一步聚焦于科学有效的模型的研究和建立，同时有效集合大数据技术，研究建立特定生产过程、监管主体、信息来源的海洋食品质量安全风险预报预警技术，对大数据挖掘技术开展具体应用的有益尝试，以改变风险信息利用程度不高、监测预警和综合信息服务能力不足、发布信息缺乏权威性的分析、预测分析能力不足、指导性不强的局面。

五、标准和技术法规成为贸易壁垒建立与跨越的焦点

标准的检测方法、安全限量、操作规范、评估模式等技术将成为未来国际贸易争夺战的阵地。我国海洋食品出口主要集中在日本、美国、欧盟等发达国家和地区，而这些国家为了保护本国产业和产品，以环境保护和人身健康为由对进口水产制定了较为严格的技术型标准，这些以质量认证等为主要内容的技术性贸易措施的作用日渐凸显，成为制约我国海洋食品出口贸易的主要障碍。措施主要包含对食品标识、过程控制、企业管理体系等方面的规定。

日本的技术性贸易措施主要包括技术标准、产品质量认证制度与合格评定程序、绿色技术壁垒、动植物卫生检疫措施等。日本的技术标准名目繁多，大约有10%的日本国家标准与国际标准不一致，尤其是在农业标准方面，往往要比国际标准更为严格。当外国商品进入日本市场时，不仅要求其符合国际标准，还要求与日本的标准相吻合。为保护国内市场，日本通过 WTO 向各成员发布"技术性贸易壁垒（Technical Barriers to Trade，TBT）"通报和"实施动植物卫生检疫措施的协议（Agreement on the Application of Sanitary and Phytosanitary Measures，SPS）"，严格限制国外产品的进口。近年，随着日本国内核危机的恐慌退散，其国内水海产品市场逐渐恢复，由于国内水产品自给的比例逐步提高，对海外水产品的依赖程度直线下降，为保护其本国水海产品产业快速恢复，日本出台的技术性贸易措施呈不断加强的趋势，对海洋食品进口实施更加严格的管理，仅就农药残留问题，日本控制海洋食品进口的相关法律主要有《食品卫生法》《食品卫生法修正案》《化学物质控制法修正案》《食品卫生法实施条例》等。

美国的技术性贸易措施体系主要由技术标准、认证与合格评定、标志标签等组成。欧盟涉及食品和农产品的标准及法规指令共有 500 多个，这些标准、指令的规定并未针对具体产品，都是对大类产品安全指标的具体规定及对检测标准的要求，但其规定严格。欧盟水产品中兽药药残的规定和食品中污染物的规定与我国现行的国家法规及标准中的规定基本一致，但检验方法比我国现行标准的检验方法要先进，欧盟应用先进的仪器设备，对检验方法及检出限的整体要求也高于我国的相关规定。

第四节　主要任务和发展重点

一、发展思路

依据国家供给侧结构性改革的战略规划及未来的社会经济发展要求，准确把握国际发展趋势，充分结合现实国情及海洋食品质量安全自身特点，遵循"消费

驱动生产"的理念进行全产业链整体设计，秉承"风险分析"的基本原则开展养殖、生态、生物、食品加工、物流消费等多学科的协同攻关，以质量安全相关基础研究的重大突破带动新材料、新方法、新技术、新工艺、新产品的研发应用，以企业为中心构建形成一体化、智能化、绿色高效的质量安全防控技术体系，显著增强海洋资源的利用效能、营养品质及安全保障水平，大幅度提升海洋食品产业的科技水平及其对蓝色经济的贡献度。

二、发展目标

到 2025 年，围绕海洋食品质量安全危害物迁移转化路径的全产业链、多维度解析，显著提升基础调查及数据积累的系统性和规范性，突破一批重大科学问题；围绕生物体内危害因子赋存形态及精准表征，突破标志物识别、示踪手段、替代毒理学、标准物质研发制备、非定向高通量检测等方面的技术短板；初步实现控制技术体系的机械化和信息化。

到 2035 年，构建形成系统完善的基础信息数据库，海洋食品质量安全基础研究水平整体达到国际先进水平；典型危害因子的检测识别及消减控制能力达到国际领先水平，构建形成智能化、无缝化、具有显著中国特色和国际影响力的全产业链质量安全控制新模式；主导制定海洋食品质量安全国际标准，充分彰显产业科技国际话语权。

三、发展任务及重点

根据产业科技发展思路和目标，我国海洋食品质量安全领域的科技研发任务可总结为：服务海洋食品、突出营养特色、提升质量性能的规划和目标，在各种新原料、新技术、新产品的研发和应用过程中，及时准确地对潜在危害进行识别和表征，充分阐释其在产业链条间的迁移转化规律和影响因素，建立准确高效的评估、检测及控制技术体系，持续不断地对潜在的质量安全危害进行及时的准确评估与合理控制。发展重点主要包括以下方面。

（一）质量安全控制基础研究

1. 基于组学技术的质量安全形成过程及调控机制

基于代谢组学、转录组学和蛋白质组学关联分析技术，研究生物源性污染物（细菌、病毒、寄生虫）在海洋生物中的流行、富集特征，消长规律，分子调控、蛋白响应机制，解析耐药特性产生及传播机制，弄清致病菌与腐败菌的协同危害效应及协同机制，明确生物源性污染物风险形成途径及阻控机制；研究化学性污染物（药物、毒素及 POP）在海洋生物中的生成、传递、蓄积、代谢表征及毒性变化，明确目标污染物的宿主生物分子、细胞及组织层面的应激调控机制，提出相应减除技术；研究重金属在海洋生物中的品种特异蓄积、赋存形态和分子机制，解析不同重金属间的形态差异毒性机理，弄清高富集重金属特性的海洋食品在储运、加工过程中重金属的迁移与转化规律；系统鉴定我国海洋食品中主要的过敏原，解析加工过程中过敏原结构与活性的变化规律，构建基于体内外的海洋食品过敏原智能评价技术体系；研究并解析微塑料在海洋食品中的富集特征和代谢规律，揭示其生物毒性效应及致毒机制，提出海洋食品中微塑料的标准限量建议值；研究不同类型海洋生物中的内稳态特征，弄清养殖水产品优良品质所需的营养组分、遗传特质、质量要素和地理差异性的规律，并阐明外界污染水产品生物元素内稳态和品质要素的机制、动态与修复策略。

2. 海洋食品生产环境安全与质量区域特征性及其指纹谱库的建立

利用分子生物及分析化学技术，系统调查我国海洋食品重点生产区环境及海洋生物中①外源性危害因子，包括生物源性（细菌、病毒、寄生虫）、化学源性（药物、毒素、POP）、无机源性（重金属、微塑料）因子；②内源性危害因子，过敏原、甲醛、生物胺等；③营养品质的种类、水平、区域特征及种属相关性。获取我国近海海洋特征食品中安全风险因子及营养组分的基础数据并建立特征指纹谱库，解析海洋生物中安全危害因子的复合污染特征和风险程度，弄清我国不同海洋食品特征风险因子的潜在来源途径，针对性提出不同区域、不同产品的优控危害因子名单，为我国海洋食品安全风险区域性管控技术的研究提供科学依据；明确海洋食品的营养品质水平及产地环境、品种相关性，制定海洋食品营养品质评价标准和规范，为我国海洋食品生产区划和产品质量提升提供技术支撑。

3. 加工过程中安全和质量形成规律与调控机制

针对海洋食品加工过程产生的风险因子，研究有毒有害物质的形态分布、形成机理及消除规律，解决一系列安全隐患问题。研究咸鱼腌渍过程及贮藏过程亚硝胺类化合物产生机理，以及发酵海洋食品的生物胺产生与消减规律；研究海蜇产品中铝元素残留规律，解析铝在海蜇产品中的化学形态与分布，分析各种形态铝元素残留的危害；分析臭氧水减菌化处理过程中产生自由基的种类，探明自由基对蛋白质变性与脂质氧化水解的作用机理，并以自由基毒理学为基础评价产品安全性；系统地研究主要水产食品中致病菌和腐败菌的数量、种类与产品理化、感官动态变化规律，以及与原料和整个加工、贮藏过程的关系，阐明腐败菌和特定潜在病原菌的动态及分布，建立初具规模的数据库。

4. 基于国际视野的标准关键技术储备

搭建海洋食品安全风险评估技术支撑中心平台，加强海洋食品信息资源系统建设，建立完善水产品技术标准数据库体系，检学产三相结合，加强对 WTO/TBT-SPS 通报及国外技术标准的持续密切跟踪。建立集信息跟踪、分析、评议、预警为一体的技术性贸易措施通报预警体系，立体开展相关标准研究、风险评估工作，指导产业通过技术升级建立品牌，提升国际市场竞争力。

加强对国际食品法典委员会（Codex Alimentarius Commission，CAC）等国际组织及日本、美国、韩国、欧洲等主要海洋食品进口国先进技术标准的研究，在积极采用国际标准的同时，参与国际标准体系的制定并适时提出有利于中国国情的建议，加快与国际标准接轨速度。

5. 海洋天然产物标准物质研制与标准方法建立

根据海洋生物资源利用产业的需求，依照标准方法制定相关的规范，开展精确定量方法研究，重点确定检测方法的标准曲线、检测限、定量限，完成检测方法的加标回收试验和数据验证，建立系列海洋天然产物标准检测方法。根据海洋生物资源利用产业的需求，选择海洋生物多糖、海洋生物蛋白、海洋脂类物质、海洋生物甾醇、海洋生物毒素等海洋天然产物，依照国家标准物质研制规范，重点突破高纯化合物批量制备技术、精确定量技术、稳定化保藏技术、均匀化分装与封装技术，并实现特征值的准确定值，完成系列海洋天然产物标准物质的研发。

（二）质量安全检测/鉴别/评估新技术研发

1. 样品快速预处理技术的研究与开发

在样品预处理技术方面，从样品提取、净化等方面着手，采用更加有效的提取方式，增加与分析化学、新材料、光学等学科的融合，引入新型净化材料，提高净化效果，降低样品前处理中目标化合物的损失，缩短样品前处理时间。样品预处理基础研究尤为重要，不仅可以提高检测分析效率，研发出高效、便捷、试剂消耗量少的样品预处理技术，还能减少分析过程中试剂的用量，使得检测分析对环境更加友好，也可以改善分析实验室环境及从业人员的身体健康。另外，样品预处理技术的自动化方面需要进一步的深入研究，全自动样品预处理仪器应结合实际分析样品特点进行开发设计，提高全自动样品预处理仪器在分析检测过程中的使用率。

2. 快速检测技术及其产品系列化开发

未来高效检测与鉴别技术研究的趋势是快速、准确、方便、易操作。快速检测技术的应用及产品化是满足这些要求的重要途径。近年来，生物传感器、可视化技术、免疫分析、稳定同位素探针、荧光探针技术、新型抗体类、新型核酸适配体等快速检测手段发展迅速，在未来高效检测与鉴别技术研究方面，应该充分发挥此类新兴技术的优势，在未来一段时间内，应加强此类快检技术的基础研究，使之能够稳定、精确、准确地适用于海洋食品的高效检测，形成标准化操作规程，从实验室走向产品化，形成快速检测产品和全自动快速检测设备，以满足未来海洋食品检测与鉴别高效、快速、方便、易携带的需求。

3. 多残留、非定向未知化合物筛查及其数据库构建

跨类别及多类别化合物多残留同时检测，以及非定向未知化合物代谢和转化产物的快速扫描、筛查与测定，是未来高效检测与鉴别技术的大势所趋及核心技术。利用高分辨质谱的全扫描数据，以及目标化合物的精确质量色谱图，理论上可以分析的化合物没有数量限制，并且能得到更高的灵敏度和更多的非目标/未知化合物及代谢物的结构或亚结构信息，借助代谢物质谱鉴定软件可快速找到可能的代谢物，提出可能的代谢途径，并鉴定出结构，将化合物的信息录入数据库，构建筛查确证数据库，通过对未知化合物的筛查，将得到的信息与确证数据库中的信息进行对比，可以快速、精确地筛查扫描海洋食品中潜在的化学污染物，从而使得监管能够更有目标性。

4. 高通量、智能化无损检测技术的研究开发

高通量生物技术具有高通量、并行性、微量化、自动化等优点。目前生物芯片、焦磷酸测序技术、荧光偏振免疫分析技术、微阵列芯片、微流控芯片等技术在食品安全领域已经得到了一些应用，但是在产品化及稳定重复性方面还需要进一步提高。高通量生物技术分析方法需要的样品量、使用的试剂量少，并且短时间内检测的化合物种类多，能够满足高效检测与鉴别技术的要求。另外，光学、活体检测及纳米分析等无损检测手段也是未来高效检测与鉴别技术的发展方向之一。

5. 质量安全危害因子评价评估新技术

筛选新型细胞模型，构建更加精准的危害物风险评价分析技术，建立以细胞培养为核心的安全评估新技术和新方法，替代传统的活体动物评价模式，显著提升安全评估的效率，缩短评估时间，完善评估体系，弥补与国外先进技术的代差。

引导开展海洋食品脆弱性评估研究，以脆弱性理论为基础，探讨、预测和评价水产品及其相关产业中生产、采收、初加工、贮藏、运输与销售等环节中出现的各类危害因子及外部因素（自然的和人为的），评估食用农产品自身对危害因子

和外部因素的抵抗力，实现对生产、监管、消费等环节中各宏观因素和危害因子的定量分析，综合评判水产品的整体安全状况，维护海洋食品产业的可持续发展，减轻危害因子对海洋食品的不利影响，为科学监管提供决策依据，从而保障消费者健康安全。

（三）质量安全追溯预警新技术研发与产业化示范

1. 特定海洋食品追溯平台系统的集成与示范

在已有养殖产品追溯平台基础上，构建并完善捕捞类海洋食品质量安全追溯平台，实现捕捞类海洋食品的追溯管理；侧重于运输流通过程中对于环境因子的监管，构建高端生食海鲜类产品的追溯控制体系和追溯平台；针对以河豚为代表的高风险产品，根据其特殊监管要求，构建个性化的追溯控制体系和追溯平台，建立从养殖到餐饮环节的点对点对接机制，实现全链条追溯。

2. 追溯体系的相关关键技术集成与示范

明确海洋食品质量安全信息获取途径，研究产地环境监测、鱼病防治等数据库数据资源的导入技术和自动获取技术；提出追溯平台对接水质在线监测、鱼体行为特征参数辨识、鱼病自助和远程诊断、养殖过程自动控制、区域级信息获取等技术系统的技术解决方案，研究省、市、县各级技术支撑机构和生产单位多级用户的权限控制技术，实现广泛的质量安全信息数据库的数据共享。研究开发面向服务架构（service-oriented architecture，SOA）的互联网应用技术，实现监测信息数据的快速、安全报送；开发数据有效性审核与报送进度监控程序，实现对各单位上报数据的质量监督和进度控制；研究开发信息存储、交换方法，集成数据加密、数据传输与数据临时安全存储技术。

无线射频识别技术及其装备等具有读写储存电子技术设备的研发，可降低追溯体系运用的成本，在本身可追溯的基础上，提高信息的收集量；研究海洋食品质量安全信息分类分级方法，根据信息的可利用性和密级进行信息分级，以满足不同利用主体的权限要求和信息需求；研究信息检索查询方法和路径，保证不同来源信息的协调、统一，避免出现信息数据重复、交叉、矛盾；研究信息挖掘技术，根据不同信息需求定制开发智能统计分析软件，根据信息利用主体（政府、企业、社会团体及消费者等）的不同职能、需求及信息的有用性，研究信息获取动态权限划分技术，研究信息提供技术和方法，研究网站检索、查询、信息定制、推送等不同信息提供技术。

3. 海洋食品风险预报预警技术模式研发与实践应用

科学界定"风险预警"的理论内涵与外延，解析产品质量安全预警的基础信息需求，并结合信息可获取性、方法可操作性提出基于追溯体系的海洋食品风险预报预警技术框架。针对特定品种、特定危害因子开展风险预报预警技术研究，开发评估预警数据库、基于智能分析判别技术的预警分析子系统、基于地理信息系统的预警应对子系统，开发统计图表、地理信息展示等动态信息演示功能，实现风险预报预警等级的快速判别，危害因子污染发生的时间、位置和程度的直观展示，以及决策辅助信息的快速输出。

四、质量安全危害控制新技术研发与产业化示范

（一）加工流通过程中微生物控制及预报技术的产业化示范

开展加工流通环境与微生物生长繁殖的关系研究、危害性分析、微生物控制技术等研究，特别是建立海洋食品在加工流通环境中的微生物数据库，研究各类水产品和水产品制品在加工过程中对细菌性病原体、病毒性病原体和寄生虫有害微生物的控制技术，主要包括对海洋食品中重要病原体（副溶血弧菌、金黄色葡萄球菌、沙门氏菌、大肠埃希氏菌、霍乱弧菌、肉毒梭菌、李斯特氏菌、志贺氏菌、海鸥型菌、魏氏梭菌、甲肝病毒、诺如病毒）和寄生虫的控制与消减技术的研究。制定海洋食品加工过程和流通过程中微生物的限量标准及控制措施，研究加工流通过程微生物预报技术，建立加工过程和流通过程中微生物预警体系。

（二）内源性化学危害消减阻断关键技术研发及产业化示范

重点针对过敏原、生物胺、脂肪酸代谢物、亚硝基化合物等典型的海洋食品内源性化学危害物，结合产品的加工和贮藏工艺，研究开发高效、绿色的危害消减技术，在保持原有优良品质的前提下，阻断加工贮藏过程中危害物的生成路径，显著提升产品的安全保障水平。

（三）外源性化学危害消减阻断关键技术研发及产业化示范

重点针对重金属、农兽药残留、海洋毒素、微塑料、POP 等典型的海产品环境污染物，研究分析其在海洋生物原料中的分布及转化规律，以及不同加工贮藏方法对于这一过程的影响，研究开发更加高效的原料清洗净化、生物加工等技术手段，显著降低上述污染物在海洋食品中的残留量、危害程度及风险水平。

（四）海洋食品典型物理危害控制关键技术及装备研发与示范

针对骨刺、贝壳、虾蟹壳、砂石、金属块、头发等严重影响海洋食品质量和安全水平的非食用性异杂物，重点结合智能化无损检测技术，利用高仿生工业机

器人和人工智能技术，研究开发智能化、多功能的异杂物自动分选/剔除技术，研究集成相关设施和装备，有效替代传统的人工操作，并能够进一步提升危害的控制水平；针对核辐射等潜在的物理危害，开展预防控制的前瞻性研究，形成危害及时预警、预测、防控的技术体系。

第五节　保障措施与政策建议

一、强化质量安全在顶层设计和战略规划中的地位

海洋食品的质量安全问题贯穿于从养殖场到餐桌的各个环节，应统筹协调各相关产业及监管部门，从苗种培育直至终端产品消费，针对海洋生物资源开发利用及海洋食品发展进行全产业链的规划和实施，并将质量安全作为主要考量点贯穿始终。

二、加强着眼于国际视野的产业科技平台建设

中国是海洋食品生产和消费大国，为了有效维护我国的自身权益、合理保护相关产业的发展，应着眼于全球一体化发展及产业科技国际话语权的争夺，尽快整合相关科技资源，建立国际海洋食品标准法规及安全风险预警研究平台。

三、加强海洋食品质量安全追溯体系的构建及实施力度

加大对自愿参与可追溯体系企业的资金支持、政策扶持，对于实施可追溯水产品的企业进行经济奖励或补贴。由权威部门建立健全水产品质量安全追溯体系，明确追溯管理职责，界定相关主体的义务和责任，加强追溯信息的核查，保障追溯信息的准确性和可靠性。

四、提高对海洋食品标准规范的重视程度

对于国家和行业标准的制修订给予持续不断的支持，尤其是对于参与国际标准制修订的单位和个人给予优惠的政策及待遇，引导企业不断增强标准规范意识，提高标准制修订水平。

五、加强科普力度，提高社会对质量安全的认知度

整合政府、科研机构、社会组织、企业等相关资源，积极开展海洋食品科普活动，有效、及时地澄清谣言，消除消费者对于相关质量安全问题不正确、不

科学的认识，推动整个社会形成尊重科学的氛围，为海洋食品产业发展创造良好的社会基础。

课题主要研究人员

	姓名	单位	职称/职务
统稿人	林洪	中国海洋大学	教授
参与人	励建荣	渤海大学	教授/副校长
	翟毓秀	中国水产科学研究院黄海水产研究所	研究员
	蔡友琼	中国水产科学研究院东海水产研究所	研究员/研究室主任
	宋怿	中国水产科学研究院	研究员
	吕朋	青岛海关	高级工程师
	杨贤庆	中国水产科学研究院南海水产研究所	研究员/研究室主任
	白凤翎	渤海大学	教授
	谭志军	中国水产科学研究院黄海水产研究所	研究员/中心副主任
	曹立民	中国海洋大学	教授

第十四章 海洋食品资源开发与利用科技创新发展战略研究

第一节 引　言

海洋生物资源是人类优质食物的重要来源。海洋生物资源又称为海洋渔业资源或海洋水产资源,指海洋中有生命、能自行增殖和不断更新、具有经济价值的动物、植物及微生物资源。海洋生物资源具有以下几个显著特征:一是资源总量大,海洋生物资源总量占地球生物资源总量的87%,海洋为人类提供食物的能力是陆地的1000倍;二是物种的丰度高,在自然界的33个动物门生物中有32个可以在海洋中生存,其中15个为海洋所特有;三是对人体有益的生物活性物质含量丰富[149],至今已描述的海洋动植物约20万种,但至少仍有75万个物种尚未描述[150]。海洋生物生活在一个高压、高盐、低温(高温)、无(低)光照、寡营养的环境中,使它们拥有与陆地生物不同的基因组、代谢规律和抗逆特性[6],不仅为人类提供了丰富的食品资源和天然产物资源,还为开发海洋食品生物加工的专用工具酶和细胞工厂提供了重要的基因资源。海洋生物资源在解决人口、资源、环境等全球性问题中扮演着越来越重要的角色,是人类可持续发展的重要物质基础,海洋生物资源开发利用产业是国家战略性产业。

目前我国海洋生物资源的利用以开发海洋食品、功能食品、特殊医学用途配方食品、海洋药物、生物材料、动物饲料及农用制剂为主,已经形成了较为完善的产业体系。海洋生物资源利用产业在保障国家食品安全、提高国民健康水平等方面发挥着重要作用。但也存在优质食品原料供给不足、海洋生物资源综合利用率低及新食品原料开发速度慢等问题,制约着我国海洋食品产业健康发展。

一、海洋食品原料稳定供给是保障产业健康发展的重要基础

我国海洋国土跨越温带、亚热带、热带3个气候带,水体营养丰富,生物资源丰富,生物种类多样。改革开放后,在国家大力发展海洋渔业产业政策的引导下,我国的海洋渔业产业发展迅速,海洋水产品产量超过淡水水产品,成为我国优质动物蛋白的重要来源。据统计,2018年,全国水产品总量6457.66万t,人均水产品占有量 46.28kg,其中海洋水产品 3301.43kg,海洋水产品人均占有量23.66kg[151]。我国海洋水产原料主要来自近海捕捞和养殖。但随着人类开发海洋

能力的空前提高，对近海海洋渔业资源的开发利用超过了其自身的恢复能力，近海渔业资源逐渐走向衰退，资源的可持续利用前景堪忧。为此，我国《全国渔业发展第十三个五年规划（2016—2020 年）》明确提出，"十三五"期间，国内捕捞产量实现"负增长"，国内海洋捕捞产量控制在 1000 万 t 以内。我国海洋水产饲料专家麦康森院士也曾经指出目前我国每年的国内海产合理捕捞量在 300 万～600 万 t，也就是说"十三五"以后，国内海洋水产品捕捞量极有可能继续维持"负增长"的发展态势。同时，海洋水产品原料生产的区域性和季节性较强，渔获物的种类和产量极不稳定，优质海洋食品原料供给不足。要保持海洋食品的稳定供应，就必须构建以养殖资源为主、捕捞资源为辅、远洋渔业资源为补充的海洋食品原料稳定供应体系，同时要加大新型海洋食品资源的开发力度，保障我国海洋食品产业健康发展。

二、提升海洋食品原料利用率是保障产业健康发展的关键环节

海洋食品原料不仅富含优质蛋白，还有活性脂质、活性多糖等结构迥异、功能活性突出的功效成分，是制造高品质营养健康食品、特殊医学用途配方食品、海洋药物、生物材料等的良好原料。在生产传统海洋食品的同时，充分利用其中的生物活性成分，提升海洋水产品原料利用率，是保障海洋水产品充足供应的重要手段。海洋食品产业发达国家通过制定一系列产业政策，并以新技术开发不断提升海洋食品原料利用率。例如，日本为了节约水产资源，减少水产原料浪费，早在 1998 年就开始实施"全鱼利用计划"，通过 10 多年的努力，日本的"全鱼"利用率已达到97%以上。所谓全鱼利用是指除肉以外的鱼皮、鳞、内脏及蟹虾壳等加工副产物，全部用于提取胶原蛋白、卵磷脂、壳聚糖、复合微量元素及维生素等功效成分，并广泛应用于功能食品、保健药品、调味品及牙膏辅料等。我国虽然在壳聚糖、海藻胶等海洋多糖的生产能力方面高居世界第一，但总体来说，海洋食品原料的综合利用率仍处于较低水平。

收获后水产品的损失是造成海洋食品原料利用率不高的一个重要原因。据FAO 统计，全世界范围内，水产品在上岸与消费之间的损失或浪费占上岸水产品的 27%左右，而由品质下降导致的损失占总损失的 70%。发达国家通过构建完善的全程冷链物流体系，将海洋食品原料的流通损失率控制在 5%以内。我国海洋食品原料已超过 3300 万 t，但其中每年至少有 12%的海产品变质，10%的低值海产品或加工副产物经加工成为动物饲料或直接浪费，高值化利用率较低。因此，通过技术进步降低海洋食品原料在流通过程中的损失率，提高加工副产物中活性成分的利用率，推进海洋药物、功能食品、特殊医学用途配方食品、生物材料等战略性新兴产业快速发展，是促进渔业增效、渔民增收，保障海洋食品产业健康持

续发展的关键环节。

三、新型海洋食品资源开发是保障产业健康发展的重要举措

为满足不断增长的优质食物需求，我国海洋水产品的需求量将持续增加。据测算，中国人口将在 2030 年达到 14.5 亿的峰值，其后人口数量将逐步下降，到 2050 年下降到 14 亿左右，21 世纪末下降到 11 亿左右。而据 2017 年 7 月 10 日 FAO 与经济合作与发展组织（OECD）联名发布的《2017—2026 农业发展展望》（*Agriculture Outlook 2017-2026*）报告预测，2026 年我国的人均消费水产品将达到 50kg，水产品需求量达到 7250 万 t，水产品需求比现在将要增加 800 万 t 以上。我国淡水资源严重缺乏，淡水水产品产量的持续增加将受到淡水资源短缺的极大限制，因此水产品需求量的增加将主要依靠海洋水产品的增加。所以在加快优良养殖品种的培育及健康养殖技术开发，保障优质养殖水产品产量稳步增长的同时，要加大新型海洋食品资源开发力度。

新型海洋食品资源是指营养价值高或功效成分含量丰富、食用安全性高、原料储量充足，但在现有技术条件下未有效开发或者没有食用习惯的海洋生物资源，以及未被认知的可食用海洋生物资源。据估算，海洋鱼类的年可捕量为 $0.9×10^8$～$1×10^8$t，大洋性头足类的可捕量为 $1×10^8$～$3×10^8$t，南极磷虾的年可捕量为几千万吨至 2 亿 t，海洋藻类的年产量为 $1300×10^8$～$1500×10^8$t[149]。随着海洋捕捞技术的不断进步，一些传统大洋性捕捞品种已被充分利用，但还有一些品种资源如中上层鱼类、头足类、软体动物、南极磷虾和海藻等尚有开发潜力。在未来 10～15 年，南极磷虾、灯笼鱼、鸢乌贼、金枪鱼等大洋性海洋动物和未被有效利用的大型海藻等的开发利用将成为研究热点。除了大型海洋动植物资源外，在海洋中还存在着微藻和微生物资源。海洋微藻不仅含丰富的蛋白质（如螺旋藻、小球藻）和脂质（如裂壶藻），是人类未来重要的蛋白和食用油资源，还含有虾青素等生物活性物质，是重要的保健食品原料。目前海藻糖、裸藻、DHA 藻油、盐藻及其提取物和极大螺旋藻等已被批准为新资源食品。微生物约占海洋总生物量的 90%，基于分子特征的海洋微生物种类约有 10 亿种，微生物的物种数量和生理代谢多样性远远大于动植物，将为开发工业用酶、医用功能材料、创新药物、生物新材料和绿色农用生物制剂等海洋生物新产品，发展新兴海洋生物利用产业奠定坚实的物质基础[150]。

第二节　海洋食品资源开发与利用现状分析

经过改革开放 40 多年的快速发展，我国的海洋食品加工业已经形成了以冷冻冷藏品、调味休闲品、鱼糜与鱼糜制品、干制品、腌熏制品、藻类食品、功能保

健品及鱼油制品等为主的加工门类。海洋食品产业呈现出了加工品总量及产值快速增加、精深加工品的比重持续提高、特色鲜明的加工产业带逐步形成、机械化水平不断提高、进出口贸易发展迅速等良好发展态势，同时在南极磷虾等新型食品资源开发方面也取得了重要进展。

一、产业现状分析

（一）传统海洋食品资源开发利用现状

传统海洋食品资源主要包括近海捕捞水产品、养殖水产品和传统大洋性捕捞水产品等海洋渔业资源。改革开放以来，我国海洋渔业产业发展迅速，海洋渔业总产量稳步上升，对海洋经济的贡献率不断增加，海洋渔业产业成为国家战略产业。1978 年，我国的海洋渔业总产量仅为 359.5 万 t，其中捕捞产量 314.5 万 t、养殖产量 45.0 万 t。海洋食品原料以捕捞为主，养捕比为 1∶7。2018 年，我国的海洋渔业总产量为 3301.43 万 t，约为 1978 年的 9.2 倍，其中捕捞产量 1270.21 万 t，养殖产量 2031.22 万 t；养殖产量是 1978 年的 45.1 倍，成为我国海洋食品加工的主要来源。近年来我国的国内捕捞产量维持在 1204 万～1328 万 t，远洋捕捞产量维持在 112 万～219 万 t，海水养殖产量持续稳定增长（图 14.1）。2018 年，海洋渔业产业全年实现增加值 4676 亿元，占主要海洋产业增加值的 14.30%[152]（图 14.2）。

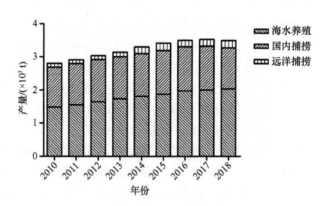

图 14.1 2010～2018 年我国海洋水产品产量及构成情况

数据来源：2011～2019 年《中国渔业统计年鉴》

我国的海洋食品资源主要包括鱼类、甲壳类、贝类、藻类等。鱼类主要来自海洋捕捞，2018 年，海水鱼类的捕捞产量为 716.2 万 t，而养殖产量仅为 149.5 万 t；甲壳类的海洋捕捞产量略高于海水养殖产量，2018 年，捕捞和养殖的甲壳类产量分别为 197.9 万 t 和 170.2 万 t；贝类和藻类的主要来源为海水养殖，2018 年，贝类产品和藻类产品养殖产量分别为 1439.3 万 t 和 234.3 万 t；海洋捕捞为头足类产品（如鱿鱼、章鱼和乌贼等）的唯一来源，其每年的产量较为稳定（表 14.1、表 14.2）。2018 年国内海洋捕捞产量为 1044.3 万 t，较 2015 年下降 270.6 万 t，降幅达 20.58%，这与我国"十三五"期间实施的国内捕捞产量要实现"负增长"的发展政策相关。

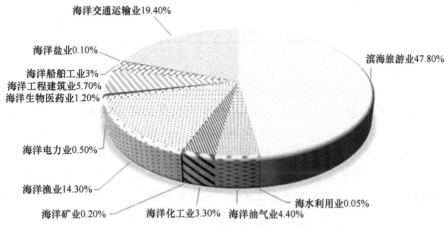

图 14.2　2018 年主要海洋产业增加值构成图

海洋渔业资源的过度开发对海洋环境和海洋食品资源的稳定供应都产生了重要的不良影响，如资源环境约束趋紧，过度捕捞长期存在，渔业资源日趋衰退；原料结构不合理，优质产品供给不足，供给和需求不对称矛盾加剧；新型海洋资源开发利用斗争愈演愈烈，公海渔业资源管护措施日益严厉，涉外渔业风险加大等。为此，未来我国海洋食品资源的开发必须由注重产量增长转到更加注重质量效益。一是加强深远海养殖技术及关键装备开发，充分利用深远海海洋空间，构建海洋水产品的深远海养殖模式，保障养殖水产品优质供应；二是加强远洋渔业投资力度，积极开发大洋性鱿鱼及南极磷虾等战略性海洋渔业资源，以及南海海域的鸢乌贼、灯笼鱼、过洋性金枪鱼类等近海渔业资源。

表 14.1　2010～2018 年我国海水养殖水产品的产量情况　（单位：×10⁵t）

分类	2010 年	2011 年	2012 年	2013 年	2014 年	2015 年	2016 年	2017 年	2018 年
鱼类	8.08	9.64	10.28	11.24	11.90	13.08	13.47	14.19	14.95
甲壳类	10.61	11.27	12.50	13.40	14.34	14.35	15.64	16.31	17.02
贝类	110.82	115.44	120.84	127.28	131.66	135.84	142.07	143.71	143.93
藻类	15.41	16.02	17.65	18.57	20.05	20.89	21.69	22.27	23.43
其他类	3.30	2.77	3.11	3.43	3.33	3.41	3.42	3.57	3.31

数据来源：2011～2019 年《中国渔业统计年鉴》

表 14.2   2010～2018 年我国海洋捕捞产量情况   （单位：×10⁵t）

分类	2010 年	2011 年	2012 年	2013 年	2014 年	2015 年	2016 年	2017 年	2018 年
鱼类	82.55	86.40	87.58	87.18	88.08	90.54	91.85	76.52	71.62
甲壳类	20.43	20.91	22.07	22.85	23.96	24.28	23.96	20.76	19.79
贝类	6.22	5.84	5.63	5.48	5.52	5.56	5.61	4.42	4.30
藻类	0.25	0.27	0.26	0.28	0.25	0.26	0.24	0.20	0.18
头足类	6.58	6.95	6.99	6.64	6.77	7.00	7.16	6.17	5.70
其他类	4.32	3.81	4.18	4.01	3.52	3.85	4.00	3.17	2.84

数据来源：2011～2019 年《中国渔业统计年鉴》

我国海洋水产品资源利用以水产食品加工为主。近年来，我国海洋水产品资源的加工率持续稳定增长，由 2010 年的 48.28%增加到 2018 年的 63.57%（表 14.3）。冷冻品、冷冻加工品、鱼糜制品及干腌制品是水产品主要的加工形式，上述 4 类产品占水产加工品总量的 80%以上。以海洋药物、生物材料为主的海洋生物医药业目前虽然规模小，但增长速度较快，已成为海洋生物资源利用产业的新兴增长点。2018 年实现增加值 413 亿元，比上年增长 9.6%，占主要海洋产业产值的 1.2%（图 14.2）。

表 14.3   2010～2018 年我国海洋水产品加工情况   （单位：×10⁵t）

指标	2010 年	2011 年	2012 年	2013 年	2014 年	2015 年	2016 年	2017 年	2018 年
用于加工的海洋水产品总量	135.10	152.38	162.50	161.32	164.38	171.25	206.64	210.6	209.9
海洋水产品加工率/%	48.28	52.41	53.58	51.40	49.86	50.21	59.21	63.41	63.57
海洋水产品加工品总量	135.10	147.76	156.34	159.10	167.86	171.84	177.51	178.81	177.5

数据来源：2011～2019 年《中国渔业统计年鉴》

近年来，我国海洋食品加工产业有了长足发展，已成为支撑海洋渔业现代化发展的重要力量，对促进海洋渔业提质增效、渔民就业增收，提高人民群众生活质量和健康水平发挥了十分重要的作用，但也存在着制约产业健康发展的重要瓶颈问题。

一是海洋水产品加工转化率仍处于较低水平。2018 年我国海洋水产品的加工率仅 63.57%[151]，远低于发达国家主要农产品初加工转化率为 80%～90%的水平。特别是养殖海洋水产品的加工比例仍处于较低水平，目前仅有海带、海参、南美白对虾、大黄鱼及紫菜等少数品种建立了比较完善的加工体系，并形成一定的产业规模，而超过养殖海洋水产品总量 70%的养殖贝类以鲜活销售为主。

二是仍以简单冷冻等初级加工为主，产品增值率低。受国内消费习惯及部分养殖品种加工特性的限制，在消费市场上，除了鲜活水产品外，经简单冷冻加工的水产品仍处于支柱地位，约占水产加工品总量的 30%，而精细化加工的方便食品及精深加工的功能食品等比例偏低，加工产业的增加值率远低于海水养殖及水产苗种等行业。《2019 中国渔业统计年鉴》统计数据显示，2018 年，我国渔业、渔业工业和建筑业、渔业流通和服务业三大产业产值的比例为 49.6∶21.9∶28.5，水产品加工业产值仅为渔业产值的 33.8%，加工对养殖、消费的带动作用远未显现。

三是规模化以上企业数量偏低，产品市场竞争力低。《2019 中国渔业统计年鉴》数据显示，2018 年我国规模以上水产品加工企业仅有 2524 家。由于小企业占主导地位，行业的规模化、集约化水平及产业集中度偏低。产品的质量安全风险高，市场竞争力低，抵御国际市场风险的能力弱。而从统计数据可以看出，我国肉类加工企业的规模化程度和聚集度较高，2010 年，肉类加工企业中销售额前 4 家企业的总销售额达到 2077 亿元，占肉类加工企业总产值的 28.3%，前 8 家企业的总销售额占 39.4%。由于企业规模小、劳动力成本急剧增加，我国海洋食品的出口竞争力呈逐年下降的趋势。

因此需加强发展水产品精深加工，加大低值水产品和加工副产物的高值化开发与综合利用力度，鼓励加工业向海洋生物医药、功能食品和海洋化工等领域延伸，提升水产品综合利用水平和产品的国际市场竞争力。

（二）新型海洋食品资源开发利用现状

在南极磷虾资源开发利用方面，我国自 2009 年末开始规模捕捞南极磷虾以来，经过十多年的艰苦努力，已取得长足进步，并实现了主要渔场和作业季节的全覆盖。但无论是船载捕捞、加工技术装备，还是陆基产品研发，与挪威等先进国家相比均有很大差距，产业规模和市场形成均发展缓慢，产业维持困难重重。需要大力开展南极磷虾捕捞加工装备技术创新研究，提高产业核心竞争力，同时开展渔场资源生态基础研究，促进极地渔业可持续发展[153]。

在南海海域的鸢乌贼和灯笼鱼等新型渔业资源开发利用方面，也取得了一定进展。鸢乌贼是我国南海海域柔鱼类优势种群，年可捕量达 130 万～200 万 t。但鸢乌贼肉质较硬，不适合大众口味，鲜销市场一直疲软，主要用于加工成鱿鱼丝外销。灯笼鱼具有高蛋白、低脂肪的特点，极具开发生产鱼粉的潜力[154]。但灯笼鱼中的蜡脂含量较高，大量食用可引起腹泻，如何有效去除蜡脂，实现其蛋白与脂肪的高效利用仍是制约产业发展的关键。因此应系统开展基础理论研究与关键技术开发，并通过产业化示范带动上述南海渔业资源的高效利用，提升南海海域渔业资源的利用水平，增加水产品供给渠道。

海洋微藻是一类在海洋中分布广泛、营养丰富、可进行光合作用的自养单细胞生物。与其他生物质资源相比，海洋微藻具有不占耕地、生物量高、生长速度快、适应性强、便于驯化、光合利用度高等特点。同时，海洋微藻富含丰富的维生素、矿物元素、油脂、蛋白质、氨基酸和多糖等物质，具有增强人体免疫力、预防肿瘤、抗病毒、保护心血管系统等保健功效。在发达国家,微藻已被广泛应用于食品、药品、化妆品、饲料等领域,并且逐步成为重要的活性物质提取原料。目前我国在微藻水产饲料开发方面取得了重要进展,但在食品开发方面仍显不足。

我国在海洋生物功能基因开发方面刚刚起步,但发展迅速。生物的进化历程和海洋的特殊环境共同决定了海洋生物基因资源的多样性、独特性与开发的困难性。基因资源开发是海洋生物资源开发利用的重要内容,海洋生物基因产品在食品、医药、化工、农业、环保、能源和国防等许多领域日益彰显巨大的应用潜力。近年来,围绕海洋生物基因资源的开发利用,各国政府纷纷加强了对重要海洋生物基因资源的开发力度。我国科研人员已经克隆出海蛇毒素、海葵毒素、水蛭素等一批功能基因,已从海洋微生物中筛选出并克隆出数十种多糖和蛋白质降解酶,但在其他基因资源的利用方面与发达国家仍有较大差距。因此,应进一步加大海洋生物基因资源的开发力度,以满足对优质健康海洋食品日益增长的需求。

二、科技创新现状

(一)基础研究现状

海洋食品资源开发与利用方面的基础研究主要以国家及沿海省市的自然科学基金项目和 973 计划为支撑。"十一五"和"十二五"期间,共设立 8 项重大基础研究专项,主要涉及鱼贝类育种、病害防治及养殖生理等海洋食品资源开发(养殖)方面的基础研究,未涉及海洋食品资源利用。自 2010 年国家自然科学基金委员会在生命科学部单独设立食品科学领域以来,截至 2017 年,在海洋食品资源利用方面共资助基金项目约 281 项,约占食品科学领域项目的(2892 项)9.7%。其中涉及海洋食品原料加工贮藏过程品质变化机制的 100 余项、海洋食品营养成分营养机制的 110 余项、海洋食品质量安全的 60 余项。在海洋食品原料活性成分研究方面,开发甲壳素(壳聚糖)新功能(新活性、新材料)的基础研究也得到了国家自然科学基金委员会的大力资助。据初步统计,2010~2017 年共资助 150 余项,甲壳素是获基金资助最多的单一海洋水产品营养成分。在上述项目的资助下,研究者在水产品养殖与加工过程中品质变化机理及调控机制,水产品多糖降解微生物的发掘与工具酶开发,水产品中蛋白酶的结构鉴定、生化特性及水产加工品品质特性,水产蛋白、脂质和多糖等营养成分的生物活性及构效关系,超高压、微波场、电子束冷杀菌等高新技术对产品品质改善,水产品在贮藏过程中挥发性盐基氮、有机胺、甲醛等典型危害因子的产生与变化机制,鲜活水产品暂养及运输中的营养品质下降机制,传统水产发酵食品风味形成机制,以及南极磷虾新资源加工与保藏的基础研究等方面取得了重要进展[155]。上述基础理论研究为海洋食品资源的深度开发利用提供了科学基础。值得注意的是,近年来养殖模式（主要是饲料）对海洋水产品品质影响及其影响机制方面的研究项目也取得了重要成果，为推动形成"为加工而养殖"的新型海洋渔业发展新模式提供了科学支撑。

（二）前沿技术研发与创新现状

近年来，我国不断加大对涉海前沿科技创新的研发投入，"十一五"和"十二五"科技规划中海产品加工与海洋生物科技均被列为重点发展方向，不仅在海洋食品资源开发（新品种引进、新品种开发、海洋水产品增养殖技术）方面取得了重要突破，在海洋生物食品资源中蛋白（肽）、多糖、油脂等主要营养功效成分高效利用前沿技术开发方面也取得重大突破，成为水产品高值化利用的亮点。在海洋食品资源开发利用方面，2000～2017 年，我国水产科技工作者共获得国家技术发明奖一等奖 1 项、技术发明奖二等奖 3 项、科技进步奖二等奖 12 项，特别是在甲壳素新型功能性材料开发方面两获国家科技进步奖，技术成果极大地推动了我国海产品精深加工和海洋生物资源高值化利用技术体系的发展。同时，我国的海洋食品资源高效利用研发平台建设也取得了重要进展，初步形成了以试点国家实验室、国家重点实验室、国家工程技术研究中心、国家地方联合工程中心（实验室）、国家级企业技术中心及国家水产品加工技术研发中心为主体的研发平台。

海洋生物多糖前沿技术取得重大突破。我国是世界第一海洋水产品多糖原料的生产大国，如褐藻胶、琼胶和卡拉胶产品已占国际市场 70% 的份额，壳聚糖占国际市场 60% 的份额，但均以初级加工产品为主。对其进行高值化开发研究，不但是拉动产业发展的需求，也是科学研究的需求。我国科技工作者建立了海洋寡糖的规模化定向制备、定向分离及定向修饰（作为药物、功能制品）的技术体系，不仅为海洋多糖资源高值化利用提供了理论和技术支撑，也为糖生物学的深入研究提供了难得的模型分子，有力推动了我国海藻产业的持续发展，"海洋特征寡糖的制备技术（糖库构建）与应用开发"成果获得 2009 年度国家技术发明奖一等奖。在甲壳素功能材料开发的前沿技术方面也取得重要突破，成果先后获得 2 项国家科技进步奖二等奖。近年来，随着对新型海洋生物多糖功能制品开发需求的不断增加，我国在海洋多糖降解专用工具酶的基因发掘、酶的理性设计及改造等前沿技术方面也取得了重要突破。

海洋食品蛋白质资源高效利用技术研究取得重要进展。近年来，在海洋食品中蛋白的高效利用方面，我国水产科技工作者先后在鱼类、贝类、棘皮动物蛋白质的高效利用及质量安全控制方面取得多项技术突破，获得国家技术发明奖二等奖 2 项、国家科技进步奖二等奖 10 项，初步形成了海洋水产品蛋白资源高效利用的技术体系，推动了海洋食品产业的技术进步。

海洋食品脂质加工关键技术及产品研发基本与世界同步。20 世纪 50 年代，我国就实现了鱼肝油的工业化生产，为脂溶性维生素的有效供应提供了重要保障；70 年代开始生产 EPA/DHA 等鱼油产品；90 年代开展了利用分子蒸馏技术生产高纯度 EPA/DHA 产品的研究；进入 21 世纪，又开展了酶工程技术制备高 EPA/DHA 含量甘油酯的技术研究，并实现产业化。目前，海洋水产品加工副产物及南极磷虾中磷脂资源的高值化利用技术的研究与开发已取得重要进展，攻克了磷脂型 EPA/DHA 的高效提取、精制、活性稳态化等关键技术，并且在功能活性修饰及生物转化方面取得了重要进展。

此外，在海洋生物中存在的生物碱类、萜类、肽类、大环聚酯类等新型海洋生物活性物质的筛选、高效制备，以及海洋生物活性物质生源材料的培养等关键技术研发方面也取得了重要进展，为新型海洋保健食品、海洋药物、生物材料的开发提供了技术支撑[156]。

（三）企业科技创新能力现状

"十五"以来，海洋食品加工龙头企业通过与科研院校合作，积极主持或参与 863 计划、国家科技支撑计划及国家重点研发计划课题，构建了多个国家级技术研发平台，攻克了一批海洋食品加工关键技术，建成了一系列产业化示范生产线，企业科技创新能力得到显著提升。但与其他农产品加工行业相比，除以青岛明月海藻集团有限公司和山东洁晶集团股份有限公司为代表的海藻加工企业构建了以国家重点实验室、国家地方联合工程研究中心及国家级企业技术中心为主的较为完善的海藻资源开发与利用的研发体系外，其他海洋食品加工企业的科技创新能力普遍较弱。

三、科技创新存在的问题及其原因分析

（一）存在的问题

自中华人民共和国成立以来，经过 70 余年的发展，特别是经过"十五"时期的快速发展，我国海洋食品产业取得了突破性进展，已经形成冷冻冷藏、调味休闲品、鱼糜与鱼糜制品、干腌制品、罐头制品、海藻制品和海洋保健食品等几十个产业门类，但海洋食品开发利用的科技水平仍与发达国家存在较大差距。

1. 海洋食品加工与流通的基础理论研究薄弱

基础研究是科技创新的基础和源泉，也是培养造就人才，特别是高层次科技人才的摇篮。世界发达国家十分重视对水产品精深加工基础理论的研究，并以重大理论与技术的突破带动产业的发展。例如，日本 20 世纪 60 年代的鱼肉蛋白质抗冷冻变性理论的突破，带动了冷冻鱼糜及鱼糜制品工业的快速发展；诞生于 20

世纪 70 年代的冰温技术，在日本已推广至海洋水产品加工过程的冰温贮藏、冰温成熟、冰温发酵、冰温干燥、冰温浓缩及冰温流通等多个领域，成为水产品加工领域的共性关键技术。我国在海洋食品加工与流通的基础理论研究方面水平较低，大部分科学研究仍以跟踪研究为主。主要表现为：①对鱼、贝、虾、藻类等传统海洋食品原料中蛋白质、脂肪及多糖等主要营养与功能成分加工特性和营养特性缺乏系统研究；②海洋食品冷链流通过程品质变化机理不明；③新型海洋食品资源的生化特性和加工特性研究及功效因子发掘不足。忽视基础性研究，是导致水产品深加工理论基础缺乏，影响我国水产加工业发展的主要原因。不仅在一定程度上制约了捕捞和养殖业的发展，而且在与国际同类产品竞争中处于明显的不利地位。

2. 科技成果的转化率低

发达国家的产业技术创新大多以企业为主体，有较多的科技成果转化投入，科技成果转化率高，可达到 70% 以上，而目前我国农业科技成果的转化率仍处于较低水平。据 2005 年相关统计，我国高校虽然每年取得 6000～8000 项科技成果，但实现成果转化与产业化的还不到 10%。"十一五"时期，我国涉农科研单位农业科技成果转化率为 41%，涉农企业农业科技成果转化率平均水平为 47.24%。虽然"十二五"期间农业科技成果转化率有较大提高，但仍旧有大量农业科技成果被束之高阁，与国外相比仍旧有很大差距[157]。缺乏中间试验与工程化的条件及产业化转化资金是目前农业科技成果转化率低的最主要原因。通过对成果转化投入做出倾斜性政策安排，加大科技成果转化投入力度，强化技术链和产业链有机结合是进一步提升科技成果转化率的根本保障。

3. 机械化与智能化海洋食品加工装备研发速度慢

发达国家的海洋食品加工已形成了完整的生产线，各工序衔接协调，实现了高度机械化、标准化和自动化。与发达国家相比，我国的海洋食品加工总体上还属于劳动密集型产业，机械化水平落后。加工装备开发是一项综合性强、投资大的研究，不仅涉及水产品加工工艺，还包括机械制造、材料制造、自动化控制等多个学科。而加工装备的研制需要制作样机，并通过中试实验进行不断的改进和完善，所需周期较长，而且研发过程中需要有很大的投入，目前国家在加工装备基础研究方面的科研投入力度不够，加工装备研发机构普遍面临科研经费不足的问题，影响加工装备的研发和更新换代[158]。

（二）原因分析

1. 对产后渔业科技创新投入不足

世界农业发达国家都十分注重对农业科技开发的投入力度，据统计，发达国家对农业产业的科技投入占农业产值的 2%以上，而且主要投入产后农业，一般占整个农业科技投入的 70%以上。通过对产后农业的持续高强度投入，形成了以产后农业引导农业生产的良性发展。统计资料显示，我国对农业科技的投入也在稳步增长，农业科技研发（R&D）投入由 2003 年的 19.5 亿元增加到 2012 年的 106.0 亿元，增长了 4.4 倍；但是 R&D 支出总额的比重近年来却在下降，由 2003 年的 1.27%下降到 2012 年的 1.03%，下降了 18.9%。同时，我国农业科研投资强度一直维持在 0.11%～0.20%，明显低于国际平均水平的 1%，与发达国家 3%～5%的一般水平差距甚远，且以产前、产中投入为主。在第二及第三产业，即水产食品制造与流通方面投入较少，缺乏国家层面上的共性关键技术创新、集成与产业化示范方面的资助。"十一五"期间，科技部在海洋生物资源利用领域共设立 27 个项目，其中 973 计划项目 8 项、863 计划重点和专题项目 7 项、国家科技支撑计划项目 12 项，聚焦于产后渔业科技的项目仅有 9 项[159]。"十二五"期间，科技部、农业部、国家海洋局等部门在渔业科技方面共设立项目 70 个，在产后渔业的水产资源高效利用方面设置了 20 个项目，约占项目总数的 28.6%。但资金规模仅为 29 617 万元，约占项目资金总额的 18.6%。因此应加大海洋渔业产后科技的投入力度，积极发展水产品精深加工，加大低值水产品和加工副产物的高值化开发及综合利用，向海洋生物制药、功能食品和海洋化工等领域延伸，极大提高海洋食品资源附加值，推动海洋渔业产业结构调整，建设海洋渔业强国。

2. 海洋食品加工企业规模偏小，科技创新能力和动力不足

企业是科技创新的主体，由于海洋食品原料众多，且除海藻、虾类及贝类等少数几个养殖品种外，原料的不稳定性问题突出，很多企业处于"有什么原料就加工什么产品"的状态。虽然有水产加工企业近 9000 家（绝大多数以海洋水产品原料为加工对象），但企业规模普遍较小，规模以上企业仅 2500 余家，与粮食、乳品、肉制品相比，行业集中度低，科技创新能力严重不足。仅有山东东方海洋科技股份有限公司、青岛明月海藻集团有限公司等少数几家企业拥有国家级工程技术中心或国家级企业技术中心等国家级研发平台，企业整体研发实力较弱。同时，由于小企业众多，面临的投资风险较大，国家也缺乏相应的政策支持，科技创新的动力明显不足。资料显示，2010 年，我国食品工业大中型企业科技投入强度约为 0.48%，远低于发达国家 2%以上和新兴工业化国家 1.5%的水平[160]。

第三节 海洋食品资源开发利用发展趋势

在全球经济一体化快速发展的国际背景下，海洋食品原料的开发利用模式整体正在向多领域、多梯度、深层次、低能耗、全利用、高效益、可持续的方向发展。

一、以新技术开发不断提升海洋食品原料利用率

海洋水产品精深加工和综合利用是渔业生产活动的继续，具有附加值高、科技含量高、市场占有率高、出口汇率高等特点，发展前景十分广阔。正因如此，海洋食品已成为国内外食品科学研究与技术开发的焦点之一。"十二五"以来，面对海洋资源、能源及环境约束日益严峻的形势，我国海洋食品资源的挖掘和利用经历了从"初级"向"中级"的稳步提升，食品加工新技术、海洋生物技术、新型分离纯化技术及现代检测技术的进步和发展，使得综合利用和深度开发海洋食品资源成为现实，也使海洋产业结构发生根本性的变化，海洋食品产业科技水平逐步提高，自主创新能力明显增强，安全保障水平总体向好。通过研究、开发大宗海洋食品资源加工新工艺、新产品，攻克水产品加工副产物规模化利用的关键技术及产品的质量安全保障技术难题，逐步形成了现代海洋食品原料利用率提升体系。

利用食品加工新技术对海洋生物资源进行深度开发，可以获得高附加值海洋产品，极大地提高海洋食品加工的综合收益。例如，利用膜分离技术、稳定化复配、超临界萃取、分子蒸馏、微胶囊化、包埋技术等食品加工新技术，可获得壳聚糖、几丁质、活性肽等许多有益人体健康的活性物质；采用稳定化复配、美拉德反应赋香矫味、微波干燥灭菌等技术，可制备出具有浓厚鲜味的保健海鲜调味剂等。

二、海洋食品资源的利用形式向营养化和功能化发展

随着膳食结构的改变，我国人民对高蛋白、低脂肪水产食品的需求越来越多，海洋食品消费形式向营养化与功能化发展。

海洋食品营养化是我国食品工业发展的根本趋势。世界经济与社会发展规律表明，当一个国家或地区人均 GDP 超过 1 万美元后，营养健康成为农业发展新的任务、目标、重点和使命，农产品加工业将进入井喷式发展的黄金时期。2016 年底，我国人均 GDP 已达到 8516 美元，2019 年我国人均 GDP 已跨越 1 万美元大关，未来 20～30 年将是我国食物与营养健康产业发展的黄金时期[161]。海洋食品将是未来人类营养健康食品的主要来源，海洋食品不仅资源丰富，且富含生物活性多肽、功能性油脂、多糖、维生素与矿物质等健康营养功能因子。因此，聚焦人类营养与健康，加大海洋食品功能因子构效关系研究，明晰其作用机制，加强营养素与人类健康的关系研究，提升海洋食品高值化、高质化加工水平，创新发展海洋营养食品产业，有助于提高人们生活质量和健康水平。通过建立营养素代谢模型，利用组学技术研究海洋食品营养素代谢产物与人类健康的关系等是未来

海洋营养食品研究的重点[162]。

海洋食品功能化是社会发展进步的必然要求。因膳食结构和生活方式等引起的亚健康人群数量不断增加、老龄化进程的加快，使血脂异常、高血压、糖尿病、心血管疾病及阿尔茨海默病等成为威胁我国人民健康的突出问题。从水产品中提取的安全、生理活性显著的天然活性物质，是制造高品质保健食品的良好原料。海洋保健食品不仅在有着几千年药食同源、饮食养生文化的中国，在欧洲、日本、美国等地也有着广阔的市场。世界发达国家综合利用现代生物技术和食品工业新技术，通过功能活性物质制备、目标结构改性、安全质控和产业化开发等手段，制造海洋功能食品与高端生物制品，以满足社会对海洋食品功能化的需求。

三、新食源、新药源与新材料开发速度加快

海洋生物在长期的进化过程中获得了不同于陆地动植物的生存能力，如耐盐性、耐寒性、耐高压及高渗透性、光合成、固氮、发光、吸磁性等。开发新型海洋生物资源，拓展新的食物空间，研发极端条件下具有特殊功能的新型海洋药物及材料，对于改善国民营养与健康、培育新兴产业、拓展生产空间具有远大意义。

远洋与极地资源开发速度加快。南极磷虾是南极海域一种重要的多年生浮游甲壳动物，据最新预测数据，南极有 6.5 亿～10 亿 t 的磷虾资源。南极磷虾的营养价值很高，蛋白质含量达到 17%，含有人体所需的全部氨基酸。南极磷虾的脂肪含量属于中脂类型，含有丰富的 EPA 和 DHA，并且南极磷虾含有各种微量元素，如硒、铁、硅、碘、铜、锌、锰、钴、铝、铬等。因此，南极磷虾产品可作为一般食品，以磷虾仁、磷虾酱、磷虾罐头等形式提供给消费者；并且由于南极磷虾富含多种活性成分，如南极磷虾多肽具有抗氧化、抗菌、提高免疫力等活性，磷虾油具有降血脂、抗疲劳等活性，其消化酶可促进创伤修复，南极磷虾的虾青素和硒含量较高，因此将南极磷虾应用于功效性食品或者医疗保健领域具有重要的研究和开发价值。此外，太平洋磷虾的开发利用也得到了广泛关注。加强对磷虾资源的研究，将会为人类的食物及药物供应做出巨大贡献。

海洋微藻作为新食源、新药源研究广泛。海洋微藻作为海洋生态系统中的最主要初级生产者，具有种类多、数量大、繁殖快等特点，海洋微藻能够分泌碳水化合物、氨基酸、酶、脂类、维生素等物质，与海洋生产力、海洋生态系统的物质循环和能量流动等方面密切相关。当前，重点研发的微藻食用油单位时间和单位面积产量高，具有可实现大规模工业化生产的潜力；利用微藻生产 ω-3 型多不饱和脂肪酸，产品具有无腥臭味、不含胆固醇成分等优点。海洋微藻及微藻产品

在医药工业中的应用正逐步受到人们的重视。研究开发得比较成功的是螺旋藻和小球藻。螺旋藻能够显著促进双歧杆菌等肠道益生菌增殖，改善人体微环境，刺激肠蠕动排出体内有害物质，增强机体免疫功能；小球藻则可以调节新陈代谢，平衡机体免疫调节，是理想的药物来源。从微藻中提取的海藻多糖（微藻多糖、琼胶、卡拉胶、褐藻胶）具有抗衰老、抗疲劳、抗辐射活性，可提高机体免疫功能，对肿瘤细胞有一定的抑制和杀伤作用。此外，也可利用海洋微藻为原料生产维生素及虾青素等食用色素。目前，尽管我国微藻资源开发利用时间不长，但应用开发的速度很快。为了进一步提高微藻产品价值，降低生产成本，今后应在藻种选育、培养条件、培养方法改进和活性物质提取、分离及纯化工艺的优化方面进一步加强研究。

海洋新材料开发增多。利用海洋生物生产有价值的新材料，也是我国海洋科学领域的重点研究方向。我国海岸线长，渔业资源十分丰富，是世界上甲壳类水产品生产大国。从虾、贝、蟹类等甲壳类海洋生物中提取的甲壳低聚糖具有多种生物材料的功能特性，可以用来研制防腐剂、保鲜剂、富集剂、絮凝剂、除浊剂、植物生长激活剂、造纸材料及无纺布料等；由于甲壳低聚糖能促进伤口愈合，因此其还可以应用于人造皮肤。充分利用我国丰富的甲壳资源，大规模生产高附加值的甲壳低聚糖等活性物质，不仅可以带动甲壳资源的开发利用向深度发展，还具有显著的社会效益和经济效益。

此外，从大型海藻中提取的海藻胶可用于制造医药胶囊，也可取代像聚苯乙烯等固体泡沫绝缘材料。这种轻型生物材料安全、无毒无害，可为生物代谢，在应用中不会造成环境污染。通过将海洋发光细菌生产的萤光素酶与光敏元件（如光敏二极管）、光导纤维、场效应元件等结合，可构建灵敏度极高、使用简便、微型化的生物传感器。另外，从海洋细菌中提取生产的一种多糖黏性外聚物，可作为船舶黏结剂和医药材料。

与来自陆生动植物的生物材料相比，海洋生物材料有许多优点：一是海洋的特殊环境造就了海洋生物材料和陆生生物不同的特殊结构与功能，从而使其具有特殊的生物活性；二是海洋生物材料取自海洋，来源广泛、产量巨大，市场开发原料充足。可以预见，从海洋生物中将不断开发出能满足人类健康需求的丰富多样的新材料。

第四节　主要任务和发展重点

一、发展思路

瞄准国际海洋生物资源开发利用的科技发展前沿，构建以企业为主体、以高校和科研院所为依托、以市场为导向、产学研用紧密结合的新型海洋食品资源产业技术创新和技术服务体系，发掘新型海洋食品资源，提高海洋水产品在国民饮食中的比重，解决制约我国海洋渔业持续健康发展的关键问题；形成新型海洋食品资源高效综合利用技术体系及产品质量安全保障技术体系，逐步形成以营养需求为导向的现代海洋食品加工产业体系。

二、发展目标

到 2025 年，构建我国近海和远洋（极地）新型食品原料的生物学特性、生化特性及加工特性的原料学数据库；构建完成南极磷虾资源高效探查和捕捞的开发技术体系、南极磷虾船上及陆基高效综合利用技术体系和产品质量安全控制体系，使南极磷虾捕捞及加工达到国际同步水平。

到 2035 年，远洋（极地）渔业资源的捕捞和加工技术体系达到国际领先水平，显著提升我国在远洋战略性渔业资源开发中的主导权；构建海洋食品原料中营养功效成分高效利用的技术体系，海洋食品原料中营养功效成分的利用率提升到 95%，海洋生物医药、生物材料等新兴海洋生物资源利用产业达到国际先进水平。

三、重点任务

针对海洋生物科学研究和蓝色海洋经济可持续发展的需求，明确"聚焦深海，拓展远海，深耕近海"三大发展方向，围绕海洋特有的新型群体资源、遗传资源、产物资源 3 类生物资源，在科学问题认知、关键技术突破、产业应用示范 3 个研发层面，一体化布局海洋生物资源开发利用重点任务创新链，全面提升我国海洋食品资源开发利用能力，保障我国食品安全。

（一）基础研究重点任务

1. 加强海洋食品原料在加工、贮藏过程中品质变化规律和调控机制研究

重点开展新型海洋食品原料在加工及贮藏过程中组分结构与功能的变化机制、生物变化与调控机制、生物合成与转化机制等基础性研究，明确其在加工及贮藏过程中的物理、化学、生物学变化，以及这些变化对食品风味及质构等品质特性的影响，为新型海洋食品原料开发利用提供理论依据。

2. 加强新型海洋食品原料中营养素的生理功能及其作用机制研究

重点从基因组学、转录组学、蛋白质组学和代谢组学等角度来阐明新型海洋食品原料中主要营养素与功能因子的结构解析、生物活性及构效关系研究，构建新型海洋食品资源的营养素、功效成分、有害成分的数据库，为高效利用海洋食品资源，开发新型海洋营养食品、保健食品、特医食品及生物材料提供理论支撑。

（二）前沿技术研发与创新重点任务

1. 攻克海洋营养健康食品的设计与制造技术

系统开展新型海洋食品原料的营养功能评价、营养品质靶向设计、营养因子稳态化及原料的功能修饰等关键技术研究，重点突破儿童食品、老年食品、运动食品、临床营养食品和特殊膳食食品的产品设计与制造技术，研制新型营养健康海洋食品，推进"健康中国"建设进程。

2. 构建海洋食品加工副产物规模化生物转化利用技术体系

系统开展海洋食品加工副产物及大宗新型海洋食品原料的绿色生物加工技术研发。重点突破海洋生物资源绿色加工专用"细胞工厂"及"酶分子机器"的发掘、理性设计及规模化应用的关键技术；水产品原料固液态自动化连续发酵技术、组合酶定向水解技术、自溶酶与固态发酵耦合技术等生物技术及装备；生化反应过程调控、优化与放大、新型生化反应器和分离耦合设备研发等产业化应用关键技术，形成海洋水产品加工副产物高效、绿色利用的技术体系，实现海洋食品原料的全利用，间接提高海洋食品原料的供应量。

（三）集成示范与成果转化重点任务

建立南极磷虾、灯笼鱼、茎柔鱼及微藻等新型海洋食品资源的精深加工与高效利用的技术体系，以及贯穿养殖、加工、流通的全产业链质量安全保障体系，建成一批新型海洋食品资源精深加工的区域性产业基地和产业化示范生产线。

第五节　保障措施与政策建议

一、构建符合国情的海洋食品资源开发利用规划

借鉴国外发达国家在海洋生物资源开发利用方面的先进经验，构建符合我国国情的海洋食品资源开发利用规划。在新渔场和新资源开发方面给予重点支持，为我国远洋渔业的健康发展寻找更多的可利用资源和后备渔场，同时加强优质海洋食品资源的品种发掘、育种及养殖技术开发，优化海洋食品原料的供给结构。

二、构建以产后渔业科技创新为主的现代海洋渔业科技创新体系

整合现有各项建设投资和财政专项资金，建立逐年稳定增长的海洋渔业，特别是产后渔业科技的投入机制，以产业链条为主线，聚集优势科研院所、大专院校、企业人才，组建联合攻关团队，发挥渔业科技创新联盟的主体作用，形成"产学研用"协同攻关模式，重点加大海洋食品加工、流通与质量安全控制的基础研究，以及前沿技术开发和公益性技术示范的投入力度，构建"消费引导加工、加工保障生产"的现代海洋食品资源开发利用新模式，同步推动渔业生产、加工与贮运（物流）产业协同发展，保障海洋食品安全优质供应。

加大海洋食品研发人才培养力度，造就一批海洋渔业产后科技领军人才、战略科学家和创新团队，形成一支具有国际前沿水平的创新人才队伍；加快培养一批高素质的渔技推广人员和科技企业家，尽快形成一支适应新农村建设的渔技推广队伍和渔区实用人才队伍。

三、构建积极的成果转化推广机制，提高科技成果转化率

建立科学合理的成果转化考核与评价指标体系，健全科技成果转化激励机制，有效保证科研成果转化激励政策的执行。通过优化布局、创新机制等措施，鼓励渔业科研院所、高校及社会化服务组织、生产经营主体等广泛参与，加强推广机构的公益性技术服务，逐步建立起分工协作、服务高效的多元化渔业技术推广体系，提高海洋渔业科技成果转化率。

课题主要研究人员

	姓名	单位	职称/职务
统稿人	薛长湖	中国海洋大学	教授
	李兆杰	中国海洋大学	教授级高工
参与人	王颉	河北农业大学	教授
	罗永康	中国农业大学	教授
	丁玉庭	浙江工业大学	教授
	刘红英	河北农业大学	教授
	杨文鸽	宁波大学	教授

参 考 文 献

[1] 农业农村部渔业渔政管理局, 全国水产技术推广总站, 中国水产学会. 2018 中国渔业统计年鉴. 北京: 中国农业出版社, 2018.

[2] 张占海. 创新推动海洋经济高质量发展. 国土资源, 2018, (9): 32.

[3] 朱蓓薇, 薛长湖. 海洋水产品加工与食品安全. 北京: 科学出版社, 2016.

[4] 国家卫生计生委疾病预防控制局. 中国居民营养与慢性病状况报告(2015 年). 北京: 人民卫生出版社, 2015.

[5] 李辉尚. 基于营养目标的中国城镇居民食物消费研究. 北京: 中国农业科学院博士学位论文, 2015.

[6] 朱蓓薇. 聚焦营养与健康, 创新发展海洋食品产业. 轻工学报, 2016, 32(1): 1-6.

[7] 中国水产学会. 国际水产专家青岛探讨海洋食品深加工与质量控制技术. 科技传播, 2009, (9): 21.

[8] 吉林省农委农产品质量安全监管处. 农业绿色发展技术导则(2018-2030 年). 吉林农业, 2018, (9): 22-29.

[9] 孙宝国, 王静. 中国食品产业现状与发展战略. 中国食品学报, 2018, 18(8): 1-7.

[10] 工业和信息化部消费品工业司. 食品工业发展报告(2016). 北京: 中国轻工业出版社, 2017.

[11] 农业部渔业渔政管理局. 2016 中国渔业统计年鉴. 北京: 中国农业出版社, 2016.

[12] 国家海洋局海洋发展战略研究所课题组. 中国海洋经济发展报告(2013). 北京: 经济科学出版社, 2013.

[13] 国家发展和改革委员会, 国家海洋局. 中国海洋经济发展报告(2017). 北京: 海洋出版社, 2017.

[14] 国家发展和改革委员会, 国家海洋局. 中国海洋经济发展报告(2016). 北京: 海洋出版社, 2016.

[15] 邴晓菲, 吴海燕, 王群, 等. 麻痹性贝类毒素在栉孔扇贝体内的代谢轮廓. 中国水产科学, 2017, (3): 623-632.

[16] Qiu Y W. Bioaccumulation of heavy metals both in wild and mariculture food chains in Daya Bay, South China. Estuarine, Coastal and Shelf Science, 2015, 163: 7-14.

[17] 乔英琴, 许红梅. 诺如病毒研究进展. 儿科药学杂志, 2015, (10): 55-58.

[18] 江艳华, 姚琳, 李风铃, 等. 副溶血性弧菌的耐药状况及耐药机制研究进展. 中国渔业质量与标准, 2013, (4): 98-104.

[19] Jiang Y, Yao L, Li F, et al. Characterization of antimicrobial resistance of *Vibrio parahaemolyticus* from cultured sea cucumbers (*Apostichopus japonicas*). Letters in Applied Microbiology, 2014, 59(2): 147-154.

[20] Hu Y, Huang Z, Li J, et al. Concentrations of biogenic amines in fish, squid and octopus and their changes during storage. Food Chemistry, 2012, 135(4): 2604-2611.

[21] 徐杰, 薛长湖, 赵庆喜, 等. 贮藏过程中凡纳滨对虾生物胺的变化. 渔业科学进展, 2007, 28(4): 104-109.

[22] 付雪艳, 薛长湖, 李兆杰. 一种控制鱿鱼加工过程中甲醛生成量的方法. 专利号: 200510045526.2, 公告日：2006-06-21.

[23] 朱军莉, 励建荣. 鱿鱼及其制品加工贮存过程中甲醛的消长规律研究. 食品科学, 2010, 5: 21-24.

[24] Zhu S, Wu H, Zeng M, et al. The involvement of bacterial quorum sensing in the spoilage of refrigerated *Litopenaeus vannamei*. International Journal of Food Microbiology, 2015, 192: 26-33.

[25] 丁云娟. 副溶血弧菌噬菌体 qdvp001 的分离鉴定及其在牡蛎净化中的初步应用. 青岛: 中国海洋大学硕士学位论文, 2012.

[26] Lee S H, Qian Z J, Kim S K. A novel angiotensin I converting enzyme inhibitory peptide from tuna frame protein hydrolysate and its antihypertensive effect in spontaneously hypertensive rats. Food Chemistry, 2010, 118(1): 96-102.

[27] Neves A C, Harnedy P A, O'Keeffe M B, et al. Bioactive peptides from Atlantic salmon (*Salmo salar*) with angiotensin converting enzyme and dipeptidyl peptidase IV inhibitory, and antioxidant activities. Food Chemistry, 2017, 218: 396-405.

[28] Xu J L, Riccioli C, Sun D W. Comparison of hyperspectral imaging and computer vision for automatic differentiation of organically and conventionally farmed salmon. Journal of Food Engineering, 2017, 196: 170-182.

[29] Wu D, Sun D W, He Y. Application of long-wave near infrared hyperspectral imaging for measurement of color distribution in salmon fillet. Innovative Food Science & Emerging Technologies, 2012, 16: 361-372.

[30] Binsi P K, Nayak N, Sarkar P C, et al. Structural and oxidative stabilization of spray dried fish oil microencapsulates with gum arabic and sage polyphenols: characterization and release kinetics. Food Chemistry, 2017, 219: 158-168.

[31] Anwar S H, Kunz B. The influence of drying methods on the stabilization of fish oil microcapsules: comparison of spray granulation, spray drying, and freeze drying. Journal of Food Engineering, 2011, 105: 367-378.

[32] Maqsood S, Benjakul S. Comparative studies of four different phenolic compounds on *in vitro* antioxidative activity and the preventive effect on lipid oxidation of fish oil emulsion and fish mince. Food Chemistry, 2010, 119: 123-132.

[33] Calder P C. n-3 Fatty acids, inflammation and immunity: new mechanisms to explain old actions. Proceedings of the Nutrition Society, 2013, 72: 326-336.

[34] Calder P C. Very long chain omega-3 (n-3) fatty acids and human health. European Journal of Lipid Science and Technology, 2014, 116: 1280-1300.

[35] Betancor M B, Sprague M, Sayanova O, et al. Evaluation of a high-EPA oil from transgenic *Camelina sativa* in feeds for Atlantic salmon (*Salmo salar* L.): effects on tissue fatty acid composition, histology and gene expression. Aquaculture, 2015, 444: 1-12.

[36] Tocher D R. Omega-3 long-chain polyunsaturated fatty acids and aquaculture in perspective. Aquaculture, 2015, 449: 94-107.

[37] Turchini G M, Torstensen B E, Ng W, et al. Fish oil replacement in finfish nutrition. Reviews in Aquaculture, 2009, 1: 10-57.

[38] Shi M J, Wei X, Xu J, et al. Carboxymethylated degraded polysaccharides from *Enteromorpha prolifera*: preparation and *in vitro* antioxidant activity. Food Chemistry, 2017, 215: 76-83.

[39] Liu B, Kongstad K T, Wiese S, et al. Edible seaweed as future functional food: identification of α-glucosidase inhibitors by combined use of high-resolution α-glucosidase inhibition profiling

and HPLC-HRMS-SPE-NMR. Food Chemistry, 2016, 203(5): 16-22.

[40] Gómez-Ordóñez E, Rupérez P. FTIR-ATR spectroscopy as a tool for polysaccharide identification in edible brown and red seaweeds. Food Hydrocolloids, 2011, 25(6): 1514-1520.

[41] Ye H, Wang K, Zhou C, et al. Purification, antitumor and antioxidant activities in vitro of polysaccharides from the brown seaweed Sargassum pallidum. Food Chemistry, 2008, 111(2): 428-432.

[42] Demirbas A, Demirbas M F. Importance of algae oil as a source of biodiesel. Energy Conversion & Management, 2011, 52(1): 163-170.

[43] Ghorbanzade T, Jafari S M, Akhavan S, et al. Nano-encapsulation of fish oil in nano-liposomes and its application in fortification of yogurt. Food Chemistry, 2017, 216: 146-152.

[44] Calder P C. Omega-3 polyunsaturated fatty acids and inflammatory processes: nutrition or pharmacology. British Journal of Clinical Pharmacology, 2013, 75: 645-662.

[45] Feng X, Ng V K, Mikskrajnik M, et al. Effects of fish gelatin and tea polyphenol coating on the spoilage and degradation of myofibril in fish fillet during cold storage. Food and Bioprocess Technology, 2017, 10: 89-102.

[46] Hosseini S F, Rezaei M, Zandi M, et al. Preparation and functional properties of fish gelatin-chitosan blend edible films. Food Chemistry, 2013, 136: 1490-1495.

[47] Nagarajan M, Benjakul S, Prodpran T, et al. Characteristics and functional properties of gelatin from splendid squid (Loligo formosana) skin as affected by extraction temperatures. Food Hydrocolloids, 2012, 29(2): 389-397.

[48] Benhabiles M S, Salah R, Lounici H, et al. Antibacterial activity of chitin, chitosan and its oligomers prepared from shrimp shell waste. Food Hydrocolloids, 2012, 29(1): 48-56.

[49] Alemán A, Pérez-Santín E, Bordenave-Juchereau S, et al. Squid gelatin hydrolysates with antihypertensive, anticancer and antioxidant activity. Food Research International, 2011, 44(4): 1044-1051.

[50] Alemán A, Giménez B, Pérez-Santin E, et al. Contribution of Leu and Hyp residues to antioxidant and ACE-inhibitory activities of peptide sequences isolated from squid gelatin hydrolysate. Food Chemistry, 2011, 125(2): 334-341.

[51] 陈柏松, 闫雪, 程波, 等. 挪威三文鱼养殖业及其对我国的启示. 中国渔业经济, 2016, 34(2): 19-25.

[52] 卢昆, 吴文佳. 挪威海水养殖业高效发展的主要措施及经验启示. 世界农业, 2016, 449(9): 190-194.

[53] Liu Y, Olaussen J O, Skonhoft A. Wild and farmed salmon in Norway—A review. Marine Policy, 2011, 35: 413-318.

[54] 小远. 鱼粉和鱼油在保持水产养殖业可持续发展中扮演的角色. 渔业致富指南, 2013, (9): 16-19.

[55] 李明爽, 隋然. 秘鲁成为拥有国际鱼粉鱼油协会负责任生产供应标准认证公司最多的国家. 中国水产, 2014, (5): 37.

[56] 欧阳杰, 沈建, 郑晓伟, 等. 水产品加工装备研究应用现状与发展趋势. 渔业现代化, 2017, 44(5): 73-78.

[57] 欧阳杰, 沈建. 中国贝类加工装备应用现状与展望. 肉类研究, 2014, 28(7): 28-31.

[58] 江涛, 黄一心, 欧阳杰, 等. 大型海藻干燥技术研究进展. 渔业现代化, 2017, 44(6): 80-88.

[59] 张荣彬, 唐旭. 中国海洋食品开发利用及其产业发展现状与趋势. 食品与机械, 2017, (1): 219-222.

[60] 联合国粮食及农业组织. 2016 年世界渔业和水产养殖状况: 为全面实现粮食和营养安全做贡献. 罗马. 2016. http://www.fao.org/family-farming/detail/zh/c/466060/.

[61] 孙宝国, 王静, 谭斌. 我国农产品加工战略研究. 中国工程科学, 2016, 18(1): 48-55.

[62] 杨信廷, 孙传恒, 钱建平, 等. 基于流程编码的水产养殖产品质量追溯系统的构建与实现. 农业工程学报, 2008, 24(2): 159-164.

[63] 唐晓纯. 国家食品安全风险监测评估与预警体系建设及其问题思考. 食品科学, 2013, 34(15): 342-348.

[64] 陈谊, 刘莹, 田帅, 等. 食品安全大数据可视分析方法研究. 计算机辅助设计与图形学学报, 2017, 29(1): 8-16.

[65] 刘楚怡, 李劲涛, 钟儒刚. 海洋功能食品及高端生物制品现状分析. 安徽农业科学, 2015, 43(11): 291-294.

[66] 翟绪昭, 王广彬, 赵亮涛, 等. 高通量生物分析技术及应用研究进展. 生物技术通报, 2016, 32(6): 38-46.

[67] 常耀光, 薛长湖, 王静凤, 等. 海洋食品功效成分构效关系研究进展. 生命科学, 2012, 24(9): 1012-1018.

[68] 林洪, 许利丽, 曹利民, 等. 海洋食品质量与安全科技发展趋势思考. 中国渔业质量与标准, 2018, (1): 1-6.

[69] 国家心血管病中心. 中国心血管病报告 2015. 北京: 中国大百科全书出版社, 2016.

[70] 罗瑞新, 林炜. 我国海洋生物资源及其可持续利用. 广东教育学院学报, 2005, 25(5): 88-93.

[71] 农业部渔业渔政管理局. 2017 中国渔业统计年鉴. 北京: 中国农业出版社, 2017.

[72] 杨蔚皎. 我国海洋经济发展规律分析及产业结构变化预测. 可持续发展, 2015, 5(1): 1-8.

[73] 于喆. 全球鱼油市场未来增长势头强劲. 中国水产, 2015, (1): 43.

[74] 王黎明. 磷虾油获批"新食品原料"挪威巨头来华拓市场. 粮油市场报, 2014-11-29(B02).

[75] 魏东林, 刘研. 辽渔集团南极磷虾油上市展望. 中国农业信息, 2015, (17): 70.

[76] 赵兵辉. 胶原蛋白市场加速升温. 南方日报, 2017-06-21(B03).

[77] 国家市场监督管理总局. 保健食品原料目录与保健功能目录管理办法. (2019-08-02). http://gkml.samr.gov.cn/nsjg/fgs/201908/t20190820_306117.html.

[78] 陈京美, 刘小芳, 苗钧魁, 等. 我国原料鱼油质量现状分析与标准修订. 饲料工业, 2016, 37(19): 59-64.

[79] 惠伯棣, 张旭, 宫平. 食品原料在我国功能性食品中的应用研究进展. 食品科学, 2016, 37(17): 296-302.

[80] 联合国粮食及农业组织. 2018 年世界渔业和水产养殖状况——实现可持续发展目标. 罗马: 联合国粮食及农业组织, 2018.

[81] 杨新泉, 司伟, 李学鹏, 等. 我国食品贮藏与保鲜领域基础研究发展状况. 中国食品学报, 2016, 16(3): 1-12.

[82] 章超桦, 薛长湖. 水产食品学. 北京: 中国农业出版社, 2010.

[83] 中国物流与采购联合会冷链物流专业委员会, 国家农产品现代物流工程技术研究中心. 中国冷链物流发展报告(2017). 北京: 中国财富出版社, 2017.

[84] 高萌, 张宾, 邓尚贵, 等. 流化冰保鲜技术在食品工业中的应用进展. 食品工业, 2014, 35(2): 178-182.

[85] 张饮江, 张晓东, 陆仁广, 等. 水产品活体流通保活设备的实验研究. 渔业现代化, 2007,

34(3): 36-39.

[86] 农业部渔业渔政管理局. 中国渔业年鉴. 北京: 中国农业出版社, 2017.

[87] OECD/FAO. OECD-FAO Agricultural Outlook 2017-2026 (Volume 2017). Organization for Economic Co-Operation & Development. 2017. http://www.oecd.org/publications/oecd-fao-agricultural-outlook-19991142.htm.

[88] 中国营养学会. 中国居民膳食指南(2016). 北京: 人民卫生出版社, 2016.

[89] Li Y H, Zhou C H, Pei H J, et al. Fish consumption and incidence of heart failure: a meta-analysis of prospective cohort studies. Chinese Medical Journal, 2013, 126(5): 942-948.

[90] Bonequi P, Meneses-Gonzalez F, Correa P, et al. Risk factors for gastric cancer in Latin America: a meta-analysis. Cancer Causes Control, 2013, 24(2): 217-231.

[91] Siri-Tarino P W, Sun Q, Hu F B, et al. Meta-analysis of prospective cohort studies evaluating the association of saturated fat with cardiovascular disease. American Journal of Clinical Nutrition, 2010, 91(3): 535-546.

[92] 农业部渔业渔政管理局远洋渔业处. "十二五"远洋渔业发展成就显著. 中国水产, 2016, (1): 23-24.

[93] 中华人民共和国农业部. 全国渔业发展第十三个五年规划(2016—2020 年). 2016-12-31.

[94] 纪明侯. 海藻化学. 北京: 科学出版社, 2004.

[95] 岳昊, 孙英泽, 胡婧, 等. 中国海带产业及国际贸易情况分析. 农业展望, 2013, 9(9): 65-69.

[96] 张美如, 陆勤勤, 许广平. 条斑紫菜产业现状及对其健康发展的思考. 中国水产, 2012, (11): 20-24.

[97] 张盼盼, 杨锐, 吴小凯. 江苏省条斑紫菜产业现状调研. 宁波大学学报(理工版), 2014, 27(1): 18-22.

[98] 李博, 李欣. 日本紫菜市场的供需构造及产业发展现状分析. 中国渔业经济, 2012, 30(3): 169-174.

[99] 施东华, 秦建清. 江苏紫菜业的现状分析及发展建议. 江苏农村经济, 2016, (8): 52.

[100] 博思网. 中国海苔行业市场规模及前景走势分析. (2017-12-21)[2018-07-04]. http://www.bosidata.com/news/493271GV97.html.

[101] 粘新. 专家预测 2016 年果冻行业五大发展趋势. 中国食品报, 2016-02-23(007).

[102] 林金水. 流质糖果标准发布 亮点突出易执行. 福建质量技术监督, 2015, (04):37-38.

[103] 联合国粮食与农业组织. 数据库. 2018-05-12. http://www.fao.org/fishery/statistics/collections/en.

[104] 陈申如, 倪辉, 郝更新, 等. 福建省卡拉胶工业的发展现状. 农产品加工, 2016, (1): 53-55, 59.

[105] 葛晶, 于帅. 生物基材料——卡拉胶的研究进展. 河南建材, 2018, (06):117-118.

[106] 韩玲, 张淑平, 刘晓慧. 海藻生物活性物质应用研究进展. 化工进展, 2012, 31(8): 175-181.

[107] 刘楠, 孙永, 曾帅, 等. 海藻主要活性物质及其生物功能研究进展. 食品安全质量检测学报, 2015, 6(8): 2875-2880.

[108] 刘航, 尹恒, 张运红, 等. 褐藻胶寡糖生物活性研究进展. 天然产物研究与开发, 2012, 24(S1): 201-204.

[109] 罗丹丹, 薛永常. 褐藻胶裂解酶的研究进展. 生物学杂志, 2016, 33(6): 95-98.

[110] 韩杨, 孙慧武, 赵明军, 等. 中国海藻产业发展形势与对策. 农业展望, 2017, 13(1): 32-37.

[111] 汤学军. 我国海藻产业的现状分析和发展对策. 水产科技, 2003, (2): 8-12.

[112] 刘瑜, 王国扣, 郭雪霞, 等. 中国农产品加工装备制造业发展状况分析. 世界农业, 2016, 38(3): 164-166.

[113] 中华人民共和国农业部农产品加工局. 2012 中国农产品加工业发展报告. 北京: 中国农业科学技术出版社, 2013: 27-35.

[114] 岑剑伟, 李来好, 杨贤庆, 等. 中国水产品加工行业发展现状. 现代渔业信息, 2008, 23(7): 6-10.

[115] 李铎, 张秀花, 李珊珊, 等. 对辊挤压式对虾去头装置试验研究. 河北农业大学学报, 2017, 40(1): 97-101.

[116] 郑晓伟, 沈建. 南极磷虾捕捞初期适宜挤压脱壳工艺参数. 农业工程学报, 2016, 32(2): 252-257.

[117] 芦新春, 孙星钊, 王伟. 双壳贝类脱壳预处理技术现状及发展趋势. 当代农机, 2015, (9): 74-76.

[118] 洪凯. 过热蒸汽干燥工艺技术及设备研究. 福州: 福建农林大学硕士学位论文, 2012.

[119] 李乃胜, 薛长湖. 中国海洋水产品现代加工技术与质量安全. 北京: 海洋出版社, 2009.

[120] 徐文其, 沈建. 海参机械化加工技术研究及其应用进展. 食品与机械, 2016, 32(2): 215-218.

[121] 农业部. 农业部关于进一步加强农业和农村节能减排工作的意见. (2011-12-20)[2018-05-20]. http://www.moa.gov.cn/nybgb/2011/dseq/201805/t20180524_6143001.htm.

[122] 农业部. 农业部关于推进渔业节能减排工作的指导意见. (2013-01-20)[2018-10-20]. http://www.moa.gov.cn/nybgb/2012/dyq/201805/t20180511_6141895.htm.

[123] 工业和信息化部, 财政部. 两部门关于印发智能制造发展规划(2016—2020 年)的通知. (2016-12-08)[2018-06-11]. http://www.gov.cn/xinwen/2016-12/09/content_5145438.htm.

[124] 中华人民共和国国家质量监督检验检疫总局. 中国技术性贸易措施年度报告(2015). 北京: 中国质检出版社, 2015.

[125] Wu Y, Sun T. Chinese squid production and export trade analysis. Chinese Fisheries Economics, 2013, 31(5): 74-79.

[126] 李婉君. 我国水产品精深加工与质量安全分析——中国海洋大学薛长湖教授专访. 肉类研究, 2018, 32(2): 18-21.

[127] Cabado A G, Vieites J M. New trends in marine freshwater toxins: food safety concerns. In: Sant S A, Franco D G M B. Advances in Food Safety and Food Microbiology. New York: Nova Science Publishers, 2013: 413.

[128] Teresa M B, Andrea I M S, Martin W. Omics approaches in food safety: fulfilling the promise. Cell, 2014, 22(5): 275-281.

[129] María C P, Raquel P M, Lidia M, et al. Reprint of: application of mass spectrometry-based metabolomics approaches for food safety, quality and traceability. Trends in Analytical Chemistry, 2017, 96: 62-78.

[130] Lv L, Lin H, Li Z, et al. Effect of 4-hydroxy-2-nonenal treatment on the IgE binding capacity and structure of shrimp (Metapenaeus ensis) tropomyosin. Food Chemistry, 2016, 212(1): 313-322.

[131] Wang K, Pramod S N, Pavase T R, et al. An overview on marine anti-allergic active substances for alleviating food-induced allergy. Critical Reviews in Food Science and Nutrition, 2019, DOI: 10.1080/10408398.2019.1650716.

[132] 朱素芹, 张军宁, 曾惠, 等. 凡纳滨对虾优势腐败菌鉴定及其致腐能力的初步研究. 食品科技, 2012, 1: 44-48.

[133] 崔正翠, 许钟, 杨宪时, 等. 冷藏大菱鲆细菌组成变化和优势腐败菌. 食品科学, 2011, 13: 184-187.

[134] 郭全友, 杨宪时, 许钟, 等. 冷藏养殖大黄鱼细菌相组成和优势腐败菌鉴定. 水产学报, 2006, 30(6): 824-830.

[135] 毛婷, 陆勇, 姜洁, 等. 食品安全未知化学性风险快速筛查确证技术研究进展. 食品科学, 2016, 37(5): 245-253.

[136] 郑琳, 王小博. 快速检测技术在水产品检测中的应用现状及发展前景. 食品工业科技, 2018, 39(10): 348-352.

[137] Gao Z, Li Y, Ma Y, et al. Functionalized melamine sponge based on β-cyclodextrin-graphene oxide as solid-phase extraction material for rapidly pre-enrichment of malachite green in seafood. Microchemical Journal, 2019, 150: 104167.

[138] Mir M. On-chip microsolid-phase extraction in a disposable sorbent format using mesofluidic platforms. Trends in Analytical Chemistry, 2014, 62: 154-161.

[139] Pan S D, Shen H Y, Zhou L X, et al. Controlled synthesis of pentachlorophenol-imprinted polymers on the surface of magnetic graphene oxide for highly selective adsorption. Journal of Materials Chemistry A, 2014, 2(37): 15345-15356.

[140] Pan S D, Zhou L X, Zhao Y G, et al. Amine-functional magnetic polymer modified graphene oxide as magnetic solid-phase extraction materials combined with liquid chromatography-tandem mass spectrometry for chlorophenols analysis in environmental water. Journal of Chromatography A, 2014, 1362(3): 34-42.

[141] Kim M H, Choi S J. Immunoassay of paralytic shellfish toxins by moving magnetic particles in a stationary liquid-phase lab-on-a-chip. Biosens Bioelectron, 2015, 66(15): 136-140.

[142] 谢秀玲, 李欣, 高金燕, 等. 非热加工对食物过敏原影响的研究进展. 食品科学, 2013, 17: 362-367.

[143] 熊鸿燕. 一种新型的微生物控制技术——噬菌体溶菌技术. 中国消毒学杂志, 2006, 23(4): 342-344.

[144] 朱常龙, 汪东风, 孙继鹏, 等. 壳寡糖配合物对扇贝产品中镉的脱除作用. 农产品加工(创新版), 2010, 7: 10-13.

[145] 娄晓祎, 汤云瑜, 田良良, 等. 我国贝类重金属污染现状及其脱除技术研究进展. 食品安全质量检测学报, 2017, 8: 13-18.

[146] 徐莹, 刘文磊, 姜凯元, 等. 耐盐鲁氏酵母(Zygsoaccharomyces rouxii) CICC1379 吸附水中重金属 Cu^{2+} 研究. 环境科学学报, 2010, 30(10): 1985-1991.

[147] 吴燕燕, 赵志霞, 李来好, 等. 传统腌制鱼类产品加工技术的研究现状与发展趋势. 中国渔业质量与标准, 2017, 7(3):1-7.

[148] 曹立民, 王晟, 林洪, 等. 一种紫外照射辅助人工挑鱼刺的方法. 专利号：201410078430.5, 公开号：103976004A, 授权日期：2016-03-02.

[149] 冯士筰, 李凤岐, 李少菁. 海洋科学导论. 北京: 高等教育出版社, 1999.

[150] 张偲. 蓝色经济的绿色发展, 海洋微生物技术可先行. 科技导报, 2016, 34(4): 1.

[151] 农业农村部渔业渔政管理局, 全国水产技术推广总站, 中国水产学会. 2019 中国渔业统计年鉴. 北京: 中国农业出版社, 2019.

[152] 自然资源部海洋战略规划与经济司. 2018 年中国海洋经济统计公报. (2019-04-11)

[2019-07-01]. http://gi.mnr.gov.cn/201904/t20190411_2404774.html.

[153] 赵宪勇, 左涛, 冷凯良, 等. 南极磷虾渔业发展的工程科技需求. 中国工程科学, 2016, 18(2): 85-90.

[154] 黄卉, 杨贤庆, 李来好, 等. 南海灯笼鱼加工优质鱼粉的关键工艺研究. 南方水产科学, 2016, 12(4): 103-109.

[155] 中国科学技术协会, 中国水产学会. 2014-2015 水产学学科发展报告. 北京: 中国科学技术出版社, 2016.

[156] 康伟. 海洋生物活性物质发展研究. 亚太传统医药, 2014, 10(3): 47-48.

[157] 王雅鹏, 吕明, 范俊楠, 等. 我国现代农业科技创新体系构建: 特征、现实困境与优化路径. 农业现代化技术研究, 2015, 36(2): 162-167.

[158] 贾敬敦, 蒋丹平, 杨红生, 等. 现代海洋农业科技创新战略研究. 北京: 中国农业科学技术出版社, 2014.

[159] 吴园涛, 任小波, 孙恢礼. 关于我国海洋生物资源领域科技布局的若干思考. 热带海洋学报, 2012, 31(1): 79-84.

[160] 国家发展改革委, 工业和信息化部. 两部委通知印发《食品工业"十二五"发展规划》. (2011-12-31)[2017-12-01]. http://www.gov.cn/gzdt/2012-01/12/content_2042722.htm.

[161] 戴小枫. 拥抱食物与营养健康产业发展机遇期, 加速健康中国社会建设. 生物产业技术, 2017, (4): 1.

[162] 贾敬敦, 王东阳, 张辉. 食物与营养健康科技创新研究报告. 北京: 中国科学技术出版社, 2016.